지구공학
후

이 저서는 2018년 대한민국 교육부와 한국연구재단의 지원을 받아 수행된 연구임
(NRF-2018S1A6A3A03043497)

I27
bility
nanities
connect

지구공학 이후

인류의 힘으로 기후변화를 막을 수 있을까?

홀리 진 벅 지음 최영석 옮김

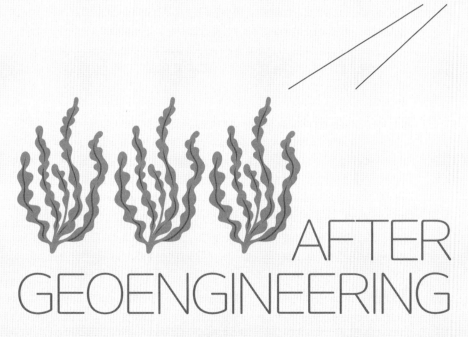

AFTER
GEOENGINEERING

앨리피

모빌리티인문학 Mobility Humanities

모빌리티인문학은 기차, 자동차, 비행기, 인터넷, 모바일 기기 등 모빌리티 테크놀로지의 발전에 따른 인간, 사물, 관계의 실재적·가상적 이동을 인간과 테크놀로지의 공-진화co-evolution라는 관점에서 사유하고, 모빌리티가 고도화됨에 따라 발생하는 현재와 미래의 문제들에 대한 해법을 인문학적 관점에서 제안함으로써 생명, 사유, 문화가 생동하는 인문-모빌리티 사회 형성에 기여하는 학문이다.

모빌리티는 기차, 자동차, 비행기, 인터넷, 모바일 기기 같은 모빌리티 테크놀로지에 기초한 사람, 사물, 정보의 이동과 이를 가능하게 하는 테크놀로지를 의미한다. 그리고 이에 수반하는 것으로서 공간(도시) 구성과 인구 배치의 변화, 노동과 자본의 변형, 권력 또는 통치성의 변용 등을 통칭하는 사회적 관계의 이동까지도 포함한다.

오늘날 모빌리티 테크놀로지는 인간, 사물, 관계의 이동에 시간적·공간적 제약을 거의 남겨두지 않을 정도로 발전해 왔다. 개별 국가와 지역을 연결하는 항공로와 무선통신망의 구축은 사람, 물류, 데이터의 무제약적 이동 가능성을 증명하는 물질적 지표들이다. 특히 전 세계에 무료 인터넷을 보급하겠다는 구글Google의 프로젝트 룬Project Loon이 현실화되고 우주 유영과 화성 식민지 건설이 본격화될 경우 모빌리티는 지구라는 행성의 경계까지도 초월하게 될 것이다. 이 점에서 오늘날은 모빌리티 테크놀로지가 인간의 삶을 위한 단순한 조건이나 수단이 아닌 인간의 또 다른 본성이 된 시대, 즉 고-모빌리티high-mobilities 시대라고 말할 수 있다. 말하자면, 인간과 테크놀로지의 상호보완적·상호구성적 공-진화가 고도화된 시대인 것이다.

고-모빌리티 시대를 사유하기 위해서는 우선 과거 '영토'와 '정주' 중심 사유의 극복이 필요하다. 지난 시기 글로컬화, 탈중심화, 혼종화, 탈영토화, 액체화에 대한 주장은 글로벌과 로컬, 중심과 주변, 동질성과 이질성, 질서와 혼돈 같은 이분법에 기초한 영토주의 또는 정주주의 패러다임을 극복하려는 중요한 시도였다. 하지만 그 역시 모빌리티 테크놀로지의 의의를 적극적으로 사유하지 못했다는 점에서, 그와 동시에 모빌리티 테크놀로지를 단순한 수단으로 간주했다는 점에서 고-모빌리티 시대를 사유하는 데 한계를 지니고 있었다. 말하자면, 글로컬화, 탈중심화, 혼종화, 탈영토화, 액체화를 추동하는 실재적·물질적 행위자agency로서의 모빌리티 테크놀로지를 인문학적 사유의 대상으로서 충분히 고려하지 못했던 것이다. 게다가 첨단 웨어러블 기기에 의한 인간의 능력 향상과 인간과 기계의 경계 소멸을 추구하는 포스트-휴먼 프로젝트, 또한 사물인터넷과 사이버 물리 시스템 같은 첨단 모빌리티 테크놀로지에 기초한 스마트시티 건설은 오늘날 모빌리티 테크놀로지를 인간과 사회, 심지어는 자연의 본질적 요소로 만들고 있다. 이를 사유하기 위해서는 인문학 패러다임의 근본적 전환이 필요하다.

이에 건국대학교 모빌리티인문학 연구원은 '모빌리티' 개념으로 '영토'와 '정주'를 대체하는 동시에, 인간과 모빌리티 테크놀로지의 공-진화라는 관점에서 미래 세계를 설계할 사유 패러다임을 정립하려고 한다.

차례

서론

1부
재배

1장 에너지 재배

3부

탄소 제로 이후의 사회

서론

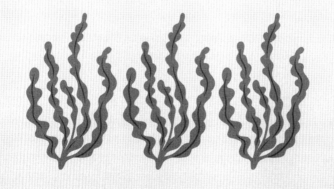

일러두기

원어 표기 본문에서 주요 인물(생몰연대)이나 도서, 영화 등의 원어명은 맨 처음, 주요하게 언급될 때 병기했다. 인명이나 지명은 외래어 표기용례를 따랐다. 단, 널리 알려진 이름이나 표기가 굳어진 명칭은 그대로 사용했다.

옮긴이 주 본문 속〔 〕는 옮긴이의 주이다.

도서 제목 본문에 나오는 도서 제목은 원저자가 사용한 언어의 원어를 번역 표기하는 것을 원칙으로 하되, 국내에 번역 출간된 도서는 가능한 한 그 제목을 따랐다.

절망의 지점

캘리포니아의 12월 평균기온이 1도 높아졌다. 멀리서 산불이 일어났고, 오후 햇볕 아래 잿가루들이 느릿하게 떠다닌다. 이 매캐한 '겨울'이 오기 전, 잔인한 가을의 기온도 1도 올랐다. 거칠게 몰아친 허리케인이 아일랜드를 향해 으르렁거렸고, 강풍에 휩싸인 푸에르토리코의 전력망은 가동을 멈췄다. 겨울이 되자 성층권 대기의 균형이 깨졌다. 극지방 제트기류가 갈라지면서 미국 중부에 찬 공기를 밀어 넣었다. 다시 여름이 오면 유럽은 가뭄에 신음하고, 스웨덴은 숲이 불타고, 라인강은 말라 간다.

1도가 오르는 것은 단순한 기온 상승이 아니다. 극심한 변화는 새로운 정상이 되었다. 수주간 계속되는 이상한 날씨가 기후 패턴으로 자리 잡았다. 거대 산불과 극단적인 사건들이 새로운 정상, 아니 캘리포니아 전 주지사 제리 브라운의 표현처럼 새로운 비정상이 되었다. 1도는 하나의 측정 단위 이상이다. 1도는 기이하고 낯선 것들을 만들어 낸다.

1도가 올랐는데도 이렇다면, 3도, 4도가 올랐을 땐 어떤 일이 일어날까?

어느 시점이 되면, 이를테면 2도, 3도 혹은 4도가 오른다면, 사람들은 기후 격변을 막으려 설정한 지금의 오염물질 배출기준을 신뢰하지 않게 될 것이다. 희망을 잃어버리는 기준은 사람들마다 다르다. 내가 아는 많은 기후학자들은 이미 그 시점을 지났다. 그러나 집단의 열망을 담은 담론이 다른 방향으로 향하게 하는 전환점, 즉 사회적인 기준도 있다. "현실적으로 생각해 봐, 우리는 해내지 못할 거야." 파리협정Paris Agreement〔2015년, 산업화 이전 대비 평균기온 상승폭을 2도, 나아가 1.5도 이하로 유지하자고 195개국이 합의한 국제협정〕에 따르면, 1.5도나 2도의 온도 상승폭을 지키는 일을 전 세계가 '해내야' 한다. 암묵적인 공동체인 '우리'가 다른 무언가를 시도해야 한다고 결정하는 순간이 올 것이다. '우리'는 이렇게 말하게 될 것이다. 그래, 너무 늦었다. 우리는 최선을 다하지 않았다. 이제 우리는 최악의 미래를 맞이했다. 그렇다면, 할 수 있는 것이 무엇이든 해 보아야 한다.

바로 여기가 우리는 원하지 않았던 미래, 즉 태양지구공학solar geoengineering을 고려할 수밖에 없게 되는 지점이다. 사람들은 지구 환경이 더 이상 우리 편이 아닐 때가 되어서야 식생활, 소비, 교통수단 등 우리가 사는 방식을 바꾸어야 한다고 말하게 될 것이다. 이때가 되면 유령이 고개를 든다. 성층권에 에어로졸〔분무식 액화가스〕을 뿌려 햇빛을 막자는 아이디어다. 의도적인 오염으로 만들어 낸 안개를 담요처럼 펼쳐서 우리를 보호하자는 이 생각은 이제 다른 대안들보다 안전해 보인다. 이 해법이 절대적인 것은 아니지만, 배출물이 계속 증가하는 상황에서 단 1도라도 낮춰 줄지 모른다.

태양지구공학은 아직 단순한 아이디어에 가깝지만 기후정책의 그늘에 10여 년간 숨어 있었고, 그보다 좀 더 오래 과학적 논의의 뒤편에 잠복해 왔다. 하지만 이를 진지한 논읫거리로 여긴 사람들은 많지 않을 것이다. 너무 이상한 말처럼 들리기 때문이다. 지구의 반사율을 높여서 햇빛을 우주로 돌려보낸다고? 너무 극단적인 생각 아닐까?

우리는 우주에서 쏟아져 들어오는 햇빛을 누리며 산다. 우리 행성이 태양을 마주보는 곳에서는 평방미터당 약 1,360와트(w/m²)의 '태양상수solar constant'〔지구 표면에 도달하는 태양복사에너지 양〕가 대기권에 도달한다. 태양상수는 놀라운 자원이며 지구 생명의 기반을 이룬다. 그렇지만 태양상수라는 명칭은 우주에서 태양이 상세하게 관측되기 전에 명명되었으므로 이름처럼 그렇게 일정한 수치인 것은 아니다. 사실 태양상수는 해마다, 날마다, 분초마다 달라진다. 어찌됐든 우리는 생존하기 위해 이 태양에너지에 의존한다.

태양 광선이 모두 지구 표면까지 도달하는 것은 아니다. 30퍼센트 정도는 우주로 반사된다. 따라서 맑은 날 태양이 정점에 달했을 때의 태양복사량은 1,000W/m² 정도이며, 이 수치도 지구상의 위치, 시간, 사막·숲·바다 등 서로 다른 지표면의 반사율, 구름, 대기 구성 등에 따라 달라진다. 하루의 절반은 밤이고, 지구 대부분은 태양빛을 비스듬히 받기 때문에 지구 육지의 평균 태양복사량은 180W/m²쯤이지만, 이 수치도 적은 것은 아니다.[1]

숫자들을 나열한 이유는, 태양지구공학이 이 계산 결과를 바꾸려는 시도이기 때문이다. 연구자들이 태양지구공학에 주목하는 이유도 여기에 있다.

어찌 보면 태양빛처럼 근본적인 것에 의도적으로 조작을 가한다는 말은 완전히 미친 소리처럼 들린다. 태양은 세계 여러 문화권에서 숭배되어 왔다. 수없이 많은 사람들이 라Ra, 헬리오스Helios, 솔Sol, 벨Bel, 수리야Surya, 아마테라스天照 등 수없이 많은 태양신들을 수 세기에 걸쳐 섬겨 왔다. 오늘날에도 태양숭배에서 유래한 기념일이 많다. 태양 없이는 아무것도 존재할 수 없으니 숭배가 일어나는 것도 당연하다. 후기자본주의 시대에 들어서도 우리는 태양을 우러러본다. 사람들은 자연채광이 좋은 곳에 산다. 선탠을 하고, 햇볕이 좋은 곳을 찾아 비행기를 타고 관광을 떠난다. 태양빛이 우리에게, 또 '지구의 모든 생명체에게' 도달하는 방식을 바꾼다는 생각은 상상하기도 어려울 만큼 급진적이다.

그러나 태양지구공학을 일반적인 것으로 받아들이게 표현하는 방식도 있다. 지금 논의 중인 대상이 태양빛 그 자체라는 사실을 잊게 하는 것이다. 가장 많이 언급되는 태양지구공학 방식은 '성층권 에어로졸 주입'으로, 비행고도보다 높은 성층권에 어떤 입자들을 살포하는 것이다. 퍼져 나간 입자들은 태양빛의 1~2퍼센트를 막는다. 성층권 에어로졸은 빛의 양만 줄이는 것이 아니라 태양빛을 더 확산·산란시키고, 그렇게 되면 하늘의 색깔도 바꾼다. 도시 지역에 거주하는 이들은 잘 인식하지 못할 수도 있겠지만 하늘은 더 하얗게 변할 것이다. 그런 변화는 식물과 식물성플랑크톤의 생태에도 영향을 미친다. 확실히, 이런 형태의 개입은 극단적이다.

하지만 극단적이라 하더라도 그 자체가 비이성적인 접근은 아니다. 무엇보다 태양복사는 원래 '자연적으로' 변화가 많다. 단 하나의 구름만 지나가도 $25W/m^2$ 정도까지 바뀐다.[2] 게다가 태양복사는 비자연적으로도 변화한다. 온실가스 배출은 지구온난화를 낳았다. 열을 가두는 온실가스 분자들은 들어오는 에너지와 나가는 에너지 사이의 불균형을 만든다. 1750년 이후, 배출물은 태양복사량을 2.29W/m² 더 증가시켰다.[3] 과학자들은 들어오고 나가는 에너지 간의 차이를 '복사강제력radiative forcing'이라고 부른다. 이는 인간의 활동이 만들어 낸 강요된 변화, 즉 불균형을 재는 기준이다. 이 불균형은 지표면 가까이에 있는 에어로졸 배출물의 미약한 상쇄 효과가 없다면 3W/m² 이상으로 더 커질 것이다. 스모그가 잔뜩 껴서 침침해진 날을 생각해 보면 이해하기 쉽다. 지상의 차, 트럭, 공장에서 나오는 대기오염은 이미 1도 정도의 상승을 막고 있다. 우리가 대기의 질을 높이고 사람들의 건강을 지키기 위해 에어로졸을 완전히 제거한다면, 전 세계적으로 0.5도에서 1.1도 정도 더워질 것이다.[4]

그러니 달리 보자면, 이미 인간 활동이 온실가스 배출(온도 상승), 그리고 산업과 차량의 입자 물질 배출(온도 하락)로 복사량의 균형을 깨뜨리고 있으므로, 또 다른 변경을 시도해도 큰 탈이 일어나지는 않으리라는 생각은 그리 이상해 보이지 않는다. 아무것도 하지 않으면 극심한 기후변화가 닥쳐올 수밖에 없는 상황이라는 점에서 더욱 그렇다. 오히려 이 아이디어를 논의하지 않는 미래가 더 터무니없다고 느낄 수도 있다.

문제는, 우리가 더 급진적이거나 극단적인 수단을 강구해야 할 '전환'의 시점에 와 있느냐는 것이다. 대기에서 탄소를 제거하거나, 더 이상 석유 시추를 하지 않거나, 사회적·문화적 변화를 꾀하거나, 완전히 새로운 상황에 적응해야 하는 때일까? 아니면, 태양지구공학에 기대야 할 때일까?

낙관론자들은 재생에너지가 우리를 구원해 줄 것이라고 믿는 반면, 비관론자들은 진정한 재생에너지 혁명에 필요한 저장소나 전력망이 계획조차 안 되어 있다고 지적하는 상황에서, 심판의 순간이자 절체절명의 순간인 '전환'을 결정하기란 쉬운 일이 아니다. 많은 사람들은 상황이 얼마나 심각한지를 잘 받아들이지 못한다. 걱정해야 할 일이라는 걸 알아도, 한밤중에 마지막 5분을 남기고 아슬아슬하게 열차를 잡아타는 식으로 운 좋게 세계가 안전해지리라고 상상할 때가 많다. 우리가 결정적인 순간에, 사건의 지평선에 근접할수록 무엇이 실제로 가능할지를 두고 더 큰 불협화음이 터져 나올 것이다. 과학조차도 이런 불확실성에 한몫을 한다. 산업화 이전과 비교하여 온실가스 농도가 두 배 증가했을 때 지구에 일어나는 변화 측정치를 가리키는 '기후민감도Climate sensitivity'는 아직 과학적으로 분명하지가 않다. 특정한 온실가스 배출량이 환경에 어떤 영향을 주는지를 우리가 정확하게 알지 못한다는 뜻이다.

그러나 기초적인 물리학만 참고하더라도 이 불확실한 시기는 얼마 가지 못하리라는 것을 알 수 있다. 배출이 계속되고 과학자들이 대기 중에 탄소가 얼마나 있는지를 계산하고 나면 상황이 더 명백해질 것이다. 물론 현재까지 이루어진 조사 결과들에서도 많이 알려져야 할 유용한 통찰을 얻을 수 있다. 하지만 기술적이고 과학적인 논의를 하는 자리가 아니면 이 문제들은 거의 논의되지 않는다.

인간의 활동은 매년 약 40기가톤Gt의 이산화탄소를 배출하는데, 메탄 등의 다른 온실가스가 포함된 수치인 '이산화탄소 환산량carbon dioxide equivalent'으로 따지면 50기가톤에 달한다(1기가톤은 10억 톤을 가리킨다). 산업혁명 이후, 인류는 약 2,200기가톤의 이산화탄소를 배출했다.[5] 과학자들은 이번 세기에 이산화탄소 환산량 1,000기가톤이 더 배출되어 섭씨 2도가 상승하면서 파리협정의 목표치를 초과할 것이라고 예측한다. 그렇다면 우리에게 남겨진 최대치는 1,000기가톤 이산화탄소이다(이는 대략적인 수치이며 더 적을 수도 있다).[6] 현재 약 50기가톤의 이산화탄소 환산량이 배출되고 있으므로, 20년 이내에 탄소 배출은 한계 지점을 넘어가게 될 것이다. 게다가 온난화는 계속 진행 중이며, 설사 온난화가 둔화되더라도 탄소 배출량이 지금과 비슷하다면 20년 후에는 2도 상승을 피할 수 없게 된다.

　이를 피하려면 어떻게 해야 할까? '유엔정부간기후변화협의체The Intergovernmental Panel on Climate Change: IPCC'의 예상에 따르면, 2도 이상으로 온도가 올라가지 않게 하려면 배출량이 극적으로 줄어야 하며, 이번 세기 말엽에는 심지어 마이너스가 되어야 한다. |도표 1|에는 2도 이하 상승이 가능하다고 보는 낙관적 미래 전망이 담겨 있다.

　|도표 1|에는 세 가지 중요한 특징이 있다.

　첫째로, 이 낙관적 미래 시나리오에서 배출량은 2020년경 정점에 달했다가 극적으로 줄어든다. 극적인 배출량 감소는 온난화 제한 시나리오들의 핵심이다.

　둘째, 2070년 즈음에는 배출량이 순 마이너스Net negative로 떨어진

| 도표 1 | '유엔정부간기후변화협의체' 차기 평가 보고서에서 평가된 공유 사회경제적
경로를 이용한 6개 모델이 평가한 18개 시나리오의 중간값.

Data: Glen Peters / CICERO

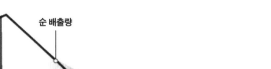

2도 상승 억제를 위한 배출량 경로

다. 세계는 배출량보다 더 많은 탄소를 흡수한다. 어떻게 이런 일이
가능할까? 화석연료를 대체하는 새로운 에너지, 산림파괴 중단, 습
지훼손 중지 등 우리에게 익숙한 여러 경감 방식으로 배출량이 제로
에 가까워질 수도 있지만, 마이너스 영역으로 밀어붙이려면 더 많은
개입이 필요하다. 여기에는 두 가지 접근 방식이 있다. 하나는 생물
학적 방식으로, 숲, 농업 시스템, 해양환경을 이용해 탄소를 저장한
다. 또 하나는 지질학적 방식이다. 산업적 수단으로 이산화탄소를
지하나 암석에 포집하고 저장하는 것이다. 바이오에너지를 탄소 포
집 및 저장과 결합하는 식으로 이 두 가지 방식을 같이 시도할 수도
있다(뒤에서 이 방식들을 자세히 살펴볼 것이다).

하지만 셋째, 여기서 주목해야 할 점은 탄소가 그 배출량이 여전히 상대적으로 높은 2020~30년대에 실제로 제거되기 시작한다는 것이다. 이런 수준의 탄소 제거 달성에 꼭 필요한 기술인 **산업 탄소 포집 및 저장**Industrial carbon capture and storage(이하 CCS)은 산업현장에서 탄소를 포집하여 지하에 주입하는 방식이다. 2019년 현재, 운영 중인 CCS 플랜트는 전 세계에 스무 개 정도에 불과하다. |**도표 1**| 정도의 탄소 제거를 시작하려면 현재의 탄소 저장량을 1천 배 정도로 늘려야 한다. 이 시나리오에 따르면, 2100년경에는 전 세계에서 이산화탄소 환산량 10~15기가톤이 격리된다. 그러려면 CCS 플랜트 증설이 지금부터 이루어져야 한다.

온실가스 감소의 완만한 경사면은 아주 말끔하고 차분해 보인다. 공학자, 건설업자, 기술전문가들이 사용하는 숫자의 언어가 깔끔한 선으로 나타난 환상이다. 이 언어는 이미지에 무게를 실어서 덜 환상적으로 보이게 만든다. 그러나 이 시나리오는 오늘날 계획 중인 실증 프로젝트를 훨씬 넘어서는 규모의 탄소 제거 기술에 의존한다. 유엔정부간기후변화협의체가 〈1.5℃ 특별 보고서〉에서 경고했듯이, 이러한 기술에 의존하는 것은 위험한 일이다. 같은 보고서에서는 분석된 모든 경로들이 100에서 1,000기가톤의 탄소 제거에 의존한다고 적시하기도 했다.[7] 쉽게 말해, 마이너스 배출 기술이 없다면 온난화를 2도 내에서 제한하기 힘들고, 1.5도는 사실상 어렵다.

그렇다면 2도 상승을 피하기는 불가능할까? 그렇지 않다. 우리는 토양, 인공 재료, 암석에 탄소를 포집하는 여러 가지 탄소 제거 방법

을 알고 있다. 결국 탄소는 모든 생명체의 기반이 되는 보편적인 요소다. 이 책에서 살펴보겠지만, 현재의 경제적·정치적 논리 아래에서는 그런 실천들이 확장되기 어렵다. 하지만 | **도표 1** | 에서 묘사한 미래, 즉 과거(우리의 현재)의 과잉이 얼룩이 닦이듯 깨끗이 사라지는 미래를 상상하는 것이 기술적으로 불가능하지는 않다. 이 비전은 '기후 복원climate restoration'이라고 불린다. 탄소 제거 기술과 그 실천이 이산화탄소 농도를 현재의 410ppm에서 300ppm까지, 심지어 산업화 이전 수준으로까지 낮출 수 있다는 생각이다. 북반구 국가들에서의 탄소 배출이 정체되거나 감소하는 것으로 보이는 현재의 상황에서, 틀림없이 많은 사람들은 이 비전이 지나치게 거창하거나 불필요하다고 여길 것이다.

앞으로 10년 내에 배출량이 정점에 달한다면, 과연 우리는 안전할까?

ⓐ 2030년대

    식탁에 앉아 있다. 날씨가 덥다. 라디오에서 뉴스가 흘러나온다. "… 오늘 본에서 차등적인 탄소 제거 책임에 관한 새로운 합의가 이루어졌습니다. 국제 탄소 흐름을 추적할 블록체인 기반 회계 시스템의 가능성이 점쳐지고 있습니다. … 한편, 디트로이트 오토쇼에서 또 다른 기업이 2032년까지 자사의 모든 차량이 전기차로 출시될 것이라고 발표했습니다. 테슬라의 대형 트럭 출시에 이어 스코다가 디자인을 공개…"

    커피를 홀짝거리면서 태블릿을 들고 피드를 스크롤한다. 어느 학생이 자기 과수원에서 키운 새빨간 사과 사진을 올린 것을 보고 '좋아요'를 누른다. 누군가 기사를 하나 올렸다. 제목은 "탄소 배출량 최고조… 한동안 유지될 듯"이었고, 부제는 "손쉬운 해결책은 달성… 이제 힘든 일만 남아"였다. 이 기사를 읽고 댓글을 달아 잘난 척을 좀 하고 싶었지만, 그것도 좀 따분한 일 같았다.

> ➡️ 기후변화를 저지하는 행동들이 기본적으로 잘 진행될 것이라고 생각한다면 ⓑ를, 이 모든 것이 그저 말, 퍼포먼스, 쇼맨십에 불과하다고 생각한다면 ⓒ를 보라.

ⓑ 2040년대

　10년 5개월 18일이 지났다. 살짝 탄 토스트 조각을 들고 부엌 식탁으로 걸어간다. 배우자가 고개를 숙이고 있다. "뭘 봐?" 하고 묻는다.

　"우리가 기후변화에 잘 대처했다는 기사야. 공중보건이나 다른 전 세계적인 도전 과제들에 그 해법을 적용해야 한다는 거고." 둘이서 식탁에 부스러기를 흘리며 토스트를 먹는다. "우리가 적극적으로 화석연료 인프라를 점차 줄여 나갔고, 에너지 효율성을 개선했대. 나무 심기, 탄소 농법, 습지 복원 정책도 성공적이었고. 탄소격리를 위한 토지이용 방식의 변화율은 역사적으로 전례 없는 수치였대. 예전에 수십 년 동안 숲이 커피 농장으로 바뀐 것보다 세 배 빠른 속도였다는군."

　"농업회사들이 기후변화에 잘 적응하는 커피 품종에 투자한 게 천만다행인걸." 아침에 일어난 지 한참 지났지만, 어쩐지 아직도 해야 할 일이 많이 남은 것 같은 느낌이 들었다.

　"탄소 포집과 저장도 성공적으로 추진되었대. 2017년에만 해도 CCS 플랜트는 스무 개밖에 없었는데, 2020년에는 전 세계적으로 마이너스 배출을 추구하면서 여러 나라들이 여기저기에 CCS 시설을 설치하기 시작했고, 지금은 2천 개가 넘는다는군. 불과 몇 십 년 만에."

　"대단하네."

　"이 기사는 테크놀로지에만 치중하는 것 같아. 화석연료 회사에 책임을 물어야 한다는 사회운동이야말로 이야기의 흐름을 바꾼 거지. 우리가 10대였을 때는 모든 것이 다 멸망할 것 같았어. 매일 새로운 기후 재앙이 닥쳐왔다고. 우리 애는 그런 게 뭔지도 모를 거야."

➡ ⓘ를 보라.

Ⓒ 2040년대

침대에서 뒤척이다가 색이 바랜 시트를 젖히고 일어나려고 한다. 다행히 아이는 아직 잠들어 있다.

"알렉사, 내가 알아야 할 게 있어?"

"지금은 6시 23분입니다. 헤드라인 뉴스를 읽어 드릴까요?"

"응."

"《사이언스》에 실린 새 논문에 따르면, 산업혁명 이후 세계의 기온은 2도 높아졌다고 합니다. 예멘에서 물 부족 사태가 계속되는 가운데 벌어진 일입니다. 한편, 미국 하원은 오늘 다른 국가들처럼 지구공학 협정에 가입할지 여부를 두고 투표할 예정입니다. 자세한 이야기를 더 듣고 싶으신가요?"

"그래." 양말을 신으면서 대답한다.

"탄소 배출량은 미국과 중국 등 일부 지역에서 약간 감소했지만, 다른 지역에서는 여전히 빠르게 증가하고 있습니다. 배출량이 이대로 유지될지, 그리고 21세기 말에는 4도까지 높아질지를 두고 의견이 갈리는 상황입니다."

"지구공학 협정은 성층권 에어로졸 살포를 위해 국제 자원을 모으는 비용 분담과 보험 설계를 약속하는 협정입니다. 플로리다 상원의원 재키 곤잘레스가 가장 먼저 찬성 입장을 밝혔습니다. '그린란드에서 해빙이 계속되면 마이애미는 수십 년 안에 완전히 침수될 겁니다. 해안가에 있는 자산들은 이미 보험 가입도 불가능합니다. 세계는 우리에게 합리적 구원의 길을 열어 주었습니다. 이 협정은 지구의 모든 해안 도시들에 이익이 될 겁니다. 해외의 지정학적 안정을 유지하고 우리 국토를 보호하게 해 줄 것입니다.' 그러나 미국 의회의 주요 의원들은 침묵을 지키고 있습니다. 어느 쪽으로 결정이 나든 소송으로 이어지리라고 예상됩니다."

아침에 일어나면 태블릿부터 보는 습관을 끊기로 했지만, 식탁으로 가서 태블릿을 잡아 들었다. 어쨌든 침대에서 일어나서 맨 처음 한 일은 아니니까. 알림이 세 개 와 있다. 환경단체에서 자동전송된 메시지들이었다. 의원들에게 전화를 걸어 지구공학 협정 추진에 항의하라는 내용이었다. "기후 정화 비용은 자연을 오염시킨 자들이 대야 합니다. 우리와 우리 아이들이 새로운 위험을 감수하게 내버려두지 마세요." 웃고 있는 가족들의 사진이 마치 동네에서 촬영한 것처럼 친근하다. 한숨이 나온다. 이 이메일들은 소셜미디어의 프로필을 기반으로 맞춤 설정되어 있다. 10대 시절에 했던 저항 행위들과 더 젊었던 내 모습이 떠올라 향수에 잠겨 고개를 끄덕인다.

"2027년에 기후정의를 외치며 워싱턴을 행진했던 때를 기억하시나요? 이제 당신은 부모가 되었습니다. 더 강하게 싸워야 합니다! 화석연료를 없애야 합니다. 지금, 태양지구공학을 중단시킵시다!"

→ 항의 전화를 걸기로 했다면 동전을 던져 보자. 앞면이면 **d**, 뒷면이면 **e**를 보라.

→ 지구공학 협정이 괜찮은 아이디어라고 생각한다면 **g**로 이동.

d 2050년대

포장지에서 샌드위치를 꺼낸다. 그 속에는 배양육 고기 몇 점과 집 건물 온실에서 직접 재배한 토마토 한 조각이 들어 있다.

실내에 남아 점심을 먹는다. 야외로 나가 벤치에서 식사한 부지런한 동료들은 땀에 흠뻑 젖은 채로 사무실에 올라올 것이다. 하지만 여기 남아 있으면 시끄러운 TV 소리를 억지로 들어야 한다. 오늘의 점심시간 뉴스 토크쇼는 마이너스 배출에 관한 내용이다.

"과연, 누구의 마이너스 배출이라고 보아야 할까요?" 사회자가 묻는다. "자연보호 단체에 속한 이 생태학자 선생님은 자신이 만들어 낸 마이너스 배출이라고 하는군요. 아이오와의 토지 소유주들과 협력하여 10년 이상 탄소 제거를 위해 노력해 왔기 때문이죠. 하지만 여기 이 분, 론은 자신이 만들어 낸 마이너스 배출이라고 말하는 것 같아요. 그럼 생태학자가 한 일은 론이 저탄소 연료에서 더 많은 연료를 생산할 수 있도록 도운 게 됩니다."

"어떻게 보면, 그렇기도 하죠. 하지만 우린 사회에 봉사하는 차원에서 이 일을 하고 있습니다." 론은 의자에 깊숙이 등을 기대면서 말한다. "그러니까, 짐, 마이너스 배출이란 누군가에게 '속할' 수가 없어요. 말 그대로 그건 마이너스라서 존재하지 않는 거니까요. 우리가 하는 일은 이 비행기들이 계속 날게 하는 겁니다. 그건 우리가 어느 정도는 배출하고, 또 얼마큼은 제거해야 한다는 뜻입니다."

생태학자가 끼어들었다. "저는 그쪽에서 이득을 보라고 현장에 뛰어든 게 아닙니다. 저는, 그쪽 업계가 '수십 년에 걸쳐서' 기후변화의 '존재 자체를' 모호하게 만들기 전까지, 열심히 일하는 목장주들과 힘을 합쳐서 기존의 관행들을 바꿔 왔어요." 화면에는 시청자 의견을 표시하는 바늘이 표시되어 있다. 에너지업계 대변인 쪽으로 기울었던 바늘이 이제 생태학자 편으로 넘어간다. 직접 투표하려고 폰을 꺼내 든다. 하지만 지중해에서 익사한 난민들과 현재는 멸종된 숲쥐의 촉촉한 눈동자를 담은 사진들에 무심코 눈길을 돌린다. 남은 샌드위치를 베어 물면서 아직 기후민감도가 낮고 남극 빙하가 단단해서 다행이라고 생각한다.

➡ **ⓙ**를 보라.

ⓔ 2050년대

책상에 앉아 샌드위치를 먹는다. 앞에 놓인 단말기가 샌드위치를 적당한 시간 내에 먹는지 지켜보고 있다.

오늘은 아이의 기일이다. 책상 위에는 빨간 풍선을 들고 바닷가에 서 있는 딸의 사진이 놓여 있다. 허리케인이 휩쓸고 가기 전이다.

뎅기열에 걸렸을 때가 생각난다. 병원에 줄을 서서 기다렸고, 품 안에 잠든 딸은 숨을 헐떡였다. '무엇이든' 해야 했다. 챗봇 상담사는 그런 생각이 도움이 되지 않는다고 했다. 그러나 떨쳐 버릴 수가 없다.

샌드위치 포장지를 구긴 뒤에 먹다 흘린 조각들을 쓸어 담아 쓰레기통에 버린다. 스크린에 챗봇 상담사의 얼굴이 나타났다. "안녕하세요? 혈압이 약간 올랐어요. 어떤가요?"

"나노센서에 이상이 있나 봐."

상담사가 천천히 눈을 깜빡인다. "얘기 좀 할까요?"

"난 그냥 우리가 뭔가 더 했어야 한다는 생각을 했어."

"무슨 뜻인지 모르겠군요. 더 자세히 말해 주시겠어요?"

"이렇게 엉망이 되고 주위 사람들이 다 죽어 가기 전에 어떻게든 막았어야 했다고."

"아시다시피 그건 당신 잘못이 아닙니다."

"챗봇 선생께선 항상 그렇게 말하네. 다른 답변을 좀 해 봐."

"알겠습니다. 제안에 감사 드립니다. 말씀을 기록해 두겠습니다." 상담사는 다시 정중하게 눈을 깜빡인다. 아마도 이 챗봇은 적어도 여섯 가지 이상의 눈깜빡임을 할 수 있게 프로그래밍되어 있겠지. "아시다시피 많은 사람들이 기후변화 때문에 괴로워합니다. 이번 주에 그중 36퍼센트가 저와 기후변화를 두고 대화를 나눴답니다."

"그렇군."

"상담실에 가서 그분들 중 한 사람과 화상채팅을 하면 당신에게 도움이 될 겁니다."

한숨이 나온다. 상담사가 이런 제안을 하면 보통은 받아들여야 한다. 제안을 너무 자주 무시하면 저들이 주목할 것이다. "이걸 멈출 수만 있었다면 뭐든 했을 것 같아. 시간을 되돌리고 싶어."

"그럴 수가 없었습니다. 2048년 긴급 기후 정상회담에서 모든 선택지를 두고 논의했습니다. 기후민감도가 높았지만, 태양지구공학 등의 최후 수단들은 너무 위험하고 논쟁의 여지도 많았습니다. 계속 앞으로 나아가는 것이 우리가 할 수 있는 최선책입니다. 당신이 사랑하는 사람들도 그러길 원할 것입니다."

"아무도 책임질 일을 만들지 않으려고 한 거야." 중얼거린 뒤 몸을 일으킨다. "겁쟁이들 … 에이 쌍. 상담실에나 가야겠다."

걱정스럽게 바라보던 챗봇 상담사가 힘차게 눈을 깜빡이며 밝은 표정으로 말한다. "좋은 생각입니다!"

 를 보라.

❶ 2050년대

병원 대기실에 와 있다. TV 화면에는 처음으로 임무를 수행할 비행기들이 날아가는 모습이 비치지만, 아무도 거기에 신경 쓰지 않는다. 여기 와 있는 아이들은 모두 상태가 좋지 않다. 딸이 느리고 무겁게 숨을 쉰다. 포장해 온 샌드위치를 한 입 베어 물기도 힘들어 보인다.

화면이 어느 대학 캠퍼스에 가 있는 한 기자에게 넘어간다. 누렇게 시든 잔디밭 위로 강철과 유리로 지어진 건물들이 보인다. "협정은 우리가 탄소 감축 일정을 지켜야 하고, 그렇게 하지 못하면 영원히 이 상태를 벗어날 수 없을 거라고 규정하고 있습니다. 시민들의 생각을 들어 보겠습니다."

기자가 두 학생에게 몸을 돌린다. "여기 두 분은 데이브와 제이슨입니다. 오늘 시작되는 지구공학 프로그램에 따르면 두 분과 두 분의 자녀 세대는 탄소 배출량을 줄이는 것만이 아니라 탄소 관리에 참여할 책임이 있다고 하는데요."

"탄소 관리? 그건 무슨 전공이에요? 저는 가상게임 설계 전공인데요."

옆의 친구가 고개를 젓는다. "야, 탄소 관리는 폐기물관리 같은 거라구. 안 그래요?"

기자가 고개를 끄덕인다. "탄소 제거 기술을 더 많이 사용해야 한다고들 합니다. 그렇게 하지 못하면, 태양지구공학이 끝없이 계속되어야 하니까요. 어떻게 생각하세요?"

"게임으로 할 수 있는 거라면, 저도 하죠." 첫 번째 학생이 카메라와 기자를 향해 웃으며 말한다.

옆의 친구가 끼어든다. "책임져야 할 게 너무 많아 보여요. 우리한테 잔뜩 빚만 지우고 사회보장은 거의 없죠. 우리 어머니는 사회보장 혜택을 받아야 하는데, 기금이 고갈됐다고 해서 제 동생과 같이 살아요. 그거랑 비슷하죠. 졸업하면 어머니를 모셔 와야 하는데, 방 두 개짜리 집이 필요해요. 우리가 탄소니 뭐니 하는 것들을 어떻게 감당할 수 있을지 모르겠어요. 우린 좋은 일자리도 구할 수 없고, 우리 부모님은 집도 없잖아요. 그러니까 잘 모르겠네요."

이쯤에서 열이 올라 축축한 딸아이의 머리를 쓰다듬으며 몸을 돌린다.

➡️ 결국 전 세계가 탄소 감축에 성공할 것이라고 생각한다면 **g**를 보라.

➡️ 그렇게 확신하기 어렵다면 **h**나 **i**를 보라.

⑨ 2070년대

"자, 이제 동화책은 그만." 손자와 손녀에게 말한다. "이제 정말 자야 해."

"하나만 더, '아멜리아와 탄소 괴물'을 듣고 싶어요." 보라색 잠옷을 입은 손자가 떼를 쓴다.

"좋아, 그럼 마지막이야." 베개 위에 앉자, 아이들이 팔다리를 펄럭거리며 곁에 달라붙는다. "아멜리아와 탄소 괴물," 깊게 숨을 쉬고, 책을 읽기 시작한다.

"어느 날, 학교에 가던 아멜리아는 길에 떨어져 있는 상자를 발견했어요. 상자를 열어 보니, 마법의 안경이 들어 있었어요!" 자다가도 외울 정도로 이 동화를 많이 읽었다. 마법의 안경을 쓴 아멜리아는 눈에 보이지 않는 탄소 괴물을 볼 수 있게 된다. 아멜리아는 특별 조사단을 꾸린다. 조사단은 탄소 괴물을 없앨 온갖 방법을 생각해 낸다. 나무 100억 그루를 심고, 특수한 목재로 아름다운 신도시를 건설하고, 공기 중에서 탄소를 추출해서 지하 깊은 곳에 저장하는 기계를 설계한다. 한편 과학위원회는 성층권 보호막을 만들어서 조사단이 일할 시간을 벌어 준다.

"일을 다 마치자 그들은 나이가 들었고, 그들이 가던 운동장은 초원으로 변했어요. 아멜리아는 마법의 안경을 쓰고 주위를 둘러보았어요. 나무, 흙, 식물, 건물들 속에는 탄소가 가득했고, 은은하게 빛나고 있었어요. … 이제 드디어 해냈어!" 책을 덮었다. 다리가 저려 오지만 손자의 눈빛은 초롱초롱하다.

손녀는 아직 의심스러워하는 듯하다.

"실제로 있었던 일은 아니죠?"

"완전히 그렇지는 않지. 하지만 아주 틀린 말도 아니란다."

"탄소는 어디에나 있는 건데 어떻게 괴물이 된 거예요?"

"그래, 탄소는 괴물이 아니지. 탄소를 너무 많이 써서 부자가 되려고 했던 사람들이 괴물 같은 거지. 이 책의 핵심은 탄소 오염을 없애려면 힘을 합쳐야 한다는 거야. 아직 다 끝난 건 아니지만 우리는 그렇게 하고 있단다. 곧 성층권 보호막이 필요 없게 될 거야."

"전 청소가 싫어요."

"맞아, 하지만 이건 어떻게 바라보느냐의 문제야. 친구들과 같이 하면 청소는 정말 재미있는 일이 되는 거라구. 너도 잘 알겠지만 학교 청소 시간에 애들과 경주하듯이 청소하면 재미있잖아? 넌 두 살 때 할아버지의 귀여운 청소 도우미였지."

손녀는 이제 이 이야기가 지겨워진다.

"그럼 내 미니 숲을 가지고 놀래."

"그건 안 돼, 잘 시간이야."

이제 아이들은 잠이 들 것이다.

 ❶를 보라.

h 2070년대

막 잠자리에 들려고 할 때 현관에서 노크 소리가 났다. 벽을 툭 쳐서 현관 영상을 불러온다. 밝은 하늘색 정장을 잘 차려입은 두 사람이 화면에 나타난다. 몰몬교도인가? 저런 색 옷을 입었으니 그건 아니겠지.

"좋은 저녁입니다!" 두 사람이 미소 짓는다. "이렇게 늦게 찾아뵈어서 죄송합니다." 여자가 사과를 한다. "하지만 좋은 시간이 될 거예요."

"무슨 일이죠?"

"저희는 '다시 푸른 하늘'에서 나왔습니다. 어렸을 때 하늘이 어떤 색이었는지 기억하시나요?"

"그렇지요. 하지만 그쪽은… 그걸 기억하기엔 너무 젊은데?"

"네, 저희는 진짜 푸른 하늘을 보며 자라지는 못했어요." 남자가 대답한다. "하지만 전 파란색 선글라스를 샀답니다. 저희는 푸른 하늘을 기억하는 사람들과 소통하려고 합니다. 또, 저희를 어떻게 후원할 수 있는지도 알려 드리려고요."

한숨이 나온다.

"비행기들이 뜨기 시작했을 때를 기억하시나요?"

"그래요."

"협정 체결 당시에 사람들이 탄소 제거에 열광했던 일도요?"

"그래요. 탄소를 제거할 때까지만 일시적으로 비행기를 띄우기로 했죠. 그렇게 선을 그어 놓은 거고. 세계는 탄소 배출량을 절반으로 줄였고, 그 정도면 충분하다고 본 거지요."

운동기구 때문에 다리가 아프다. 그냥 가서 문을 열걸.

"글쎄요, 저희는 그게 범죄라고 생각합니다. 벽에 아이들 사진을 걸어 놓으셨군요? 손주분들인가요? 그 아이들도 푸른 하늘을 볼 수 있어야 합니다. 우리는 보지 못하겠지만 아이들은 봐야죠. 그러니 그 일을 끝내야 합니다."

헛웃음이 난다. "두 사람이 저녁까지 돌아다녀야 할 만큼 의미 있는 일이긴 한데 … 하지만 왜 사람들이 다시 탄소 제거를 시작하겠소? 그리고 그걸 어떻게 한다는 거요?"

"'어떻게' 할 거냐, 아주 중요한 질문을 해 주셨어요. 우리의 다섯 가지 계획인 FINISH가 그 해답입니다. 벽에 비춰서 보여 드릴게요."

문 옆으로 도표가 나타난다. "첫 번째는, 자금Fund입니다. 50년 전에는 이 부분을 건너뛰었기 때문에 다음 단계로 넘어가지 못했죠. 하지만 지금은 기계노동법이 있습니다. 이게 뭔지는 잘 아시죠?"

"흠, 잘 알죠. 기업이 자동화한 일자리 수에 비례하여 보편적 기본소득 프로그램에 수익을 기부하는 거? 자동화로 얻은 이익을 나누라는 거죠."

"네, 저희는 같은 방식으로 탄소 제거 자금을 조성하려고 해요. 화석연료를 이용해 온 에너지 회사들만 세금을 내게 할 수는 없어요. 결국 현재 그들이 저탄소 연료와 탄소 저장소를 제공하고 있으니까, 에너지 회사들은 계속 운영되어야겠죠. 하지만 이번 세기에 테크 쪽은 엄청난 부를 쌓았어요. 그러니 오래된 거대 플랫폼인 애플, 아마존, 알파벳에 약간의 세금을 추가로 부과하자는 거죠. 많은 건 아니에요. 탄소 제거 활동에 참여하는 기업들은 돈을 돌려받을 테니까요. 1톤을 제거할 때마다 1나노보너스를 얻게 하는 거죠. 인센티브를 주는 게 Incentivize 두 번째 단계입니다."

"거대 플랫폼들이 어떻게 탄소를 실제로 제거한다는 건가요?"

"아마 이 기업들이 테크 회사라고 생각해 오셨겠죠. 하지만 이 기업들은 교통, 건설, 제조 등 온갖 분야로 진출했어요. 여기 도표에 나와 있듯이, 제일 큰 네 개 기업과 그 자회사들이 막대한 에너지를 소비하고 있습니다. 그러니 이 회사들은 많은 일을 할 수 있어요. 마이너스 탄소 인프라에 자금을 댈 수 있을 만큼 수익을 거두고 있으니까요."

현관에 나가서 아주 오랫동안 서 있었던 것 같은 느낌이다.

"자금과 인센티브, 이 두 가지가 국가적 규모로 이루어져야 해요. 그리고 세계적 차원으로 나아가려면 협상Negotiate, 영감 Inspire, 진심Show Heart이 있어야 합니다. 이 모델이 다른 나라들에게 영감을 주고 그래서 평판이 높아지면 협상이 이루어질 겁니다. 첫걸음을 떼는 것이야말로 우리의 책임이죠. 그러고 나면 협상과 영감과 진심이 따라옵니다. 마지막 단계가 정말 중요해요. 예전에 이런 방식이 실패한 건 기술에만 의존하고 감정에는 신경 쓰지 않았기 때문이에요. 바로 이 사람의 진심이 '다시 푸른 하늘' 운동의 핵심이에요."

"아니, 그래서 어쩌라는 말인지…" 혼자 중얼거린다. "그게, 이제 막 자려고 하던 참인데 …."

"첫 번째 단계인 자금에 선생님의 도움이 필요해요. 시민들이 목소리를 높이지 않으면 이 기업들은 제거 계획에 자금 지원을 하지 않을 거예요. 그래서 이 운동에 동참해 주셔야 하는 겁니다. 구체적인 실천 방법은 세 가지입니다. 선출된 대표들에게 요구하고, FINISH의 핵심 메시지를 공유하고, 투표하는 것입니다."

한숨을 내쉰다. "난 50년 전에 이걸 다 해 봤고, 아무 소용도 없었어요. 그때 바로잡았으면 좋았을 텐데. 수백 기가톤을 더 투입하기 전에 말입니다. 우리는 이제 이 입자에 중독되어 있소." 두 사람이 아무 말이 없다. "젊은 사람들이 이렇게 신경 써 줘서 기뻐요. 하지만 솔직히 말해서, 세상은 그런 식으로 돌아가는 게 아닙디다."

 를 보라.

ⓘ 2070년대

막 침대에 눕는데 멀리서 뭔가 폭발하는 소리가 난다. 창문이 부르르 떨린다. 당장 일어나서 테이프로 이것저것 덧대어 놓은 창문과 문들을 확인한다. 휴대폰에 재난문자가 온다. '지구공학 관련 활주로에서 100마일 이내에 계신 주민 분들은 대피하시길 바랍니다.'

'괜찮으세요?' 3천 마일 멀리에서 딸이 보낸 문자다.

'괜찮아. 한동안 집 바깥으로는 못 나갈 것 같아.' 답장을 보낸다. 바람이 바다 쪽으로 불면 좋을 텐데.

'여기로 대피하시지 그랬어요.' 생각해 보지 않은 건 아니다. 하지만 먼 길을 나서기에는 상황이 여의치 않다. 가는 길에 가지고 있는 돈을 다 써 버리면 그다음부터는 딸에게 완전히 기대어 살아야 한다.

다시 문자가 온다. '그놈들이 이럴 줄은 몰랐어요.'

딸을 키우면서 적극적인 행동과 합리적 판단을 신뢰하게 하려고 노력했다. 하지만 세상은 순진하지 않았다. 사람들은 태양지구공학 프로그램이 국가 간의 저열한 대리전에 휘말리지 않을, 모두에게 좋은 일이라고 믿었다. 이 프로그램을 중단하면 이후 몇 년 안에 기온이 3~4도 급격히 상승하고 그 때문에 식량 생산량이 감소할 것이라는 사실도 잘 알려져 있었다. 부모님은 이 상황을 핵전쟁 억제 전략을 가리키는 말인 '상호확증파괴Mutual assured destruction'라고 불렀고, 이 합의가 실행될 가능성이 높다고 흡족해했다. 그러나 러시아와 미국의 대다수 국민들은 이 프로그램을 끝내면 적들이 큰 타격을 입고 조국은 풍요로움을 회복하리라는 교묘한 선전에 계속 길들여졌다. 지난달에는 무르만스크 거리에서 이 프로그램을 영원히 중단하라고 요구하는 시위가 벌어졌다. 이제 러시아 정권은 그 요구를 받아들인 것 같다. 이 변덕스럽고 무능한 정권보다는 차라리 예전의 약삭빠른 신흥 석유 재벌들이 낫다.

'그놈들은 우리와는 다른 현실에 사나 보다.' 딸에게 답장을 보낸다. 합리적인 합의가 도출되고 지구공학 비행기들이 다시 날아오를 때까지 얼마나 걸릴까? 대기 중의 입자들이 흩어지고 온난화가 시작되기까지는 몇 년이 걸린다고 한다. 비행기와 비행장을 더 많이 만들 수 있는 시간이 있다는 말이다. 콜로라도의 어느 산속에는 많은 예비 비행기들이 보관되어 있다고도 한다. 그러나 지난 수십 년 동안 벌어진 전쟁들은 시스템의 구성 요소 전체를 뒤흔들어 놓았다. 걸핏하면 정유소 작동이 중단되고, 주요 금속을 구하기가 어려워졌으며, 상품을 시간에 맞춰 운반해 줄 교통인프라가 무너졌다. 이 모든 것의 운영에 필요한 컴퓨터는 숱하게 해킹을 당했다. 예전에 중앙아프리카에서 인도주의 활동을 했을 때가 떠오른다. 미국의 어느 약국에나 있는 기본 의약품들만 있어도 수많은 죽음을 막을 수 있었지만, 그곳에서는 약을 구할 방법이 없었다. 무엇이 가능하고 불가능한지를 정하는 다른 규칙이 있는 것만 같았다. 이제는 전 세계가 그때와 비슷하다. 제트기 제작, 활주로 건설, 연료 공급, 액체황화합물 공급이라는 단순한 과정은 예전엔 안정적으로 이루어지던 일이었다. 그러나 상황이 변했다. 여러 가지 사건들이 일어나면서 한때는 간단했던 일들도 뒤죽박죽이 되었다. 중국이 이 일을 맡아 준다면… 침대에서 자꾸 엎치락뒤치락거린다.

휴대폰 진동 소리. '엄마 무서워.' 이젠 어른이 된 어린아이가 보낸 문자다. 저 먼 곳에 있는 딸에게 어떻게 대답해야 할까. 어렸을 때는 안아 주면 그만이었다. 지금, 나의 목숨은 내가 모르는 사람들의 이성과 선의에 달려 있다. 지난 세기에 일어난 전쟁이 낳은 학살, 나라 전체가 잔인한 거짓말과 인종차별과 타자를 향한 증오에 빠져들었었지. 역사도 위로를 주지 않는다. 사람들이, 역사·철학·종교 지도자들이 절대적인 어둠을 마주했을 때 어떤 말을 했지? 어떤 가르침이 있었지? 기억하려 해도 머릿속이 텅 비어 있다.

'난 아직 괜찮아.' 답장을 보냈을 때, 또 다른 폭발이 일어난다.

 ⓙ를 보라.

이 짧은 어드벤처 스토리가 말해 주는 바는 무엇일까?

지구공학 논의는 어느 한 순간에 초점을 맞출 때가 많다. 즉, 실행하기로 결정하는 순간에만, 그리고 이 결정에 대중이 참여하는 방식에만 관심을 기울인다. 그러나 결정이 내려지기까지의 과정에 주의를 기울인다면 어느 한 순간의 결정이라는 개념이 모호하다는 사실을 알 수 있다. 여기서 '의사결정권자'가 정확히 누구인지도 분명하지 않다. 많은 기후행동 이야기에서 시민들은 역사의 증인이자 권력자들이 내린 결정의 증인으로 나타난다. 공식 결정의 배후에 있는 작은 행위들이나 뒷이야기들은 눈에 띄지 않는다. 지구공학이 시민사회와의 대화를 거쳐 진행되거나, 심지어 우리가 이끌 수 있다는 생각은 자리 잡기 어렵다.

현재, 지구공학geoengineering은 존재하지 않는다. 사실 지구공학이란 이 말이 설명하려고 하는 바와 거의 일치하지 않는 어색하고 두루뭉술한 개념이다. 영국 왕립학회는 2009년 보고서에서 이 용어를 정의하면서 이산화탄소 제거와 ('태양복사열 관리'라고도 부르는) 태양지구공학을 모두 포함시켰다(올리버 모튼의《지구의 재탄생The Planet Remade》과 잭 스틸고의《지구 실험Experiment Earth》을 참고하면 '지구공학' 개념의 탄생 과정을 더 잘 이해할 수 있다). 그 이후로 국가정책이나 과학 연구들은 대체로 영국 왕립학회가 내놓은 이 프레임을 따랐다. 그러나 멀지 않아 기존 개념은 해체될 가능성이 높다. 2019년 유엔 환경 총회에서 지구공학 결의안이 부결된 이유 중 하나는 여기에 서로 다른 두 가지 접근법이 결합되어 있었기 때문이다. 탄소 제거와 태양지구공학은 매우 다른 것이지만, 기온 초과를 관리하는 방법이라는 점에서 공통점이 있으므로 이 책에서는 두 가지를 모두 염두에 둘 것이다. 이 책의 핵심어는 지구공학이다. 그러나 나는 미래 세대가 이 단어를 몰라도 되기를 바란다. 지구공학이 삶의 일상적인 조건이 되리라고 생각해서가 아니다. 인간과 자연의 관계를 바라보는 21세기 초의 시각이 낡은 유물이 되기를 바라기 때문이다. 이 책에서는 지구공학의 최종 목표가 무엇인지를 사유할 수 있도록 '지구공학 이후'가 어떻게 될 것인지를 예상해 볼 것이다. 또한, 이 책에서는 의도적인 기후변화를 이해하는 데 사용할 개념적 언어를 발전시키려고 한다. '지구공학'이 더 이상 쓰이지 않는 기표가 될 때, 우리는 그런 행위들을 어떻게 이해할까? 새로운 언어와 새로운 이해는 무엇을 가능하게 할까?

지금 단계에서는 기후공학이 상상에 불과하지만, 본격적으로 추진되거나 더 나은 무엇인가로 대체되지 않는다면 사라지지 않을 이야깃거리인 것도 분명하다. 기후가 악화되는 한, 이 유령은 계속 떠돌게 될 것이다. 사실, 더 무서운 시나리오는 기후변화가 엄청난 충격을 가져올 때가 되어서야 당황한 정부가 허둥지둥 지구공학에 손을 대는 것이다. 이런 가상 시나리오들은 지구공학을 실행할 최적의 시기가 언제인지를 묻게 만든다. 기후정책은 '두고 보는' 태도의 영향을 받아 왔다. 정책입안자들은 어떤 조치를 취하기 전에 무슨 경제적 피해가 일어나는지부터 지켜볼 때가 많다. 어느 연구에 따르면, 고학력 성인들도 이런 태도를 합리적 접근 방식이라고 생각한다고 한다. 아마도 유량flows과 저량stocks의 차이를 제대로 이해하지 못한 탓일 것이다.[8] 기후변화는 탄소의 유량이 아니라 탄소 저량의 문제다. 존 스터만John Sterman과 린다 부스 스위니Linda Booth Sweeney가 비유한 것처럼, 지구 시스템은 물을 채운 욕조와 같다. 실제로 물을 빼서 저량〔일정 시점의 측정 지표〕을 줄이지 않는다면 욕조로 들어가는 물의 유량〔시간 단위당 측정 지표〕을 줄여도 우리의 문제는 해결되지 않는다. 탄소 배출량을 줄이더라도 온실가스의 농도는 여전히 상승할 것이라는 뜻이다. 욕조에 계속 물이 들어차는 상황에서 '두고 보는' 태도는 재앙을 낳는다. 탄소 제거는 물을 빼는 작업이다. 탄소 제거가 필요할지 아닐지를 계속 기다려 보자는 주장은 말이 되지 않는다. 기후 스트레스에 더 시달릴 미래보다는 오히려 지금 우리에게 있는 탄소 제거 수행 역량이 경제적 · 정치적 · 사회적으로 더 나을 수도 있다.

태양지구공학은 탄소 제거보다 더 까다롭다. 향후 수십 년 안에 우리 사회가 배출량을 제어하게 될지 기다려 보자거나, 과학자들이 기후민감도와 흡수원 반응sink responses을 더 잘 추산하게 될지 지켜보자는 식의 '두고 보는' 접근 방식은 대중이 이해하기 쉽다. 그러나 여기에서 우리는 두 가지 한계에 주목해야 한다. 첫째, 과학자들은 태양지구공학 연구에 적게는 20년, 많게는 수십 년까지 걸릴 수 있다고 본다. 둘째, 실제로 기후 임계점을 넘기 전까지는 무엇이 임계점인지를 모른다. 해안가의 대도시들을 해수면 상승에서 구해 내려고 태양지구공학 프로그램을 시도한다고 치자. 온난화가 돌이킬 수 없을 만큼 해수면을 상승시키기 전에 태양지구공학을 도입해야 하겠지만, 기후는 비선형적인 시스템이기 때문에 언제가 그때일지 미리 알기 어렵다. 어떤 이들은 이를 근거로 지구공학 연구를 당장 시작해야 한다고 주장한다. 반대로, 태양지구공학 연구는 미끄러운 산비탈과 같으니 신중해야 한다는 의견도 있다. 일단 연구에 착수하면 현실화될 가능성이 높아진다는 것이다.

이 논쟁에서 어떤 결론이 나오든, 내가 강조하고 싶은 것은 이것이다. 현재만이 아니라 가까운 미래에 우리가 많은 기후 문제를 겪게 되기는 하겠으나, 탄소 배출량을 0으로 줄이는 방법을 알아낼 가능성이 없는 것은 아니다. 그러나 앞으로 10년 내에 그런 방법을 도입하기가 어렵고 기후변화의 위험성이 심각하다면, 태양지구공학에 눈길을 돌리는 것이 더 합리적인 방법일 수 있다. 당연히 사람들은 최악을 피하고 더 나은 방향을 찾고 싶어 할 것이다. 그러려면 중요한 선택들을 해야 한다. 대부분의 기후공학 기술에서 문제가 되는 것은 기술 그 자체가 아니라 그 기술이 적용되는 맥락이다.

이 맥락은 다양하지만 거기에는 두 가지 중요한 요소가 있다. 하나는 어떤 조건에 따라 심각한 정도에서 재앙 수준까지, 기후변화가 얼마나 나쁜 결과를 낳을지를 보여 주는 기후변화 시나리오들이다. 두 번째는 탄소 제거, 기후완화, 기후적응, 혹은 아무것도 하지 않는 등 기후변화에 맞서 우리가 현재 하고 있는 노력들이다. 앞서 살펴본 가상 시나리오들이 암시하듯이 그리고 이 책을 통틀어 이야기하듯이, 우리를 기다리고 있는 것은 굉장히 다른 미래들이다. 태양지구공학 프로그램이 제 역할을 다 하고 종료되려면 기후완화와 탄소제거가 필요하다는 점이 중요하다. 일단 태양지구공학이 시작되면 탄소 배출이 줄어들 때까지 계속해서 더 많은 입자를 살포해야 한다. 따라서 어려운 것은 프로젝트의 시작이 아니라 프로젝트의 종료다. 즉, '지구공학 이후'에도 살 만한 곳이 되도록 해야 한다. 대부분의 지구공학 논의에서 제대로 조명되지 않는 논쟁적인 지점이 바로 이 대목이다.

기후변화에 대응해서 싸우는 이들이라면 21세기의 핵심 스토리를 하나의 그래프로 정리할 수 있다. 바로 온실가스 배출량 증가 그래프이다. 이 그래프는 극적이고 긴장감 넘치는 상승을 보여 준 다음, 고점에 이르고, 서서히 하강하다가 회복과 완성이라는 결말에 도달한다. 셰익스피어, 소설, 인생 여로에서 나타나는 발단-갈등-절정-해결이라는 고전적인 이야기 구조는 배출량이 일시적으로 높았다가 다시 낮아지는 온난화 이야기와도 잘 어울린다. 이 스토리라인의 주인공은 세기말에 2℃ 온난화의 도전을 받지만 결국 승리를 거둔다. 절망적인 상황에서 우리 자신이 어디에 있는지를 찾게 하고 눈앞에 닥친 일을 서사화할 수 있게 하는 것이 기존의 서사 형식이다. 탄소 제거로 온도 초과를 관리할 수 있다고 상상하면서, 우리는 우리에게 익숙한 서사 형식을 이 문제에 끼워 맞추고 있는지도 모른다.

　홍콩 철학자 황바이헝黃百亨은 지구공학을 "일회적 사건이 아니라 시간적으로 확장된 과정으로" 보아야 한다고 주장한다.[9] 따라서 이는 영웅적 행위의 순간이나 클라이맥스가 아니다. 지구공학의 재해석은 미래만이 아니라 과거를 향해야 하므로 기후 개입은 역사적 맥락 속에 놓여야 한다. 앞으로 태양지구공학과 탄소 제거의 전개 과정에는 그로 인해 손실이나 피해를 입은 이들에 대한 보상과 보험 처리, 취약계층 보호, 비용 부담 문제 등이 수반될 것이며, 이를 잘 처리하려면 역사적 평가, 특히 토지수용·박탈·착취를 겪은 식민지 역사에 대한 평가가 동반되어야 한다. 협상가들은 국제적 차원에서 불균등 발전, 탄소 부채, 그리고 식민주의 역사를 철저히 따져 보아야 할 것이다. 탄소 제거는 부채 상환의 관점에서 볼 수 있기 때문이다. 탄소 제거에 태양지구공학을 더하는 것은 항상 하늘 위에 있는, 빚을 갚지 않으면 어떤 일이 벌어질지 상기시키는 추심업자와 함께 사는 일이다. 마르크스주의 지리학자 데이비드 하비David Harvey가 지적했듯이, 재정적으로 우리는 이미 빚에 매인 노예 상태의 세계에 살고 있으며, 인구 대부분은 미래의 노동을 이미 저당 잡혀 있다.[10] 이제 미래 세대는 이중의 빚을 지게 될 것이다. 지구공학을 할지 말지 결정하는 것만이 아니라, 탄소 부채와 탄소 정화 작업을 어떻게 처리할지도 그에 못지않게 중요하다. 디테일을 제대로 처리해야 한다.

사실 기후 문제 해결의 서사는 내내 지난한 과정을 거치게 될 것이다. 해결을 향해 가는 곡선의 후반부는 전반부보다 더 어려워 보인다. 탄소 경감이 힘든 영역이나 심각한 문화적 변화를 초래하는 것, 예를 들어 항공 영역과 산업 생산의 탈탄소화나 육류 소비 감소 등은 태양광 패널 전환에 따른 전력 부문의 탈탄소화보다 어려운 일이기 때문이다. 지구공학을 시작하기로 결정하는 것은 결혼을 결심하는 일과 비슷하다. 힘든 일은 결혼 서약이 아니라 결혼 생활이다. '백년가약을 맺는다'고 하지만, 이 말은 실제로 영원히 함께 할 것이라는 의미가 아니다. 배우자를 계속 지지하지 않는다면 부부 생활은 유지되기 어렵다. 우리는 호화로운 결혼식에만 관심을 둘 때가 많지만, 태양지구공학은 결혼식 같은 의식이라기보다는 관계맺음에 가깝다. 기후공학이라는 수단은 매우 다른 목표들을 가질 수도 있다. 그러므로 우리는 지구공학 '이후'의 세상을 더 많이 고민해 보아야 한다.

사실, 환경운동가들과 좌파들은 탄소 제거나 태양지구공학에 전향적으로 참여하지 못했다. 이는 배출량이 정점에 달하는 것을 지켜보아야 한다는 당장의 필요성에 매몰되었기 때문이기도 하지만, 우리의 사고방식이 지닌 심각한 한계와도 관련이 있다.

코펜하겐,
2009년 12월, 1℃ / 34℉

음울한 하늘 아래 펼쳐진 현수막에는 '코펜하겐'이라고 적혀 있었다. 광장을 가로지르자 비둘기들이 흩어졌다. 오래된 벽돌 건물이 흐릿하게 모습을 드러냈고, 그 지붕 밑에 걸린 'i'm loving it'이라는 로고가 보였다. 버거킹과 KFC가 1층에 들어와 있었다. 이 두 패스트 푸드점 사이에는 '시민 기업인 코카콜라와 지멘스'가 후원한 3층 크기의 광고판이 걸렸다. 마르고 창백한 금발의 어린 소년 두 명이 불끈 쥔 두 주먹을 어깨 위로 들어올린 사진 속에는 '지구의 보디가드'라는 카피가 적혀 있었다.

나는 대표단과 시위대가 뒤섞인 수백 명의 사람들과 함께 제15차 유엔기후변화협약 당사국 총회the United Nations Framework Convention on Climate Change's Conference of the Parties가 열리는 벨라센터로 가는 열차를 추위 속에서 기다렸다. 우리는 유리로 된 사무실 건물을 스쳐지나갔다. 초록색 현수막이 내걸려 있었다. "기후변화를 멈춥시다. 15차 총회를 환영합니다." 헬베티카 라이트 글꼴로 적힌 그 글귀 아래에는 건설회사 스칸스카의 로고가 있었다.

그 당시, 기후정치는 녹색자본주의의 유령에 사로잡힌 것처럼 보였다. 우리는 '기후의 변화가 아니라 시스템의 변화'라는 슬로건 아래에서 행진했다. 이 회의에서 있었던 일들을 많이 기억하지는 못하지만, 녹색자본주의나 생태적으로 현대화된 미래와는 상당히 다른 무언가의 전조였던 것은 분명했다.

휴식 시간마다 회의실 밖으로 쏟아져 나온 참석자들은 화려한 디저트가 놓인 복도의 간식 테이블로 몰려가서 아수라장을 만들었다. 정장을 차려입은 어느 유럽 외교관과 젊은 학생이 동시에 테이블 위 마지막 초콜릿에 손을 뻗었고, 외교관은 학생의 손에 들린 단것을 낚아챘다.

정장을 입은 수행원들이 찬바람을 일으키며 힘차게 복도를 지나갔다. 가운데 있는 남자가 중심이었고, 다른 사람들은 군대 행렬처럼 그를 호위했다. 그들이 지나가도록 복도 벽에 몸을 바짝 붙여야 했다. 별 특징 없는 복도에서 서로를 지나치는 별것 아닌 일이었지만, 뭔가 꺼림칙했다. "로버트 무가베 봤어요? 짐바브웨 독재자 말이에요. 여기 왔더라구요." 몇 분 후에 누군가가 귀띔해 주었다.

비를 맞으며 '자유의 도시'로 불리는 크리스티아니아의 어느 텐트 속에 있을 때, 나오미 클라인Naomi Klein과 다른 활동가들이 사람들을 모으는 소리를 들었다. 우리는 체온을 유지하기 위해 데운 와인을 마시면서, 여길 쓸어 버리려고 물대포와 최루탄을 가져올 경찰들을 기다렸다. 그들이 올 거라는 소문이 파다했다. (그들은 결국 왔다.)

어떤 권력이 대기 속에 가득했다. 그 힘이 실제로 나타날 때마다 나는 깜짝 놀랐다. 나는 기후 정상회의가 축약어와 전문용어가 넘쳐나는 고루하고 형식적인 행사일 것이라고 생각했다. 도시 전역에 나타나 있던 녹색자본주의의 표식들은 더 오래되고 원초적인 권력 형태에 비하면 애처롭고 빈약해 보였다. 베네수엘라 대통령 우고 차베스는 정상회의에서 연설하면서 "유령이 코펜하겐 거리를 배회하고 있다. … 바로 자본주의다. 자본주의가 바로 그 유령이다"라고 했다. 그는 "자본주의가 섬기는 탄소의 신들이 위험한 배출물들을 토해 낼 때, 개발도상국의 하층민인 우리들은 숨을 헐떡이며 죽어 간다"고도 했다. 나는 그 연설에 담긴 정서를 어느 정도 이해할 수 있었다. 무엇보다 기후 충격의 불균등성과 잔인한 역사 기록들을 돌이켜 볼 때 그러했다. 생태 마르크스주의 이론ecological Marxist theory에서는 자본축적과 생산의 쳇바퀴가 지구환경 악화의 핵심 요인이라고 주장한다. 나도 그 이론에 동의하지만, 복도를 배회하는 유령이 녹색자본주의라고는 생각하지 않는다. 혹시 우리는 엉뚱한 유령에 초점을 맞추고 있었던 것이 아닐까.

녹색자본주의를 경계하는 일에 익숙한 우리 중 어떤 사람들은 자본주의의 다음 자기보존 단계가 지구공학이라고 여길 수 있지만, 나는 그런 생각에 동의하기 어렵다. 자본주의가 그 자체의 장기적인 이익을 위해 행위할 수 있다는 증거는 없다. 무엇보다 그런 개입에 필요한 동원의 규모와 시간이라는 측면에서 볼 때 자본주의가 의식적으로 어떤 행위를 한다고 보기는 힘들다. (물론 석유회사는 그렇게 한다. 이 약간 다른 전망은 8장에서 논의한다.) 자본은 머리 없는 괴물 같은 존재여서 거시적이고 전략적이며 장기적인 사고를 하지 못한다. 자본의 존재론적 위기처럼 보이겠지만, 원나잇 데이트 앱에서도 음란물 광고가 유명 브랜드 옆에 뜨지 않게 하는 기술에도 혁신은 계속 일어난다. 여기가 자본의 주의를 끌고 돈이 향하는 곳이다. 인류학자 데이비드 그레이버David Graeber가 말했듯이, 1970년대 이후로 기술적 진보는 주로 정보기술, 시뮬레이션 기술에서 나타났다. 그는 "대안적 미래의 가능성과 관련된 기술에 대한 투자에서 노동규율과 사회통제를 용이하게 하는 기술에 대한 투자"로의 전환이 일어났다고 지적한다.[11] 즉, 자본주의가 당연히 기술적인 진보를 이끌 것이라는 가정은 옳지 않다. 그레이버에 따르면 "새로운 발견과 진정한 혁신은 현대 기업자본주의의 틀 안에서, 아니 어쩌면 어떤 형태의 자본주의에서도 일어나지 않을" 것이다.[12] 나도 이 지적에 동의한다. 1970년대 이후 훌륭한 대체에너지 및 탄소 제거 아이디어가 많이 등장했지만 대부분 좌절되거나 보류되었다. 현재 우리가 살아가는 자본주의는 그것이 어떤 형태든지 간에, 탄소 제거 기술을 발전시킬 시스템처럼 보이지 않는다. 우리가 맞닥뜨린 자본주의의 파생물은 약탈적이고 거칠고 파편적이어서 그 수명을 연장해 줄 탄소 포집 및 저장(CCS), 혁신적 바이오에너지 등의 고정자본 도구를 제공할 능력이 부족해 보인다.

비판이론가인 맥켄지 워크McKenzie Wark는 이렇게 질문한다. "우리는 자본이 어떤 영원한 내적 본질을 가지고 있고 변하는 것은 그 외양뿐이라는 형이상학적 구조 속에서 사고한다. … 하지만 자본주의 전체가 어떤 다른 것으로 변했다면?"[13] 그는 정보 생산수단인 벡터를 소유하고 통제하는 새로운 탈자본주의 지배계급인 '벡터계급vectoralist class'이 출현했다고 주장한다. 정보벡터가 지구상의 모든 것을 자원화할 수 있기 때문에, 이는 자본주의보다 더 나쁜 상황이다.

그렇다면 이 모든 것이 지구공학에는 어떤 의미가 있는가? 자본주의가 벡터 통제에 초점을 맞추고 자기 존재의 물질적 조건 보장에 효율적이지 않다면, 태양지구공학은 국가가 주도해야만 수행될 수 있다. 탄소 제거의 경우, 좀비화된 신자유주의적 자본주의가 전 지구적 위기에서 제 자신을 구하기 위해 CCS와 탄소 제거를 목표로 나서지 않는다면 누가 그 일을 할 수 있겠는가?

노동자이자 유권자인 우리는 대기에서 탄소를 제거하기로 결심해야만 한다. 북반구에 사는 우리들은 특히 그래야 한다. "자기가 어지른 것은 자기가 치운다", "오염시킨 자가 정화 비용을 부담한다", "사전주의 원칙precautionary principle"처럼, 수많은 상식적인 도덕 준칙들이 탄소 제거를 뒷받침한다. 사회적으로 정의롭고 환경적으로 엄격한 방식으로 탄소를 제거하는 것은 도덕적으로도 바람직한 일이지만, 순 마이너스 탄소 배출의 전제 조건이기도 하다.

탄소 제거는 기본적으로 두 가지 단계를 거쳐야 한다. 1단계는 틈새시장이나 미용 상품 소비에서 미적·상징적으로 탄소를 제거하는 것이다. 농산물시장의 바이오 숯, 재생 방목으로 키운 양의 털로 만든 비니, 재활용 탄소로 만든 신발, 코카콜라가 대기 포집 탄소로 만든 탄산수 등등. 아주 쿨해 보이지 않는가? 1단계 옹호자들은 이것이 2단계로 가는 첫걸음이라고 본다. 미약한 출발이라고 평가절하해선 안 된다. 탄소 제거의 중요성을 인식시키고 모멘텀을 만들어야 한다. 물론, 1단계만으로 기후변화를 '해결'한다는 것은 지구물리학적으로 불가능하다.

2단계는 실제로 온실가스 농도를 낮출 수 있는 기가톤 규모의 제거를 가리킨다. 기후적으로 중요한 폐기물 정화, 오염 처리다.

1단계에서 2단계로 넘어가는 방법은 무엇일까? 어떤 사람들은 자연스럽게 그렇게 될 거라고 생각한다. 클린테크cleantech, 곧 재생에너지가 '자연스럽게' 확장되고 저렴해진 것처럼 말이다. 하지만 클린테크와 달리, 탄소 제거 2단계는 정화 작업이다. 이런 규모의 저장·처리에서는 우리가 쓸 수 있는 상품이 만들어지기 어렵다. 비영리단체인 '카본180Carbon180'은 탄소 제거 정책을 제안해 왔다. 노아 다이히Noah Deich 대표는 어떤 실험적인 행동에서 실제 오염물 처리에 이르는 중간 단계의 경로를 이렇게 설명한다. 가까운 시일 내에 세 가지 접근, 즉 '다리가 세 개인 의자'가 마련되어야 한다. 첫째는 기술과 토지 영역에서의 획기적인 연구개발이다. 둘째는 기업가들이 유망한 아이디어를 시장에 내놓도록 지원하는 것이다. 셋째는, "정책을 변화시켜 연구개발에 충분한 자금이 지원되도록 해야 한다. 그러나 큰 시장도 존재하니까, 기업가들이나 토지 운용자들이 의미 있는 규모로 시장에 접근할 수도 있다." 그는 대학의 연구·개발 참여, 탄소 기술 인큐베이터 설립, CCS에 대한 세액 공제를 시행하고, 미국 농업 법안에 탄소농업을 포함시키는 정책 등을 빠르게 실행해야 한다고 제안했다.

그 중간 단계가 모호해 보인다고 질문하자, 다이히는 "그 중간 부분은 계속 불분명할 것이다. 순환적인 것이라서 그렇다"고 대답했다. 그러면서 기존 시장에 기술을 가지고 뛰어들면 일자리와 투자

기회가 창출된다고 했다. 성공은 정부에서든 기업에서든 정책적 지원을 끌어들이고, 더 많은 시장과 연결되며, 눈덩이처럼 커지는 순환을 만들어 낸다. "대기 중 탄소 제거를 인센티브로 만들 수 있다면, 이를 단계적으로 키워 나가면서 대규모로 진행되는 지속적이고 의미 있는 광범위한 정치연합을 만들어 낼 수 있을 것이다."

하지만 나는 1단계에서 2단계로 가는 명확한 길이 있거나, 자연스럽게 다음 단계로 발전할 것이라는 확신이 들지 않는다. 1단계는 싱크 탱크, NGO, 자선가 등의 노력과 함께 일련의 정책과 인센티브로 달성할 수 있으나, 2단계에는 경제·정치·문화에 걸친 거대한 변화가 필요하다. 이산화탄소를 폐기물로 취급하고, GDP의 상당 부분을 정화 작업에 투입하기로 결정해야 한다. 이를 위해서는 강력한 기후완화를 밀어붙일 정도의 국가적 규제가 있어야 한다.

환경운동가들과 사회정의를 추구하는 사람들은 우리가 기후변화에 맞선다면 그 자체로 사회적 변화가 일어나리라는 희망을 품고 있다. 기후 오염 문제에 대응하는 새로운 서사가 등장할 것이라는 생각이다. 문화이론가 클레어 콜브룩Claire Colebrook에 따르면,

기후변화가 자본주의를 극복할 기회라는 나오미 클라인의 주장, 자연과 생명을 되찾기 위해 수십 년간의 '텍스트주의' 이론을 일축한 환경인문학운동environmental humanities movement, 우리가 생존하려면 일방적으로라도 즉시 행동해야 한다고 믿는 지구공학자들에 이르기까지, 인간의 종말은 새로운 새벽을 맞이해 수천

개의 작은 산업들을 만들어 냈다.[14]

　그러나 기존의 불평등한 상태를 유지하는 애매한 방식으로 기후 변화에 대처하면, 새로운 새벽이 아니라 길고 지루한 오후를 맞이하게 될 가능성도 크다. 대기에서 직접 탄소를 포집하거나 석유 회수 강화로 생산한 합성 저탄소 연료로 액체연료를 대체하는 것도 또 다른 방식이 될 수 있다. 새로운 새벽을 맞이하지 않더라도 반드시 지구공학과 연결되는 것은 아니고, 그 반대의 경우도 마찬가지다. 탄소 제거 시나리오들 중에는 끔찍해 보이는 것도, 그럴듯해 보이는 것도 있다. 꺼림칙한 쪽은 쉽게 떠올릴 수 있지만, 그럴듯한 쪽은 상상력을 발휘해야 한다. 최고의 탄소 제거 시나리오들이 유토피아를 제시하는 것처럼 보여도, 그렇게 하더라도 실제로는 기후완화에 실패해서 잘해 봤자 겨우 버티는 세상이 될 가능성이 크다. 우리가 서 있는 지점이 바로 여기다. 근근히 버티는 것조차도 놀라운 사회적 성과이자 정교한 조율처럼 보인다. 사람들이 환상적이고 유토피아적인 꿈이라고 부를 만한 큰 행운이 따라야 하는 일인 것이다.

　우리는 탄소 제거와 태양지구공학에 적극적으로 참여하여 이 곤란한 상황을 헤쳐 나갈 기회를 최대한 확보할 수 있다. 그러나 기후공학을 이분법적으로 보는 태도는 이 새로운 접근 방식에 진보주의자들을 참여시킬 방법을 논의하기 어렵게 만들었다. 기후공학은 '기술' 영역에 갇혀서, 인간들 간의 관계, 인간이 자연과 맺는 관계들을 포괄하는 다양한 실천으로 이해되지 못했다. 이 이분법에서 벗어나

다른 식의 전략적 참여를 꾀하려기 위해서는 그런 실천이 어떻게 전개될 수 있는지를 보여 주는 명확하고 훌륭한 시나리오를 제시해야만 한다.

엄격한 이분법은
기후공학을 엘리트의 손에 쥐어 준다

기후변화에 대처할 산업기술의 역할을 두고, 현대적 사유는 양 갈래로 갈라져 있다. 한편에서는 기술의 잠재력을 낙관적으로 평가하면서 기술이 착취와 불평등과 폭력 속에서 발전해 온 역사적 맥락은 인식하지 못하는 이들이 있다. 반대로 식민주의 · 제국주의 · 자본주의를 깊이 있게 이해하면서도 기술이 기후변화 대응에 유용하게 쓰일 수 있다는 점은 무시하는 사상가들도 있다.

이런 분열은 기후정의 확대에 기술을 어떻게 활용할지를 논의할 비판적 토론 공간을 사라지게 만든다. 이를테면 자연을 '정복'하기 위해 존재하지 않는 민주적으로 통제되는 산업기술을 상상할 수 없게 만든다. 인간생태학자 안드레아스 말름Andreas Malm이 말했듯이, 오늘날 대부분의 좌파적 사유는 "자연 정복의 도구이자 궁극적으로 모든 사람에게 공산주의적 풍요로움을 제공할 생산력에 대한 열망"을 포기했다.[15] 그러나 이 포기가 기술이 집단적이거나 협력적이거나 혹은 자연과 더불어 작동한다고 보는 어떤 일관된 관점을 이끌어 낸 것은 아니다.

내가 처음으로 이런 생각을 내놓은 것은 아니다. 최근 들어 좌파가 산업기술을 다르게 받아들여야 한다는 요구가 거세졌다. 예를 들어, 지리학자 매튜 후버Matthew Huber는 "마르크스는 대규모 산업화에 본질적으로 해방적인 어떤 것이 있다고 믿었으며, 생태사회주의자들은 이 가능성을 그렇게 빨리 기각할 필요가 없다"면서, "'생산력의 발전'이라는 말이 석탄, 석유, 가스에 기반하여 오염을 일으키는 산업적 생산의 확대와 단순하게 동일시되지 않고, 재생 가능한 청정연료에 기반하는 산업 자원 체제의 발전을 뜻하게" 될 수도 있다고 보았다.[16] 사회학자 제시 골드스타인Jesse Goldstein은 클린테크 산업을 비판적으로 분석한 문화기술지 연구인《지구적 개선Planetary Improvement》에서 "사회기술적 역량은 세상을 여러 가지 방식으로 변화시킬 수 있"지만, 해방적 비전을 실현하려면 우리의 마음속에서 "투자자를 지워야" 한다고 주장했다. "우리의 상상력, 과학, 기술을 자본 논리의 좁은 시야에서 해방시켜야" 한다는 것이다.[17]

산업기술을 수용해야 한다고 더 강하게 주장하는 사람들도 있다. 과학 저널리스트 리 필립스Leigh Phillips는《긴축 생태학과 붕괴-포르노 중독자들: 성장, 진보, 산업을 위한 항변Austerity Ecology and the Collapse-Porn Addicts: A Defence of Growth, Progress, Industry, and Stuff》에서 '작은 것이 아름답다'고 하거나 좁은 지역 문제에만 신경 쓰는 좌파들을 조롱하면서 좌파가 항상 이런 식은 아니었다고 지적한다.

역사적으로, 시장의 실패를 비판할 때 좌파는 과학, 기술, 의학은 물론이고 산업 쪽도 특별히 문제 삼지 않았다. 우리는 근대성을 찬양했다. 오히려 우리는 문명의 과실이 모든 인류에게 돌아가야 한다고 요구해 왔다. 우리는 언제부터 자본주의가 아니라 근대가 문제라고, 심지어 인류의 출현 자체가 문제라고 믿기 시작한 것일까?[18]

필립스는 이 질문에 답하기 위해 긴축 생태학이 "좌파가 역사적으로 싸워 온, 아주 오래되고 어둡고 맬서스적인 사상"의 화신이라고 주장한다. 긴축과 탈성장은 "수학적·사회적으로 동일"하다. 전 세계적인 생명 위기를 해결하려면 더 많은 성장, 진보, 산업, 문명이 필요하다. "우리가 무심코 시작한 이 과정을 뒤집으려면 비상한 수단이 있어야" 하며, 최첨단의 실험실과 공장에서 일어날 수백 가지 혁신과 함께 "일정 기간 동안 탄소 마이너스 경제를 생산할 방법도 찾아야 한다". 따라서 "기술의 가능성을, 진보라는 개념 자체를 부정하는 녹색 반근대주의는 실제로 우리를 기후변화의 재앙 속으로 밀어 넣고 있다." 그는 우리의 선택지에 후퇴란 있을 수 없으며, 우리는 더욱더 현대성을 추구해야 한다고 결론짓는다. 닉 스르니첵Nick Srnicek과 알렉스 윌리엄스Alex Williams의《미래의 발명: 포스트자본주의와 노동 없는 세계Inventing the Future: Postcapitalism and a World without Work》에서도 비슷한 주장이 나타난다. 이들은 '민중정치folk politics'의 지역성을 거부하고 기술의 방향을 재설정해야 한다면서, 이는 그저

생산수단의 장악에 그치는 것이 아니라 새로운 생산수단의 발명이라고 본다.[19]

라보니아 큐보닉스Laboria Cuboniks라는 이름으로 공동 작성된 〈제노페미니즘 선언문the Xenofeminist Manifesto〉에 나타나듯이, 제노페미니즘Xenofeminism 또한 "세계의 재설계를 위해 기존 기술을 전략적으로 배치"하고자 한다. 선언문 작성자들은 "진보적인 젠더정치적 목적을 위해 기술을 재설정하려는 명시적이고 조직적인 노력이 이렇게 부족한 이유는 무엇일까?"라고 질문하면서, 기술이 지닌 해방적이고 진정한 잠재력은 아직 실현되지 않았다고 주장한다.

최근 몇 십 년 동안 지나치게 얌전했던 페미니즘 의제들은 광섬유케이블, 무선통신과 마이크로파, 석유와 가스파이프라인, 항공로와 해운로, 1천 분의 1초마다 끊임없이 동시에 실행되는 수백만 개의 통신프로토콜 등이 종횡으로 얽히는 현실의 엄청난 복잡성에 발맞추지 못했다. 체계적 사고와 구조적 분석은, 존중받아 마땅하긴 하지만 불충분했던 투쟁들에 밀려 뒷전으로 물러났다. 이 투쟁들은 고정된 지역성과 파편적인 저항에만 치우쳐 있었다.[20]

역시 여기에서도 지역적 노력이나 민중정치가 허용할 수 있는 것보다 더 광범위한 분석과 실천을 요구한다. 〈제노페미니즘 선언문〉은 나아가 "이미 제 궤도에 오른 속도를 줄이기 위해 비상브레이크레버를 당기자는 제안, 더 느리고 더 작게 만들자는 요청은 소수에게만 허락된 가능성이다. 이 배타적이고 폭력적인 특수성은 궁극적으로 다수에게 재앙을 불러올 수 있다"고 단언한다.

이런 흐름을 이끄는 급진 좌파는 아직 환경운동의 주류에 스며들지 못했다. 주류 쪽에서, 자연과 어우러지는 산업기술 개념은 태양열 패널이나 풍력터빈 정도에 적용되는 선에 그친다(물론 그것도 그 시설이 누군가의 뒷마당과 가깝지 않을 때만 가능하다). 대체로 산업기술은 여전히 사악한 악마의 공장으로 간주되고, 전 세계에 걸쳐 이루어지는 수많은 채굴 작업들이 그런 관점을 강화시킨다. 사람들은 아직도 기술과 자본주의를 혼동한다(그리고 혁신적 기술들이 끌어들인 막대한 정부 보조금은 그들의 시야에 들어오지 않는다). 따라서 많은 환경운동가들은 지구공학을 놓고 단순한 표현만을 반복한다. "우리는 지구공학이 아니라 X가 필요하다." 이 익숙한 공식에서 X는 지속 가능한 생태농업이거나, 시스템의 전환이거나, 탈성장일 수 있다. 지구공학은 우리가 '진정으로' 원하는 아름다운 X, 꽃이 만발한 미래를 돋보이게 하는 역할이다.

이 이분법은 어떤 식으로 표현될까? 그리고 어떻게 해서 생겨난 것일까? '지구공학은 실제 일어나는 혁신적인 변화와 상충되는 것'이라는 생각은 그 이분법 공식들 중 하나다. 이 사고 구조는 그 지지자들이 '실제로 원하는 변화'에 초점을 맞추기 때문에 설득력을 갖는다. 많은 새로운 기술들이 어떻게 구상되고 사용되는지를 비판적으로 바라보는 시민사회단체인 ETC 그룹은 지구공학이 "완벽한 변명"이라고 경고한다. "지구공학은 배출량을 줄이고 생물다양성을 보호하는 것 외의 다른 선택지를 정부에게 제공한다."[21] 저널리스트이자 활동가인 나오미 클라인은 이렇게 말했다. "지구공학을 진지하게 다루는 이들이 있다는 것은, 배출량 감축에 기반하는 진정한 플랜 A가 시급하게 필요하다는 사실을 확실하게 드러내 준다. 그것이 아무리 경제적으로 급진적인 것처럼 보인다고 해도 말이다."[22]

반면에, 지구공학 연구를 옹호하는 사람들은 기후완화만으로는 최악의 기후변화를 모면할 수 없다고 믿는다. 하버드대학교의 태양지구공학 연구자인 데이비드 키스David Keith와 조쉬 호튼Josh Horton은 특별한 계획 없이 기후완화를 논하는 태도를 이렇게 비판했다.

지나치게 단순화할 위험을 무릅쓰고 말하자면, 본질적으로 그런 주장들은 부유한 국가에 속하는 논평가들이 기후완화를 국내 기후정책의 우선순위에 놓기 위해 태양지구공학을 비판하면서도 태양복사 관리가 글로벌 사우스의 가난한 나라들에게 가져다줄 수 있는 엄청난 이익 분배는 외면하는 경향과 관련이 있다. 회피에 대한 도덕적 분노(해밀턴), 새로운 러다이트 운동(ETC 그룹), 반기업 이데올로기(클라인) 등 이들의 심층적인 동기는 다양하다. 무슨 이유 때문이든, 선진국들의 정책에 영향을 미치지 않도록 태양복사 관리를 연구하지 말라는 권고들은 개발도상국들에게 돌아갈 막대한 이득을 희생시켰고, 글로벌한 도덕적 맥락에서 윤리적 혼란을 낳았다.[23]

이 반박에 대한 재반박도 있다. 지구공학 연구를 옹호하는 사람들은 취약한 환경에 놓인 사람들을 진심으로 걱정하지 않거나 사고의 한계를 드러낸다는 것이다. 예컨대, 환경정책학자인 제인 플레갈Jane Flegal과 아르티 굽타Aarti Gupta는 이렇게 의심을 표출했다. "특정 연구자 집단이 평등을 바라보는 시각의 수행적 능력과 정치적 영향은 비판적으로 검토되어야 한다. 마치 그것이 태양지구공학을 진행해야 할 근거처럼 제시되지만, 그들의 전문적 식견은 형평성을 좁게 이해하는 기술적인 틀에 갇혀 있기 때문이다."[24] 또한, 철학자이자 활동가인 카일 와이트Kyle Whyte는 "지구공학이 실제로 원주민들을 구하거나 지원하기 위한 것이라는 주장은 유지되기 어렵다. 정말 문제가 되는 것은 기온 상승이나 예측 불가능한 강수량이 아니기 때문이다"라고   했다.[25] 기후변화의 핵심에 있는 것은 식민주의와 세계적 불평등이다. 글로벌 사우스의 가난한 자들에게 관심이 있다면, 이들에 대한 논의가 가장 먼저 이루어져야 하지 않을까?

나는 태양지구공학 연구 사업에 대한 와이트, 플레갈, 굽타 등의 비판에 전적으로 동의한다. 그러나 통제 불가능한 기후변화가 다가올 때, 바뀐 환경에 적응하지 못하는 곳들에서 일어날 수많은 고통을 덜어 줄 수 있는 아이디어를 완전히 무시하는 것은 오만한 태도다. 시스템의 변화는 꼭 필요하다. 그러나 지구공학이 혁신적 변화를 대신해야만 하는 것은 아니다. 사실 지구공학이 제대로 기능하려면 시스템의 변화가 있어야 한다. 책임 있는 태양지구공학은 탄소 제거가 필요하고, 이를 위해서는 재생에너지가 필요하다. 재생에너지와 탄소 제거 확대는 대대적인 사회적·정치적 변화가 있어야만 가능하며, 가장 훌륭한 태양지구공학 계획은 극적인 사회 변화 없이는 이루어질 수 없다. 비판자들은 화석연료 관련자들과 특권층들이 사회 변화를 막기 위해 태양지구공학이나 탄소 제거를 활용할 것이라고 우려한다. 이 우려는 옳다. 그러나 현 시점에서, 탄소 제거의 전면 거부는 미학적 사치처럼 보인다.

　지구공학과 사회적 변화를 이분법적으로 나누는 근저에는 농업과 식량주권을 둘러싸고 진행 중인 투쟁이 존재한다. 현대 농업은 이분법투성이라고 할 수 있다. 전체론적 농업과 환원주의적·기계론적인 산업 농업, 회복력을 강조하는 농업생태학agroecology과 가뭄에 강하도록 기술적으로 변형한 농작물 개량 등의 대립이 그것이다. 이러한 기존의 이분법 탓에 지구공학은 어느 한쪽을, 농업생태학적 변화는 또 다른 한쪽을 대표하는 듯한 인상을 준다. 농업생태학을 옹호하는 이들은 사고방식, 가치, 문화, 시스템의 충돌이 일어나고 있다고 본다. 교사이자 활동가인 찰스 아이젠슈타인Charles Eisenstein은 2015년 《가디언》에 실은 칼럼에서 "우리에게 필요한 건 지구공학이 아니라 재생농업"이라고 주장했다.[26] ETC 그룹은 기후변화에 대한 가짜 해결책이라는 이유로 지구공학을 반대하고 같은 이유로 특정 기업이 특허권을 갖는 기후 대응 작물도 거부하며, 그 대신에 농민이 주도하는 농업생태학적 기후위기 대응을 지지한다.[27] 환경 NGO인 바이오퓨얼워치Biofuelwatch는 탄소포집저장을 이용한 바이오에너지 같은 기후공학 기술이 "농업생태학과 생태계 재

생이라는, 진정성 있고 믿음직스러운 탄소격리 방법에 돌아가야 할 관심을 분산시킨다"고 했다.[28]

탄소 제거 실천 그 자체에도 이분법은 존재한다. 과학·정책 보고서들은 탄소 제거를 생물학적(또는 자연적) 기후 해결책과 공학적 해결책으로 분류한다. 이 분류는 어느 정도 타당해 보인다. 탄소격리는 식물 재배(1장에서 다룬다)나, 지질학적 매장(2장에서 논의한다)으로 이루어질 수 있기 때문이다. 하지만 기후정책 담론에서 드러나는 산업과 생물학 사이의 분열은 탄소 제거 그 자체에서도 나타나며, (항상 그런 것은 아니지만) 한쪽이 다른 쪽보다 더 많은 특권을 지닐 때가 많다. 절박한 현재의 상황에서, 선라이즈 무브먼트the Sunrise Movement, 기후 동원The Climate Mobilization, 멸종 반란Extinction Rebellion과 같은 활동가 집단들은 탄소 감축 요구에 동참하기 시작했다. 그러나 기후정의를 내세우는 여러 단체들이 어떤 방식의 탄소 감축을 말하는 것인지는 확실하지 않으며, 탄소 감축 달성에 필요한 산업 활동의 규모를 제대로 인식하지 못할 때도 많다.

지구공학과 진정한 변화, 지구공학과 농업생태학이라는 이분법은 기후적 개입을 수행·실시·실행·배치·구현하는 다양한 방식이 존재하는 현실을 흐릿하게 만든다. 기후적 개입의 실천이 기술에 내재되어 있는 것은 아니다. 이분법을 고집하면 어떠한 미래가 가능한지를 내다보지 못하게 되고, 기후공학의 주도권은 소수의 사람들에게 넘어갈 것이다.

실천으로서의 기후 개입

기후공학은 단일한 하나의 '기술'이 아니라 다양한 실천(혹은 활동)이며, 기후공학의 행위자는 그 실천 방식을 어느 정도 선택할 수 있다. 잭 스틸고Jack Stilgoe는《지구 실험Experiment Earth》에서, 지구공학이 명사가 아닌 동사에 가깝다고 했다. "여기에 쓰이는 기술들을 볼 때, 지구공학은 절반쯤 진행된 계획들이 뒤섞여 있는 상태라고 할 수 있다. 지구공학geoengineering은 문자 그대로 현재분사이니 진행 중인 계획에 지나지 않는다." 따라서 스틸고는 지구공학이 거버넌스의 일종이라고 본다.[29] 그러나 아직도 기후공학이 어떤 '사물', 즉 유전학, 로봇공학, 정보기술, 나노기술처럼 새로 등장한 기술들 중 하나에 속하는 인공물이라고 여기는 사람이 많다. 아주 중요한 몇 가지 이유 때문에, 기후 지구공학은 여타 신기술들과는 다르다.

'콘드라티예프 파동Kondratiev waves'은 신기술들이 만들어 낸 혁신에 따라 긴 주기로 일어나는 파동을 가리킨다. 이 이론에 따르면 산업혁명 시기에는 직물산업이, 다음에는 증기와 철도가, 그다음에는 전기가, 또 그다음에는 자동차와 석유가 등장했다. 지금의 정보기술에 이르기까지 40~60년마다 새로운 혁신적 변화가 나타난 것이다. 현재 주류 경제학에서 그다지 인기 있는 이론은 아니지만, 이를 여기서 다루는 이유는 지구공학의 흥미로운 성격을 설명해 주기 때문이다. 지구공학은 다른 신기술들과는 달리 경제에서 혁신적인 역할을 하지는 못할 것이다. 오히려 탄소 제거는 폐기물관리와 유사하다. 대규모 산업이지만 혁신적인 것은 아니라는 뜻이다. 특히 태양지구공학은 개량적인 것이지 생성적인 것이 아니다. 다시 말해, 새로운 부를 창출하지 못한다. 그 성장에 한계가 있을 수밖에 없고, 그 실현에 필요한 행위자 수도 많지 않을 것이다. 여기에 참여하는 사람들은 어떤 동기가 있을까? 아마 연구자들은 개인적 명예나 사회적 자본을 얻을 수 있을지도 모른다. 하지만 태양지구공학이 투자회사나 주주 회사 모델로 실현되리라고 보기는 힘들다. 태양지구공학은 매우 광범위하고 엉성하고 위험한 데다 수익이 낮기 때문에 실제 이익 차원에서는 전 세계적인 공공 프로젝트로 보아야 할 것이다. 정책 설계에 따라 특정 지역이 피해를 입을 수도 있지만, 탄소 제거의 혜택 역시 세계적 공익에 속할 것이다. 요컨대, 기후공학은 아마도 다수의 이익을 위해 수행될 것이다.

여기서 핵심은 사회기술적 시스템의 대부분이 그러하듯이, 태양지구공학도 어떤 실제 '기술'이 아니라는 점이다. 태양지구공학을 추동하고 가능하게 하는 비행기, 노즐, 소프트웨어는 기술에 속한다. 그리고 지구공학을 실행하면 지구의 온도를 낮춰 줄 것이라는 컴퓨터 예측도 기술이다. 하지만 이 기술들에 '의존'하는 태양지구공학은 그 이상의 것이기도 하다. 우리가 이를 '기술'이라는 상자에 넣으면 기술 전문가의 영역으로 한정되어 그 밖의 가능성을 보지 못하게 된다. 이 개입이 지닌 사회적 측면이 감춰지는 것이다.

지구공학이 단순한 신기술이 아니라면 무엇이라고 보아야 할까? 그 대안으로 세 가지 틀을 생각해 볼 수 있다. 국제개발협력을 위한 개입development interventions, 인도주의적 개입humanitarian interventions, 인프라infrastructure이다. 이 중 어느 하나만으로는 지리공학을 충분하게 이해하기 어렵지만, 하나씩 살펴보면 지구공학이 무엇인지 더 잘 알게 될 것이다.

지역사회 차원에서의 건강이나 영양에 관한 개입부터 거시적 차원에서의 경제적 개입에 이르기까지, 국제개발협력 논의에서는 개입의 언어를 쉽게 찾아볼 수 있다. 농부들을 위한 기후 스마트 농업 교육이나 친환경 조리 스토브 도입 등은 기후에 관련된 개발 개입이라고 할 수 있다. 이런 개입들은 일반적으로 여러 가지 사회적·기후적 혜택을 낳도록 설계된다. 또, 추적관찰과 평가가 진행되는 사업들이므로 태양지구공학과 유사한 측면을 갖는다. 태양지구공학도 여러 해에 걸쳐 실행, 관리, 지속적인 추적관찰, 평가가 있어야 한다. 탄소 제거에서는 지역사회 산림 개발이나 바이오 숯 계획처럼 개발 관련 개입에 해당하는 몇 가지 방식이 이미 존재한다.

인도주의적 활동에서도 '개입'이 나타난다. 군사력, 인도주의적 지원·구호, 국제적·비정부적 협력 등으로 어떤 재난 상황에 개입하는 것이다. 보통 직접적인 이익을 노리는 경우는 드물지만, 민간 계약업체가 인도주의적 활동에서 수익을 거둘 때도 있다. 인도주의적 개입은 태양지구공학처럼 그 대상을 구해 내거나 안정시키려고 하므로 긴급성 측면에서 유사성이 있다. 프로젝트의 임무나 배치를 설명하면서 군사용어를 빌려 올 때도 많다. 그런 점은 태양지구공학에서도 마찬가지다.

초기의 지구공학 연구에서는 '기후 개입climate intervention'이라는 용어를 많이 썼다. 2010년 '기후 개입 기술에 관한 아실로마 국제 컨퍼런스Asilomar International Conference on Climate Intervention Technologies'와 2015년 기후 개입에 관한 미국국립과학원 보고서에서도 이 용어가 사용되었다. 기후 개입은 '기후공학climate engineering'이나 '지구공학geoengineering'과 같은 의미로 쓰였다. 그렇다면, '개입'이라는 틀이 어떤 점에서 기후공학을 이해하는 데 적절하지 않은 것일까? 개발이나 인도주의적 맥락에서의 개입은 행동에 초점을 맞춘다. 그러나 지구공학에서는 섣불리 행동을 이야기하지 않는다. 연구자들은 현재의 연구에만 신경 쓰고 그 적용은 생각하지 않고 있다면서 구체적인 언급을 꺼린다.

여기에는 조심스럽게 나누어진 두 가지 방향이 있다. 한편으로는 이상적인 세계가 있다. 여기에선 모델링이 진행되고 지구공학은 추상적인 채로 남아 있으며 따라서 안전하다. 다른 한편으로는 실제 실행을 상정하는 세계가 있다. 여기에선 특정한 지구공학 시나리오들이 등장하고, 연구에서 실행으로 초점을 옮기게 하는 '개입'과 같은 비유도 나타난다. 그런 비유의 사용이 문제시되는 또 다른 이유는 '인도주의적 개입'과 같은 말이 그린워싱이나 조지 오웰의 《1984》에 등장하는 신어新語newspeak처럼 어떤 완곡어법으로 보이기도 하기 때문이다. 하지만 '개발'이나 '인도주의적'이라는 말이 선善을 의미하는 것은 아니므로 이를 완곡어법이라고 할 수만은 없다. 오히려, 이 표현들은 구체적인 목표와 계획을 가리킨다. 개발계획은 여러 곳에서 아주 끔찍한 상황을 낳았다. 서구 식민주의를 확장하고, 가난한 국가들을 빚더미에 앉히고, 공동체적 사회관계를 착취 관계로 변화시켰다. 마찬가지로 인도주의적 개입도 재앙에 가까운 문제를 만들어 낸 경우가 많다. 우리는 지구공학을 대할 때, 그런 사회적 개입들이 상당 부분 매우 잘못된 결과로 이어졌다는 사실을 염두에 두어야만 한다.

기후공학의 일부는 어떤 계획적인 개입과 비슷하다. 특정한 목표를 정하고 상부구조의 관리 하에서 일정한 시간을 들여서 구성되는 것이다. 그렇지만 다른 일부는 고정적이고 무겁고 물질적이어서 인프라에 가깝다. 대규모 파이프라인과 시설이 필요한 이산화탄소 제거 산업에서 인프라를 논하는 것은 자연스러운 일이다. 숲의 재조성과 토양 탄소격리도 '생태인프라' 관점으로 볼 수 있다. 그렇지만 태양지구공학은 특별한 형태가 없고 추상적인 것처럼 보이는데, 이는 그 인프라가 유연하기 때문이다. 이를테면 성층권 에어로졸 방식은 활주로, 공장, 광산과 같은 기존의 고정 인프라에 의존한다. 인프라 개발의 순간이야말로 논쟁의 시작 지점이다. 다시 말해, 설계도나 예상도처럼 구체적인 이미지가 제시되면 논란이 벌어진다. 인프라를 상상해 내기 전까지는, 우리는 하늘 위를 부유하는 SF적인 환상 공간에 머물고 있는 것이다. 환경인문학자인 앤 파섹Anne Pasek이 지적했듯이, 지구공학을 인프라로 여기면 이에 필요한 관리 및 유지보수를 떠올리게 된다는 장점도 있다.[30]

지리공학을 인프라라고 생각하면 과거의 메가프로젝트들에서 얼은 교훈을 돌아보게 된다. 채널터널the Channel Tunnel〔영국과 프랑스를 연결하는 해저터널〕, 외레순 다리the Øresund Bridge〔덴마크와 스웨덴을 잇는 도로철도 병용교〕, 싼샤댐the Three Gorges Dam〔중국 후베이성 장강에 건설된 세계최대 규모 발전량의 다목적 중력댐〕, 홍콩국제공항the Hong Kong International Airport〔첵랍콕섬과 주변 바다를 메워 만든 해상공항〕 등의 유명한 인프라 프로젝트에는 수십억 달러씩 투입되었다. 메가프로젝트 전문가인 벤트 플라이비에르그Bent Flyvbjerg에 따르면, 메가프로젝트에는 인프라(댐, 항구, 철도), 채굴(광물, 화석연료), 생산(전투기, 화학 공장, 제조 단지), 소비(관광시설, 쇼핑몰, 테마파크) 등이 포함될 수 있다. 그는 메가프로젝트가 사회학자 지그문트 바우만Zygmunt Bauman이 "공간으로부터의 독립전쟁Great War of Independence from Space"이라고 부른 의미 있는 현상의 일부라고 했다. 메가프로젝트는 모빌리티와 해방을 의미하며 지리학의 종말, 거리의 죽음 등과도 관련이 있다는 것이다.[31]

2000년대 초반의 시대정신은 지금과 달랐다. 인터넷은 새롭고 혁신적이었으며 수많은 고양이 동영상이나 가십거리 기사, 악플이 떠돌아다니기 전이었다. '세계화'가 여전히 유행어였고, 금융위기는 아직 오지 않았으며, 이라크·아프가니스탄 개입 실패도 미래의 일이었다. 제2차 세계대전 이후, 1950년대의 과학기술에 대한 낙관주의에서 기후공학의 심리적 근저를 찾는 이들도 많지만, 기후공학을 지지하는 성향은 세계화가 더 진행된 시기인 2000년대 초반에 나타난 현상이라고 볼 수도 있다.

플라이비에르그는 메가프로젝트의 역설을 이야기했다. 인프라

프로젝트들이 점점 더 많이 더 크게 계획되고 건설되지만, 경제·환경·대중 지지 면에서 저조한 성과를 거두고 있다는 것이다. 그러나 지리학자 벤 마쉬Ben Marsh와 자넷 존스Janet Jones는 상징적 측면을 고려할 때, 이 역설은 겉으로 보기에만 역설적이라고 했다. 경제적 성과만이 성공의 유일한 척도가 아니며, 메가프로젝트는 재정적 가치보다 더 우월한 상징적 가치를 위해 계획·실행된다는 것이다.[32] 인프라는 경관에 문화적 메시지를 새겨 넣으며, 저자성authorship과 권력authority을 모두 표현한다. 초대형 공학 프로젝트는 읽어 내기가 쉽다. 그 규모가 디자인적 요소가 되는 것이다. 따라서 거대 경관 프로젝트에서 "가장 중요한 표현"이 권력이기는 해도, 그 실제 메시지는 풍요(바빌론의 공중정원)에서 안전(범람원에 쌓은 제방)에 이르기까지 다양하다. 인프라가 메시지와 관련이 깊다면, 이런 질문도 던질 수 있다. 기후공학 프로젝트들이 물질적 전략보다는 상징적 전략으로서 더 효과적일 수 있을까?

사람들은 대형 인프라 프로젝트의 단점들 때문에 메가프로젝트를 의심하게 되었다. 태양지구공학도 비슷한 의심을 받을지 모른다. 플라이비에르그는 메가프로젝트 준비 자료들(비용편익 분석, 재무분석, 영향분석)이 다른 전문 분야의 분석 자료들보다 더 자주 의혹과 비난의 대상이 된다고 지적한다. 50~100퍼센트 이상의 비용 초과, 20~70퍼센트의 수요예측 오류 정도는 흔하게 나타났다.[33] 플라이비에르그가 말했듯이, 문제의 핵심에는 기술이나 데이터가 아닌 책임감의 부족이 있다. 예측은 조작되고, 특수한 이해관계가 있는 집단이 비용이나 위험을 부담하지 않고 프로젝트를 진행시키며, 도급업체는 비용과 위험을 과소평가한다. 실제 비용과 위험은 공사가 착수된 후에나 드러난다. 납세자의 돈으로 충당되는 방위 계약에서 두드러지게 나타나는 이런 현상은, 점잖은 말로 표현하자면 '평가 낙관주의Appraisal optimism'라고 할 수 있다. 수많은 메가프로젝트 사례들은 기후공학에 보내는 경고와도 같다.

그러나 태양지구공학은 인프라와 또 다른 관계도 맺고 있다. 옳든 그르든, 태양지구공학은 기존의 인프라를 방어하는 역할을 맡는다. 13조 달러에 달하는 화석연료 인프라가 변화를 회피하도록, 새로운 화석연료 발전소들이 '너무 빨리' 중단되지 않도록, 묶여 있는 자산을 이동시킬 수 있게 하는 방법이 태양지구공학이라는 지적은 틀린 말이 아니다. 하지만 인프라는 항상 변화한다. 과학사학자 데이비드 나이David Nye의 말처럼, "가장 거대하고 성공적인 기술 시스템이라고 해도 결국에는 그 동력을 잃어버린다."[34] 그는 지난 세기의 석탄 유통 인프라를 예로 든다. 석탄 적치장, 마차, 저장고, 이송 장치 등은 이제 버려졌다. 순식간에 통신 인프라가 세워지는가 하면, 사람들이 떠나 황량한 농장에는 구조물들이 버려졌다. 역사는 인프라의 덧없음을, 그리고 특정 장소에 살던 사람들이 변화에 어떻게 대응했는지를 보여 준다.

지구공학을 어떤 프로그램, 실천, 프로젝트, 개입, 인프라 등으로 이해하는 것은 이 개념을 지나치게 확장하려는 시도로 보일 수도 있다. 그러나 환경과학자 브래드 앨런비Brad Allenby는 제트기 기술을 두고 이런 질문을 던졌다. 전통적인 수명주기 분석에서는 제트기 자체의 사용 연한까지만을 고려했다. 그렇지만 사실 제트기 덕분에 글로벌 관광산업은 급속도로 성장할 수 있었고, 관광산업은 유럽 식민주의 이후로 지구 생물권에 가장 큰 영향을 미친 요소였다. 인구 중심지들을 하나로 연결시키고, 새로운 질병과 외래종을 등장시켰다. "그렇다면 제트기 설계를 할 때, 이렇게 깊숙하게 연관된 시스템적 효과들을 고려해야 하는 것일까?"[35] 어지러울 정도로 복잡한 상황이더라도, 시스템적 관점은 꼭 필요하다. 우리는 개입의 간접적인 효과가 어떠한지, 그 규모에 따라 시스템의 일부가 어떻게 다르게 작동하는지 등을 이해해야 한다. 현재의 우리는 기후공학과 같은 것을 시스템적 관점에서 적절하게 조망하게 도와줄 제도, 훈련, 방법을 알지 못한다. 세계적인 대학들에서도 태양지구공학과 탄소제거에 관련된 논의나 문제의식은 사회적 복잡성을 고려하지 못하는 매우 빈약한 상태에 머물러 있다.

메가프로젝트와 실패한 개입들의 역사를 돌아보면 이런 질문이 떠오른다. 지구공학이 실패하지 않으려면 어떻게 해야 할까? 태양지구공학은 일반적인 프로젝트와 다르다. 중단되거나 잘못 실행된 프로젝트가 주는 피해는 여기에 든 비용이나 다른 투자를 할 수 있는 기회의 상실로 산정되는 것이 아니라 생태학적 위험으로 나타난다. 만약 지구공학이 실패한다면 재정적 비용은 중요한 문제가 아니게 된다. 극심한 기후변화가 닥쳐오거나 지구공학이 실행되는 것은 최악의 경우가 아닐 것이다. 태양지구공학이 어설프게 실행되는 것이 최악이다.

간단히 말하자면, 태양지구공학과 탄소 제거는 단순한 신기술이라기보다는 인프라와 사회적 개입의 측면이 있는 실천이다. 시민사회가 이를 의미 있는 민주적 방식으로 만들어 나가려면, 전문가에게만 허용되는 기술 영역에서가 아닌 프로젝트, 프로그램, 실천이라는 틀에서 조명해야 한다.

더 좋은 지구공학이란
무엇인가

가장 바람직한 기후적 미래는 신속하고 충분한 탈탄소화가 진행되는 것이다. 하지만 때를 놓치지 않고 이루어져 극심한 기후 충격을 피하게 될지는 미지수이다. 사람들은 확실한 기후 충격 없이는 실제 행동에 나서지 않을 것이며, 그때 더 높아진 온도는 떨어지지 않을 것이다.

여러 가지 지구공학 방식들은 위험하거나 불가능해 보인다. 온실가스 농도를 낮춘다는 기본적인 아이디어에도 아직 확실하지 않은 부분들이 있다. 배출된 이산화탄소의 4분의 1은 바다에, 4분의 1은 생태계에 축적되고, 절반 정도는 대기 속에 남는다. 따라서 지구 시스템에서 100기가톤을 제거한다는 것은 대기 속의 50기가톤을 줄인다는 의미가 된다. 탄소 제거로 대기 중의 탄소 농도가 감소하면,

바닷속 이산화탄소는 다시 대기 속으로 서서히 흡수된다. 이 흐름은 바닷물의 여러 층이 섞이는 방식이 복잡하기 때문에 모델링하기가 어렵다. 이 탄소순환은 탄소 제거 효과를 낮출 수도 있지만 반대로 강화할 수도 있다.

그러나 기후 재앙이 닥쳐오고 있으므로, 모든 접근 방식이 잘 풀렸을 때를 가정해 보는 것은 가치 있는 사고실험이 될 수 있다. 만약 면밀히 검토했으나 최선의 방식마저 받아들일 수 없는 것이라고 판단된다면, 그 아이디어를 더 이상 논의하지 않기로 하는 편이 나을 것이다.

지구공학과 지속 가능한 농업(토양관리)을 종합하여 더 나은 '지구공학'이 성립할 수 있을까? 혹은 이 두 실천이 종합되거나 붕괴되는 것이 아니라 새로운 용어나 이해의 틀이 만들어져야 할까? '기후 복원'을 옹호하는 이들을 비롯한 여러 사람들은 실제로 이를 위한 토대를 만들어 나가고 있다. 이 책에서는 이분법 극복 비전을 제시하는 몇몇 사람들을 소개할 것이다. 다음 장에서는 지구공학 시기와 그 이후의 세계가 지닐 윤곽을 그려 보고, 그 세계의 형성에 참여할 과학자, 기업가, 활동가들의 목소리를 소개한다.

이 책은 지구공학이라는 제안을 두고 고민하는 이들에게 지구공학 이후를 시험 삼아 살펴볼 수 있는 기회를 제공한다. 이 프로그램 혹은 프로젝트가 지금으로부터 200년 뒤에도 살기 좋은 세상을 만들어 줄 수 있을까? 최고의 시나리오를 생생하게 그려 보면, 지구공학을 단순히 '기술'로 치부하지 않으면서 우리에게 주어진 도전이 얼마나 큰 것인지, 이 기술이 일상생활의 여러 측면에 어떻게 적용될지 등을 파악할 수 있다.

기후의 미래는 수학적 경로나 시나리오로 설명될 때가 많지만, 사람들은 예전부터 가능한 미래를 이야기로 꾸며 보곤 했다. 이 책에서는 논픽션이 할 수 없는 일을 하고자 픽션을 이용했다. 미래를 구체적인 삶과 감정으로 채워서 미래가 공허해 보이지 않도록 하기 위함이다. 기후변화를 경험하는 이들은 몸과 삶을 지닌 사람들이다. 그러니 기후의 미래는 지정학적 사건이나 단순한 기온 변화 문제가 아니다. 사람들이 기후변화에 제대로 대응하지 않는 데에는 여러 가지 이유가 있겠지만, 기후변화가 인간적인 내용이나 감정과는 동떨어진 심각하고 어려운 '과학'이나 '정치' 문제라고 보는 것도 그 이유 중 하나일 것이다. 그런 구분은 이 책이 지양하는 자연/문화의 이분법을 다시 한 번 수행한다. 픽션은 기후변화 논의에서 제외되었던 것을 다시 불러오는 방법이다. 이 책의 뒤섞인 형식은 그 이분법 사이를 연결하여 종합을 만들어 내기 위한 것이다. 이 형식이 이상한 조합처럼 보일 수도 있지만, 나는 독자들을 대안적인 미래 상상 속으로 초대하여 색다른 경험을 하게 하고 싶다.

이 책은 미래에 대한 책이다. 21세기의 끝 무렵에는 어떻게 될 것인지 추측하는 부분도 있다. 하지만 미래는 바로 지금부터 시작이다. 앞으로 10년 동안 우리가 취할 행동이 우리 후손들이 어떤 세상에 살지를 좌우하게 될 것이다.

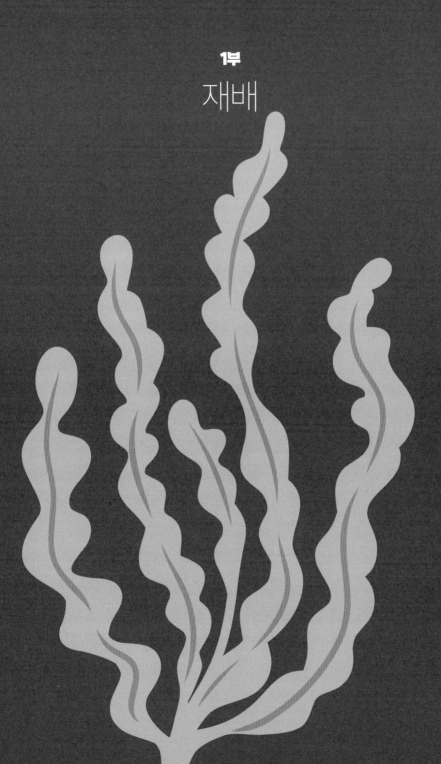

1부

재배

1장

에너지 재배

미래를 향한 기이하고 맹목적인 열망이
현대 세계를 탄생시켰다.

웬델 베리Wendell Berry

캘리포니아 라호야,
2014년 7월, 쾌적한 날씨

날렵하게 움직일 수 있도록 설계된 실제 권총과 달리 헬륨 가스 유전자총은 잡기가 불편했다. 실험실에 모인 사람들은 잔뜩 긴장한 채로, 초음파에서 귀를 보호해 줄 큼지막한 파일럿용 노이즈캔슬링 헤드폰을 쓰고 있었다. 보호경? 이상 무. 실험복? 이상 무. 장갑? 이상 무. 유전자총과 거기에서 발사될 미세한 액체 때문에 보호 장구를 착용해야 했다. 우리는 바이오라드사에서 만든 총을 어떤 의식을 치르듯이 다음 사람에게 차례로 건네 주면서 생명을 조작했다.

총에 장전된 것은 DNA가 입혀진 금 입자였다. 우리는 세균배양 접시 위에 놓인 해조류 세포를 겨냥해 총을 쏜다. 미세한 금 입자는 해조류의 세포벽을 뚫고 들어가 DNA를 운반한다. 우아해 보이지도 않고 아주 효율적이지도 않지만 충분한 양의 입자가 들어갔다. 이 실습의 목표는 색깔이 없는 해조류를 만드는 것이다. 우리는 캘리포니아 남부의 한 대학 캠퍼스에서 기초적인 유전자조작 방법을 배우는 과정을 이수하고 있었다. 대학 학위과정의 일부는 아니고 바이오연료 산업에 필요한 새로운 인력을 양성하려는 시도의 일환인데, 이른바 친환경 일자리 양성 과정인 셈이다. 유전자조작을 하기 위해 미생물학의 과학적 근거를 잘 알 필요는 없다. 어쨌든 의도대로 결과가 나왔다.

해조류에 금 입자 총을 쏘는 일은 몇 분이면 끝났다. 나는 무거운 헤드폰을 벗어 놓고 실험실 밖으로 나와 한낮의 햇볕과 음향 속으로 걸어 들어갔다. 유칼립투스 나무가 바스락거렸고, 하늘은 푸르렀으며, 근처의 미라마 공군기지에서 이륙한 제트기가 샌디에이고의 생명공학 단지 상공을 선회하며 괴상한 천둥소리를 냈다. 라호야의 깔끔한 업무지구에 자리 잡은 기업들은 해조류를 가치 있는 단백질, 의약품, 연료로 바꿔 놓으려고 노력 중이다. 해조류를 연료로 바꾸려는 시도는 이 책에서 다루는 기후 개입 논의들과도 밀접한 관련이 있다. 해조류는 탄소 흡수를 위해 재배하는 여러 작물들 중에서도 가장 성공 가능성이 높은 편에 속한다.

식물 재배는 탄소 균형의 변화를 위해 가장 많이 시도된 기술이라고 할 수 있다. 식물은 탄소도 흡수하지만 에너지를 저장하기도 한다. 물리적 최종 제품으로 만들어질 수도 있고, 이는 바이오경제 bioeconomy의 밑바탕이 된다. 바이오경제는 생명이 없는 물질들이 아니라 살아 있는 생명체에 기반한다. 바이오경제는 아직 매력적이지만 실체 없는 포괄적 개념 정도에 머무르고 있으나, 아마도 '지구공학'보다는 더 '실재'한다고 보아야 할 것이다. 바이오경제는 한 번 쓰면 버려야 하는 광물 기반 상품을 재생 가능한 상품으로 대체하게 해 준다. '순환형 바이오경제'라고도 불리는 이유는, 상품이 버려지는 것이 아니라 생명의 순환 속으로 돌아가 다시 새로운 상품으로 가공되기 때문이다. 바이오경제는 식품, 농업, 종이와 펄프, 임업 및 목재산업, 어업과 양식업, 바이오 기반 산업, 생화학과 플라스틱, 효소와 바이오연료 등 바이오경제를 구성하는 상품 또는 부문 측면에서 규정되기도 한다. 사람들은 대체로 자연친화적이므로 자연스럽게 바이오경제라는 개념에 끌리게 된다.

식물의 새로운 용도를 찾아 재배에 기반한 경제를 구축하자는 것은 친환경적이고 미래지향적인 말처럼 들리지만, 사실은 아주 오래된 꿈이다. 바이오경제의 비전은 100여 년 전, 1930~40년대 석유 시대의 시작 무렵에 출현했다. 당시 미국에서는 대공황, 도시집중, 농산물 과잉생산, 임박한 전쟁 등의 배경 속에서 석유 생산이 폭발적으로 늘어났다. 이 시기의 사회적 · 경제적 병폐를 해결할 포괄적인 대책은 무엇이었을까? 아마도 많은 이들이 뉴딜정책을 떠올리겠지만, 사업가 헨리 포드Henry Ford나 과학자 조지 워싱턴 카버 George Washington Carver 등은 다른 아이디어를 선보였다. 바로 농산화학chemurgy이다. 쉽게 말해서, 농산물을 이용해 식품 이외의 물건을 생산하는 것이다. 농업 폐기물을 생산적으로 활용한다는 목표에 더해, 농산화학은 자급자족과 효율성을 추구했다. 식물자원의 부를 이용하면 보편적인 풍요와 평화로운 세계라는 꿈을 이룰 수 있을 것이라고 본 사람들도 있었다.

식물인가, 광물인가? 살아 있는 연료인가, 죽은 연료인가? 농산화학 운동에는 요즈음의 탄소 제거 논의에도 여전히 남아 있는 이분법의 흔적, 즉 생물학적 시스템과 지질학적 시스템 사이의 구분이 존재했다. 당시의 주요 인사들은 석유를 계속 쓸 수는 없다고 여겼다. 석유 매장량은 수십 년 정도 지나면 고갈되리라고 예측되었다. 1942년, 저널리스트 크리스티 보스Christy Borth는 "화석이 된 햇빛을 얻기 위해 지구 뱃속 깊은 곳까지 들어갈 필요가 없다. 어떤 나라에서는 화석이 된 햇빛이 발견되고 다른 나라에서는 그렇지 않다고 해서, 전쟁을 일으켜 서로를 파괴할 이유는 없다"면서, "지표면 아래에 고정된 자원"에 의존하는 대신에 "지표면에서 움직이는 자원"으로 방향을 전환해야 한다고 했다.[1] 화학자 윌리엄 헤일William Hale은 헬렌 도우와 결혼했는데, 그녀는 세계 최대 화학회사 중 하나인 다우 케미칼의 창업자인 허버트 헨리 도우의 딸이었다. 헤일은 기계 시대에서 화학 시대로 이행하면서 세계가 위기에 직면했다고 보았다. 헤일은 농작물로 만든 석유대체연료, 즉 에탄올 개발이 필요하다고 주장했다. 재생 가능한 연료를 쉽게 구할 수 있는데도 화석연료를 태우는 것은 말도 안 되는 일이며, "이기적인 이익"을 추구한 석유산업계가 미국인들을 "속였다"는 것이다. 그는 석유를 분해해 휘발유를 뽑아내는 일은 "인간이 저지른 가장 낭비적인 행위 중 하나"이며, 특히 미래 세대에게 석유가 필요할 수도 있다는 점에서도 그러하다고 했다. "지금, 무모하게 석유를 태우는 행위는 우리와 동등한 권리가 있는 후손들의 자산을 앗아 가는 것이다."

결국 가스, 석유, 석탄이 들어 있는 이 창고는 자연이 인간에게 내려 준 귀중한 선물이다. 이 선물을 무분별하게 파괴하는 일은 사람이 지켜야 할 도리에서 어긋난다. 우리 아이들도 쓸 수 있도록 가능한 한 많이 보존하는 것이 사람이라면 갖춰야 할 친절이다. 그럼에도 불구하고 방탕함이 승리하고 있다. 해적이자

약탈자인 우리는 패배의 길에 접어들고 있다.[2]

  농산화학이 잘 알려지지 못한 이유가 무엇일까? 농산화학은 스타트업 운동이었고 위험한 분야였다. 어느 정도의 성공은 거두었다. 국립 연구소가 네 개 설립되었고, 미국의 아마 제지산업이 시작되었으며, 남부 소나무 산업이 발전했고, 목재의 에너지화를 위한 노력도 이어졌다. 그러나 1950년 무렵에는 이 단어가 거의 쓰이지 않게 되었다(수십 년 후에는 '지구공학'도 잊혀진 말이 될지 궁금하다). 농산화학의 실패 이유는 간단하다. 연료나 여타 상품의 재료가 되는 더 값싼 물질인 석유가 존재했기 때문이다. 농산화학이 주저앉은 다른 요인들도 있다. 우선 시험적인 시도와 본격적인 생산 사이의 규모가 너무 다를 때가 많았다. 이 운동의 본질적인 문제점들도 지적된다. 너무 크고 많은 것들을 약속했고, 참여자들을 쉽게 실망시켰으며, 신속한 기술 변화를 강조한 것이 새로운 기술 도입에 조심스러운 농부들에게 거부감을 주었다.[3] 농부들 입장에서 농산화학은 장기적인 프로그램이지만, 뉴딜은 즉각 보조금을 지급해 주는 사업이었다. 자급자족이라는 목표도 전 세계에 농산물을 판매하면서 이익을 얻는 농부들에게 호응을 얻기 어려웠다. 게다가 농업은 투자자들에게 수익성 높은 사업이 아니었다. 수확 사이에 휴지기가 있고, 1년에 한 번만 원료를 구할 수 있어서 농산화학이 빠르게 발전하기 힘들었다.[4] 석유업계는 농산화학을 저지하기 위해 적극적인 로비를 벌였다. 운동 내부의 문제도 있었다. 운동을 이끈 사람들 사이에 갈

등이 있었고, 민간자금 지원자들에게 지나치게 의존했다. 역사학자 랜달 비먼Randall Beeman은 농업 지도자들보다는 산업계에서 일하는 기업적이고 기술중심적인 과학자들이 농산화학을 주도했다고 평가했다.[5] 자연 자원과 '양지 바른 땅'을 기술중심주의적인 시각에 입각해 재분배하려고 한 농산화학의 시도에는 신식민주의와 인종차별이라는 어두운 면모도 있었다.

만약 농산화학이 1930년대 후반이 아니라 오늘날에 등장했다면 성공했을까? 경영학 교수인 쿠엔틴 스크라벡Quentin Skrabec은 "농산화학이 복수를 위해 귀환했다"고 주장한다. 그러나 "그 용어가 다시 복귀한 것은 아니다. 돌아온 것은 요즘 말로 생명공학, 생태학, 친환경, 생명공학이다."[6] 예전에 농산화학을 지원했던 포드나 다우케미컬은 그 회복에도 앞장서고 있다. 그러나 기후위기에 대응하기 위해 바이오경제와 그린뉴딜을 확대하자는 목소리가 점점 커지는 상황에서, '가지 않은 길'인 농산화학의 실패를 되짚어 볼 필요가 있다. 그 실패는 복잡한 사회문제에 기술중심적인 태도로 대응하는 것이 얼마나 어려운 일인지를 잘 보여 준다. 농산화학의 좌초는 그 추진자들의 어두운 면과 그들의 이데올로기가 여러 노력과 성취를 망쳐버릴 수 있다는 것, 그리고 석유의 대안이 기존 산업계 내에서 나왔더라도 화석연료와 결탁한 엘리트들은 그 대안을 좌절시켜 왔다는 사실을 되새겨 보게 한다.

식물에 기반한 재생 가능한 상품들이 가득한 바이오경제의 비전은 기술적 차원에서 보면 현재의 기술로 쉽게 달성할 수 있겠지만,

사회적 차원에서 보기에는 그렇지 않다. 현재 화학 기업들은 주로 작은 혁신 과제들에 투자하고 있고, 전후戰後 시기 같은 대규모 화학적 혁신은 너무 위험한 것으로 취급되거나 장기 과제로 돌려져 있다.[7] 화학과 재료과학 분야에서 대담하고 전략적인 사고가 필요한 순간에, 우리는 당면한 시대적 요청을 다룰 수 없는 자본주의적 구조 속에서 살아가고 있다. 하지만 생명공학과 농업에서 흥미로운 과학적·문화적 조류도 발견된다. 1장에서는 식물 재배 전문가들이 일종의 탄소 연금술을 발휘해 종래의 농업을 어떻게 넘어서고 있는지를 살펴볼 것이다. 이들은 실험실은 물론이고 들판과 바다에서 탄소격리를 위해 생명과 토지에 정교한 변형을 가한다. 옛 연금술사들처럼 물질을 변화시킬 새로운 방식과 도구를 개발하고 있는 것이다. 우리를 뜨겁게 달구고 있는 탄소를 붙잡아 재생된 지구 시스템 속으로 돌려보내는 것이 이들의 목표다.

우선, **탄소 포집 및 격리 바이오에너지**bioenergy with carbon capture and sequestration(이하 BECCS)부터 살펴본다. 세계가 탈탄소화할 수 있는 방법을 통합적으로 평가하는 모델들에서는 BECCS가 상당히 많이 진척되리라고 가정하는 방식으로 섭씨 2도 상승 제한이라는 목표치를 달성할 때가 많다. BECCS는 바이오매스biomass〔사탕수수, 억새, 조류 등 생물 유기체나 유기계 폐기물〕를 재배하고, 탄소 분리가 가능한 발전소에서 연소시킨 다음, 지하의 탄소 저장 장소로 운반한다는 개념이다. 여기에서는 탄소 저장이 핵심이다. 이 부분이 빠지면 대기에서 탄소를 제거하지 못하므로 예전부터 있었던 보통의 바이오연료 생산에 그치게 된다. 탄소 포집 및 저장은 이미 확립된 기술이다(3장에서 자세히 논의할 것이다). 바이오에너지도, 탄소 포집 및 저장도 잘 알려져 있는 기술이므로 BECCS는 기술적으로 충분히 실현 가능해 보이고, 기후 예상 모델들에도 반영되었다. 그러나 실제로는 탄소 제거 기술 중에서 실현 가능성이 가장 낮을 수도 있다.

에티오피아 아디스아바바, 2013년 5월, 25°C / 77°F

도로에는 파란색 라다 택시들이 가득했다. 무덥고 먼지가 자욱한 밤이었다. 높이 솟아오른 빌딩에 매달린 나무 비계의 뼈대가 위태로워 보였다. 얼마 전에 개통한 볼레 대로가 어슴푸레하게 빛났다. 중국도로교량공사는 이곳에 중국과의 우정을 기념하는 명판도 설치했다. 여기가 이 도시의 번화가이다. 바이오연료 붐이 막 일어났을 무렵이다.

　나는 에티오피아에서 가장 인기 있는 맥주인 세인트조지를 마시면서 외신기자 두 명과 바에 앉아 있었다. 두 사람은 에티오피아 정부의 도움을 받아 헬리콥터를 타고 이 나라의 서쪽 끝까지 다녀오는 긴 하루를 보냈다. 그랜드 에티오피아 르네상스댐the Grand Ethiopian Renaissance Dam이 건설되기 시작하자, 에티오피아 정부는 청나일강에 생길 변화를 기념하는 기념식을 준비했다. 청나일강은 나일강의 지류 중 하나로, 에티오피아 고원에서 수단으로 흘러 내려가 백나일강과 만난다. 약 50억 달러의 비용을 들여 건설할 이 댐은 6,450메가와트의 전력을 생산하여 아프리카에서 가장 큰 수력발전소가 될 것이다. 에티오피아에서 현재 약 4,000메가와트를 생산해 1억 명이 사용하고 있다는 점을 감안하면 이는 엄청난 양의 전력이다.[8] 그러나 이집트 인구의 90퍼센트가 나일강에 의존하고 있는 상황에서, 전 세계의 전문가들과 이집트는 댐 건설이 물 공급에 미칠 영향을 우려하고 있다.

초대형 댐을 지으려는 에티오피아의 시도는 내 연구 분야인 바이오연료 생산에 필요한 대규모 토지 확보 문제와 겹치는 지점이 많다. 그래서 나는 옆에 앉아 있던 기자들에게 슬쩍 말을 붙였다. 특히 원료 마련에 필요한 토지 확보가 물과 사람들에게 어떤 영향을 미칠지가 궁금했다. 에티오피아는 남부 오모강에 건설된 대형 댐인 기베댐의 물이 임대 토지에서 대규모 관개사업을 가능하게 한다며 투자자들을 모았고, 그 땅을 경작하고 밀, 꽃, 석유를 수출할 외국 기업들을 찾고 있었다.[9] 에티오피아 정부가 이런 사업을 벌이는 목적은 외화 확보였다. 언론보도를 보면, 이 거래들은 어린애들에게 사탕을 나눠 주는 것처럼 진행되었다. 식량작물 재배나 바이오연료 생산 계약들이 체결되었다. NGO인 '오클랜드 인스티튜트the Oakland Institute'와 추적 사이트인 '랜드 매트릭스the Land Matrix'의 보고서에 따르면, 에티오피아가 새로 임대해 준 토지는 벨기에 면적과 비슷한 3백만 헥타르가 넘었다.[10]

NGO, 언론, 학계는 이 문제에 주목했고, 데이비드 하비가 말한 '강탈을 통한 축적accumulation by dispossession'의 현실화를 목격했다. 어느 연구자에 따르면, "지금 아프리카에서 벌어지고 있는 토지 획득은 새로운 쟁탈전이다. 영향력이 크고 부유한 외국 세력들이 자신들의 이익(미래의 연료 수요, 그리고 해외 식량 시장 수요)을 확보하기 위해 서둘러 땅을 사들이고 있다."[11] 도대체 현장에서 무슨 일이 일어나고 있었던 것일까? 추적해 본 결과, '애그로피스 바이오'나 '사우디 스타' 같은 이름의 회사에 임대를 해 준다는 내용이 적혀 있고 에티오피아의 별 문양과 암하라어〔현대 에티오피아의 공용어〕가 찍힌 계약서 사본들을 찾을 수 있었다. 그렇다면 재배한 농산물은 어디에 있다가 어디로 옮겨졌을까? 바이오연료 농장이 실제로 존재하기는 했을까?

인터넷에서 증거의 파편을 찾아 다니다가 유튜브 클립을 하나 발견했다. 새로운 계약이나 양해각서가 체결되었다고 알리는 보도자료 같은 것이 아니라, 실제로 어떤 현장에 있던 기자가 올린 뉴스였다. 에티오피아 남자들과 외국인 투자자들이 피마자가 심겨 있는 들판을 둘러보고 있었다. 수단과의 국경 쪽, 인프라가 열악한 저지대인 감벨라에서 3만 5천 가구가 토지 거래 성사를 위해 '마을화villagization'를 당했다. 사람들은 자기가 살던 땅에서 쫓겨나 정착지로 옮겨졌고, 도착한 곳이 숲이거나 농사짓기 불가능한 곳일 때도 많았다. 이 토지 강탈이 끔찍한 사회적 문제를 만들어 낸 것은 분명했지만, 식물 재배라는 측면에서는 정확히 무슨 일이 벌어지고 있는

지 불분명했다.

전 세계적인 토지 투자 붐이 지난 10년 동안의 바이오연료 유행과 어떤 관련이 있는지를 이해하면, 탄소 포집 및 격리와 바이오에너지가 더 확장될 것이라는 전망이 우려를 자아내는 이유를 알게 될 것이다. 2007, 2008년에는 식량 가격과 유가가 모두 급등했다. 그 근본적인 원인을 두고 여러 평가가 나왔다. 식량 시장의 금융화와 날씨, 대두·옥수수·설탕 등으로의 작물 재배 전환, 바이오연료 생산을 위한 토지 변경 등이 그 원인으로 지목되었다. 2008년 금융위기 이후 투자자들이 다각화를 모색하면서 실물자산의 비중이 커진 것도 한몫을 했다. 1960년대에 생물학자 파울 에를리히Paul Ehrlich가 대중화시킨 '인구 폭탄' 이야기도 사라지지 않고 다시 등장했다. 헤지펀드들은 앞으로 수십 년 동안 식량 가격이 높게 유지되고 아프리카 여러 곳의 농지 가격은 상대적으로 낮을 것이라고 예상하면서, 토지 가치가 올라갈 가능성이 크다고 보았다. 이들은 토지가 안정적 수익을 보장하고 인플레이션을 방어해 줄 것이라고도 판단했다.[12] 식량과 원자재 가격이 치솟자, 에너지·농업·화학 등의 분야에 속하는 대기업들부터 국부펀드나 연기금에 이르는 다양한 분야의 투자자들이 땅을 욕심내기 시작했다.[13]

비옥한 토지를 찾는 현상은 전 세계적인 것이었지만 그 수요는 3분의 2가 아프리카에 몰려 있었다.[14] 아프리카 토지의 상당 부분은 공동 소유이거나 에티오피아처럼 정부 소유였다. 또, 아프리카에서는 소유권을 증명해 줄 서류를 갖춘 지주들이 드물었다. 특히 에티오피아는 투자하기 좋은 곳이었다. 개발주의를 부르짖는 에티오피아에서는 농업 관련 토지 거래가 손쉬웠고, 댐이라는 확실한 인프라는 이 나라가 미래로 달려 나갈 것이라는 주장의 증거였다. 줄기식물, 피마자, 자트로파 등의 바이오연료작물과 관련된 수많은 거래 제의가 에티오피아에 쏟아졌다. 이곳의 친환경 농지가 해외 기업과 에티오피아 농부 모두에게 이익을 가져다주는 산뜻한 번영의 원천이 될지도 모르는 일이다. 희망적이면서도 묵시록적인 미래의 희미한 빛을 따라, 나는 아디스아바바에 왔던 것이다.

그러나 대부분의 경우, 그런 거래들이 실제로 어떤 작물 재배로 이어졌다는 증거는 없었다. 그날 밤 아디스에서 함께 술을 마신 기자들은 가장 악명 높은 거래 중 하나를 취재했다고 했다. 인도 회사인 카루투리는 옥수수, 설탕, 팜유를 재배하고 처리하겠다는 계획 하에 30만 헥타르 임대계약을 맺었다. 가장 큰 규모로 꼽힌 이 거래는 NGO 보고서들에 따로 언급될 정도로 에티오피아 토지 사업의 전형으로 여겨졌다. 그러나 이 계약은 재협상을 거치면서 10만 헥타르 임대로 축소되었고, 2013년 기준 그중 5퍼센트만 개발된 상태였다. 해당 토지는 범람이 잦은 곳이었고, 그 밖에도 온갖 문제가 발생했다.

나는 그 바에서 피곤해 보이는 기자들 중 한 사람에게 물어보았다. 이렇게 많은 계획들이 실패하고 있는데, 에티오피아 정부는 어느 시점이 되어야 이 구상이 제대로 굴러가지 않고 있다, 이제는 그만두겠다, 라고 할까요? 기자는 이건 장기적인 프로젝트이고 장기적인 목표가 있으니 정부가 포기하는 일은 없을 것이라고 대답했다. 정부는 외화 확보에 열심이었고, 대규모 토지 임대는 이를 위한 방법이었다. 하지만 에티오피아 정부도 무턱대고 땅을 준 것은 아니었다. 임대계약에는 단순한 땅투기는 안 되고, 토지를 생산에 활용해야 한다는 규정이 있었다.

농업 연구자나 맥킨지에서 컨설턴트로 일했던 사람 등 에티오피아에 있는 동안 대화를 나눈 여러 전문가들은 인프라가 열악한 내륙국가에서 벌이는 대형 사업이 얼마나 어려운지를 말해 주었다. 외국인들은 사업 실패를 주민들, 정부, 그리고 토지 그 자체 탓이라고 볼 때가 많았다. "도대체 잡초를 뽑으려고 하지 않아요", "간격을 맞춰서 심지를 않더라고요", "땅에 여섯 가지 미량영양소가 부족했어요". 그리고 뒤늦게, 씨에서 기름을 추출하는 피마자는 잡초만큼 잘 자라고 물을 줄 필요도 거의 없지만 관개사업을 병행하지 않으면 수익성이 없다는 사실도 드러났다. 하지만 바이오연료 생산이라는 야망이 좌절된 가장 큰 원인은 우리에게 익숙한 이유, 바로 유가 하락이었다. 인프라가 부족한 내륙 국가에서 바이오연료의 원자재를 풍부하게 생산할 수 있는 기업은 거의 없었다. 몇 년 후인 2015년에 카루투리의 임대계약은 해지되었다. 2017년에 회사는 이렇게 공표했다. "우리는 패배했고 지쳤다. 이제 에티오피아를 떠나고 싶다."[15]

계약들이 제대로 진행되지 않았다고 해서 '아무 일도 없었다'고 치부할 수는 없다. 사회과학자 벤자민 네이마크Benjamin Neimark 등의 표현대로, 이 투기성 '유령 상품'은 실제로 재배된 적이 없지만 수년

후까지 지속될 경관과 사회적 구조를 형성했다.[16] 선진국에서는 에탄올이 계속 강세를 보였다. 그러나 해조류 같은 바이오연료에 투자해 수백만 달러를 번 회사들은 다른 상품의 제조 쪽으로 전환하기 시작했다. 연료용 해조류 생물반응기 설계자 중 한 명은 이제 '전통 대마초 품종'을 육성하는 사업을 한다.[17]

전 세계적으로 볼 때 바이오연료가 완전히 실패한 것은 아니다. 어떤 나라에서는 바이오연료의 생산 및 사용 목표를 달성했고, 브라질 · 미국 · 태국에서는 수입의존도를 낮추고 화석연료 수요를 대체하기도 했다.[18] 노동집약적 작물을 재배하는 농장에 일자리가 생겨 농민들의 소득이 증대한 곳들도 있다. 그러나 대체로 바이오연료는 양질의 장기적 일자리 창출, 가장 취약한 처지에 놓인 농민들의 빈곤 완화, 외딴 농촌지역의 에너지 접근성 개선 등에 대한 기대를 충족시키지 못했다.[19] 인류학자 타니아 리Tania Li에 따르면, 인도네시아의 상업용 팜유 농장들에서는 농장에서 생산되는 재화를 차지하려는 폭력적이고 약탈적인 시스템이 일상화되었고, 여기서 규제는 보호가 아니라 더 많은 돈을 뜯어내는 역할에 그쳤다.[20] 현재까지의 상황을 놓고 보면, 바이오연료는 폭넓은 혜택은커녕 여러 사람에게 피해만 입혔다.

실제로 토지가 부족하든 아니면 그저 토지가 부족하다고 여기는 것이든지 간에, 토지 부족은 삶과 생계를 바꿔 놓는다. 탄소 감소를 목적으로 삼는 BECCS 시스템이 실현 불가능해 보이는 첫 번째 이유가 여기에 있다. 원재료를 재배하려면 인도 면적의 1.5배에 달하는 5억 헥타르의 토지가 필요하다.[21] 또한, 바이오에너지작물을 재배하려면 물과 비료를 상당히 많이 투입해야 하므로 자원을 둘러싼 갈등이 생기고 비료 유입으로 인한 수질오염이 증가하게 된다. BECCS 시스템에는 그 밖의 문제들도 많다. CCS와 결합된 바이오에너지는 CCS가 적용된 천연가스와 경쟁 관계이다. 두 연료의 CCS 기술과 비용이 동일하기 때문이다.[22] BECCS를 사용하려면 탄소 저장이 가능한 장소 근처에서 바이오매스를 재배해야 한다. 이는 별것 아닌 물류 문제라고 말하기 힘들다. 바이오매스 공급 원료는 에너지밀도가 상대적으로 낮고 부피가 커서 운송 과정이 비효율적이고 비용도 많이 든다. 그리고 지질학적 격리가 가능한 곳은 제한적이다. 따라서 BECCS를 포함하는 기후 시나리오는 바이오매스와 이산화탄소를 처리할 만큼 엄청나게 확장된 운송 인프라를 상정해야 한다. 마지막으로, 바이오매스를 재배할 전문가들이 필요하다. 이들은 다른 작물이 아닌 바이오매스 원재료를 키울 결심이 선 농부들이어야 한다. 농사는 예술이자 과학이며, 농부들의 전문성과 열의가 상업적 성공 가능성을 좌우한다.

　BECCS는 그 시스템을 어떤 식으로 설계하느냐가 핵심이다. 상품의 생산·유통·소비 과정이 저탄소보다는 저비용을 목표로 설계된다면 탄소중립적인 방식으로 바이오연료를 재배하기가 매우 어렵다. 탄소를 흡수하며 성장한 식물이 연소될 때 탄소를 방출한다는 것이 바이오에너지 개념이다. 그렇다면 탄소중립적이지 않다는 것일까? 아쉽게도 연료 공급원으로서의 바이오매스는 본질적으로 탄소중립적이지 않으며, 심지어 화석연료보다 탄소를 더 많이 배출할 수도 있다.

바이오연료가 탄소중립적인지를 따져 보려면 ① 이전에 그 장소에서 자라던 것을 베어 내면서 얼마나 탄소가 배출되었는지, ② 토지이용 방식에 어떤 간접적인 변화를 일으켰는지(예를 들어, 어떤 농지에서 바이오연료를 재배하기로 하면 그만큼의 식량 생산을 위해 다른 산림이 개간되어야 할 수도 있다)를 고려해야 한다. 일반적으로 바이오연료는 초기 비용 회수에 많은 시간이 든다. 바이오연료를 경작하기 전에 해당 장소에 있었던 탄소의 손실을 벌충하기까지 오래 걸리는 것이다.[23]

잘못된 시스템 설계의 예를 하나 들어 보자. 영국은 노스캐롤라이나와 미국 남부에서 나무들을 싣고 가서 소각한다. EU 규제당국이 목재를 탄소중립 연료로 지정했기 때문이다. 이론적으로 보자면, 나무들은 다시 자라난다. 그러나 어떤 연구들에 따르면, 목재를 태우는 발전소는 가동된 뒤 40~50년이 지날 때까지는 비슷한 석탄발전소보다 순 탄소 배출량이 더 많다.[24] 다른 대륙에서 수입해오는 목재와 같은 어떤 에너지원에 투자하면 더 나은 것에 투자할 기회를 놓칠 위험을 감수해야 한다. 하지만 수명주기 분석life cycle analysis에서 보통의 바이오연료 발전소보다는 BECCS가 더 좋은 평가를 받는다는 것도 명백한 사실이다. BECCS는 배출된 이산화탄소를 어딘가에 저장하므로 탄소 마이너스가 가능하기 때문이다.

이런 여러 문제들을 종합해 볼 때, 작물 재배로 지구의 탄소순환을 관리하려는 계획은 적어도 현재의 지속 불가능한 산업자본주의적 농업 시스템 하에서는 그 전망이 암울하다. 게다가 일부 기술 분석가들은 한 단계 더 나아간 바이오연료를 대규모로 개발하려는 노력은 실패했으며 전기차 개발이 촉진될 것이라고 예상하면서 바이오연료를 시대에 뒤떨어진 아이디어로 취급하기도 한다. 그런데도 이 개념이 여전히 생명력을 갖고 있는 이유는 무엇일까? 몇 가지 이유를 들 수 있다. ① 농업계의 강력한 로비 때문에 바이오연료는 비틀거리면서도 계속 움직이는 기계 혹은 제도가 되었다. ② 기후모델에는 해결책이 필요했고 가장 그럴듯해 보이는 것이 BECCS였다. ③ 시스템의 큰 수정 없이 화석연료를 대체할 수 있는 연료라는 의미인 '드롭인drop-in' 연료는 여전히 우리가 성배처럼 찾아 헤매는 대상이며, 바이오연료는 새로운 대안으로 제시되는 합성연료들과 달리 우리에게 친숙하다.

BECCS는 두 가지 배경 속에 존재한다. 첫째는 BECCS가 바이오경제를 살려 내리라는 희망이다. 둘째는 에티오피아 등지에서 진행된 비효율적이고 해로운 바이오연료 실험의 파편들이다. 이 기묘하고 어울리지 않는 배경들을 놓고 보면, BECCS를 상상하는 일은 자기기만처럼 보이기도 한다. 실제로 여러 시민사회단체들이 BECCS를 '신화'나 '환상'이라고 불렀다. 그렇더라도, 1세대 바이오연료의 뒤를 잇는 다른 성격의 2세대, 3세대, 4세대가 등장할 수는 없을까? 다른 사회구조 속에서 자라난 '신데렐라' 같은 바이오연료가 나타나서 CCS와 결합하면 기후 안정에 도움이 될까?

바이오연료의 재출발

남세균, 혹은 시아노박테리아Cyanobacteria는 햇빛을 에너지로 전환한 최초의 생명체다. 이 세균은 24억 년 전 지구 역사상 가장 심각한 대량멸종 사태인 산소 대폭발〔지구 대기 중 산소 농도가 급격히 증가한 사건〕을 일으킨 주범이기도 하다. 이 작은 생물은 정말 놀라운 유기체다. '남조류'라고 불린 이 생물은 사실 식물이 아니다. 광합성으로 자체 에너지를 만들고 이산화탄소를 대기 중 산소와 교환하는 박테리아이다. 남세균은 우리가 들이마시는 산소의 약 30퍼센트를 만들어낸다.[25] 또한 자체 생체시계가 있어서 시간대를 가로질러 이동시키면 그 나름의 시차 부적응을 경험하는 생물이다. 놀라운 점은 더 있다. 과학자들은 남세균이 더 많은 탄소를 포집하여 더 효율적인 바이오연료 공급원이 되게 하려고 연구 중이다. 남세균은 부정적인 영향을 최소화한 BECCS에 사용될 새로운 바이오연료 후보자들 중 하나다.

새로운 기술은 BECCS가 처한 상황을 개선할 수 있을 것이다(물론 BECCS의 실현을 위해서는 새로운 기술과 새로운 생산구조가 모두 필요하다). 1세대부터 4세대까지의 바이오연료 구분은 공급 원료 및 가공 기술의 혁신에 따라 나누어진다. 사탕수수나 식물성기름 같은 1세대 공급 원료는 식용작물들과 경쟁 관계였다. 기후 시뮬레이션들에서는 BECCS가 비식용 식물이 포함된 2세대 에너지작물을 이용한다고 가정한다. 미스칸투스 등의 풀, 버드나무나 포플러 등의 나무, 밀짚이나 목질 바이오매스 등의 수확 잔여물은 모두 2세대 공급 원료이다. 이렇게 한 단계 발전한 연료작물들은 더 많은 에너지를 낼 수 있고 척박한 곳에서도 잘 자란다. 식물의 섬유질인 셀룰로오스에서 만들어진 가연성물질인 '셀룰로오스' 바이오연료도 여기에 속한다.

세계는 셀룰로오스 바이오연료를 몇 년간이나 기다렸다. 세금 공제와 인프라 보조금을 받은 셀룰로오스 바이오 정제소들이 착공되었다. 2007년에는 셀룰로오스 바이오연료 의무화 법안이 통과되면서 연간 110억 리터라는 목표가 설정되었다. 이런 공식적 목표 설정은 미국이 셀룰로오스 바이오연료에 많은 기대를 걸었다는 사실을 보여 준다. 미 환경보호청은 이 목표를 꾸준히 하향 조정해 왔다. 실제로 미국은 얼마나 많은 셀룰로오스 에탄올을 생산하고 있을까? 2015년에는 850만 리터였다. 110억 리터와는 거리가 멀다.[26]

어느 과학자는 셀룰로오스 에탄올 연구가 20~30년 전에 시작되었지만, 2000년대 후반 들어서 5년 동안 10억 달러를 쏟아붓고 나서야 그동안 거의 발전이 없었다는 사실이 드러났다고 이야기해 주었다. 수십억 달러를 들였는데도 셀룰로오스 바이오연료의 실현이 더딘 이유가 무엇일까? 다시, 간단한 답이 존재한다. 화석연료의 값이 싸기 때문이다. '프래킹fracking', 다른 말로 수압파쇄 기술〔물, 모래, 증점제를 셰일층에 고압으로 분사해 석유와 가스를 분리하는 신기술〕의 도입이 석유 가격을 낮췄다. 또 다른 이유는 공정상의 어려움이다. 식물은 위로 자라나기 때문에 세포벽에 리그닌이라는 단단한 폴리머가 있다.

나무를 연료로 만들려면 리그닌을 분해해야 하는데, 열화학 공정(고온, 고압)을 거치거나 효소를 이용하는 생화학적 방식을 적용하면 가능하지만 효소 가격이 비싸서 연료 생산비가 상승한다.

3세대 연료는 어떨까? 저^低리그닌 나무처럼 더 높은 효율을 위해 설계·조정된 모든 바이오연료를 3세대로 보기도 하며, 높은 수확량과 다양성 때문에 독립적인 범주로 분류되는 해조류를 3세대라고 부르기도 한다. 해조류는 유전적 다양성이 풍부해서 백만에서 천만 종에 이른다. 해조류는 다른 작물보다 햇빛을 두 배나 더 효율적으로 이용하며, 그 바이오매스의 최대 절반이 지질이다(다시 말해 기름 함량이 높다). 설사 오염되더라도 며칠만 지나면 작물 피해가 회복된다. 해조류는 색소, 정제화학약품, 생체활성분자, 바이오연료 등 잠재적 상품으로 이산화탄소를 전환시킨다. 그래서 "햇빛으로 돌아가는 세포 공장"이라고 해조류를 치켜세우는 사람들도 있다. 해조류 바이오연료 연구는 야생종의 가축화와도 비슷하다. 전통적인 선택교배에는 수천 년이 걸리지만, 이제는 "목적에 맞는" 작물을 고르는 대신에 "목적에 맞게 설계"하면서 몇 년 만에 목표를 달성할 수 있다. 식량, 연료, 건강기능식품 등을 제공하는 "완전히 새로운 농업"의 일부인 것이다.[27] 이 영역은 아직도 미개척지나 다름없다. 현재 알려진 수백만 종의 미세조류 중 약 15종만이 몇 가지 형태로 재배되고 있고, 이렇게 '길들여진' 해조류 중에서 아주 일부만이 대규모로 길러진다.[28] 이 때문에 사업가들이 1970년대부터 논의되었던 해조류 재배를 새로운 아이템이라며 들고 나올 때가 많다. 해조류 재배자들은 아예 백지에서부터 다시 설계하는 농업을 할 수 있다는 점을 흥미로워한다. 해조류는 BECCS 시스템에 통합되어 2세대 바이오연료 원료의 탄소 포집에도 활용될 수 있다. 예를 들어, 어떤 연구는 콩밭이 있던 자리에 해조류와 유칼립투스 나무들을 함께 심어서 유칼립투스에서 나오는 바이오매스가 해조류에 열, 이산화탄소, 전기를 공급하고 나머지 탄소는 저장하는 방식을 제안했다. 콩보다 더 많은 단백질을 생산하면서도 물은 더 쓰지 않는 시스템이다.[29]

4세대에 이르면 세대 구분이 모호해진다. '4세대'라는 말을 원료 개발이나 가공 기술 발전으로 달성해야 할 탄소 포집 목표를 가리키는 데 쓰기도 한다. 더 효과적으로 태양광을 모아 결과적으로 연료 효율이 높아지도록 바이오연료의 원료를 변형하는 접근 방식도 있다. 여기에는 ① 집광력을 높이거나 유기체가 활용 가능한 빛 스펙트럼의 범위를 확장하여 광합성 효율을 높이는 것, ② 탄소 고정 능력을 향상시키는 것, ③ 지질 함량을 높이는 것 등이 포함된다. 예를 들어, 2017년 신세틱 제노믹스와 엑손모빌은 유전자 편집 도구인 CRISPR을 사용하여 이산화탄소가 지질로 전환되는 과정을 조절하는 유전자 스위치를 미세 조정함으로써 '난노클로롭시스 가디타나 Nannochloropsis gaditana'라는 조류 균주의 지질 함량을 20퍼센트에서 40퍼센트 이상으로 향상시킨 공동연구 결과를 발표해 화제를 모았다.[30] 정확히 말해서, 탄소를 격리해서 저장하지 않는다면 탄소 제거 기술이라고 할 수 없다. 하지만 유전적으로 변형된 해조류를 원료로 이용하는 BECCS 설비가 만들어질 수는 있다.

또 다른 '4세대' 연료 개념에는 새로운 생물학적 개체를 설계하고 구성하는 합성생물학synthetic biology이 포함되기도 한다. 미생물이 원료를 거치지 않고 바이오연료를 생산하도록, 다시 말해 연료로 바로 이어지도록 설계하는 것도 그런 방식 중 하나다. 이를테면 광합성을 하는 미생물이 바이오연료 또는 바이오연료 전구체를 배설하도록 설계하는 것이다. 최근에 스타트업 지원기업인 와이 컴비네이터는 탄소 포집 스타트업들에게서 제안서를 받겠다고 발표했다. 대상 스타트업들은 유기체를 포함하지 않는 효소 시스템, 즉 이산화탄소를 처리하는 새로운 종을 만들어 내는 방식이 아니라, 이산화탄소를 다른 화합물로 합성하도록 설계된 '세포 없는' 시스템을 연구하는 회사들이었다.[31] 클린테크기업인 란자테크는 이산화탄소에서 연료를 만들어 내는 클로스트리디아clostridia라는 박테리아를 연구하여 "글로벌 탄소 위기를 원료 개발 기회로 전환"하려고 한다. 토끼 배설물에서 발견되는 클로스트리디아는 이산화탄소에서 탄소를 고정하고 이를 먹이로 삼을 수 있다. 합성생물학은 바이오연료에 기반하지 않는 탄소 제거에도 응용된다. 예를 들어, 과학자들은 포집된 탄소가 빠르게 탄산칼슘으로 전환되도록 CCS 현장에 유전자조작을 거친 박테리아를 투입하는 방법을 연구 중이다.[32] 탄소 제거에서 합성생물학적인 접근 방식은 효과적이고 빠르게 확장 가능하며, 앞서 언급한 BECCS의 한계를 뛰어넘을 만한 잠재력을 가지고 있다. 이런 기술들이 성공하면 태양지구공학을 고려할 필요가 없어질 수도 있다.

지금까지 바이오경제에서 출발해 더 훌륭하고 더 효과적인 아이디어들이 있는지를 알아보았다. 기후변화나 에너지 문제에 생물학적으로 접근하려는 시도들은 생명의 복잡함을 통제하려는 시도라는 점에서 간단하거나 우아하지 않다. 흥미롭게도, 광합성 연료나 바이오 합성연료의 개발을 가리키는 대중적이고 포괄적인 용어는 없다. 어떤 운동이나 분야가 존재하는 것도 아니다. 그런데도 조류연구의 호황 이후 학계와 민간 영역 모두에서 점점 더 많은 과학자들이 여기에 관심을 보이고 있다는 점만은 분명하다. 중요한 것은, 이 연구들 대부분이 단지 화석연료 대비 가격경쟁력을 갖추는 수익성 문제에 매달리고 있다는 것이다. 이 제약 조건이 바뀐다면 어떤 일이 벌어질 것인가?

자본주의에서 벗어난 바이오연료는 어떤 모습일까?

셀룰로오스, 해조류, 태양열 연료 등 새로운 바이오연료 기술이 1세대 연료를 '자연스럽게' 대체할 수는 없다. 탄소 제거를 위해 바이오연료를 개발하려면 상당한 사회적 · 정치적 압력이 있어야 한다. 따라서 바이오연료가 기후에 영향을 미칠 만한 규모로 사용된다면 이는 사회공학적으로 놀라운 업적이라고 볼 수 있을 것이다. 과학자들이 쓴 다음 글에서도 그런 시각이 드러난다. 환경과학자인 마틸

드 파자디Mathilde Fajardy와 니얼 맥도웰Niall MacDowell은 BECCS의 지속가능성이 공급망의 지능적인 관리에 달려 있다고 말한다. 정치적으로 중립적이고 냉철하게 서술된 이 글에서 이들은 BECCS를 탄소 중립이나 탄소 마이너스로 만들 지렛대가 되어 줄 다섯 가지 사항을 제시했다. "① 직간접적인 토지이용 변화의 영향을 측정·제한, ② 탄소중립 전력 및 유기비료 사용, ③ 바이오매스 운송을 최소화하고 도로보다 해상운송을 우선시, ④ 탄소 마이너스 연료 사용의 최대화, ⑤ 자연건조 등 대체 바이오매스 처리 옵션 이용."[33]

이 다섯 가지 수단은 진정한 진보적 정치 행위다. 이를 활용해야만 BECCS는 기후적으로 중요한 역할을 하게 될 것이다. 여기에 다른 정치를 지렛대로 삼는 경우도 상상해 볼 수 있다. 생산이 그 땅에서 살고 일하는 사람들의 손에 달려 있다면(착취적인 계약에 따르는 것이 아니라 공동으로 운영된다면), 그리고 생산에 필요한 자원(씨앗, 재배, 가공 기술)을 사람들이 소유한다면, 사실상 방치되거나 수익이 나지 않던 땅에서 BECCS를 시도하고 그곳에 식량작물을 사이짓기 할 수도 있다. 여기에는 더 많은 이야깃거리가 있지만, 핵심은 이것이다. BECCS가 진정한 탄소 마이너스를 달성하려면 완전히 다른 사회적 논리가 필요하다.

스케치: 꽃

나는 걸어 다니면서 꽃을 모았다. 라벤더 가지, 주홍색 수선화, 우리 풍경의 조각들을 그녀를 위해 모았다. 더웠다. 건조한 열기가 느껴졌다. 해조류 수로 아래에 있는 펌프가 나직하게 윙윙거리는 소리 말고는 모두 조용했다. 펌프는 거품이 차오른 청록색 표면을 휘저어 주고 있었다.

포도나무 덩굴 지붕 아래에는 내가 한 번도 앉아 보지 않은 소박한 벤치가 있었다. 부드럽게 휘어진 덩굴 가지들 밑에 놓인, 옹이가 많은 소나무 판자에는 어머니의 손길이 남아 있다. 어머니는 볼륨 있고 도전적인 형태를 좋아하지만 당신의 조경 디자인을 인정받기 위해서 자연적인 장식에도 신경을 쓴다. 나는 어머니를 잘 알기 때문에 이 나무 옹이 벤치에서 어머니의 양보를 느낄 수 있었다.

어머니는 마을 광장에서부터 태양열 재배 과수원까지를 맡아 일했다. 태양열 패널 밑으로 지저분한 양들이 돌아다녔다. 나는 어렸을 때 염소를 키우자고 졸랐는데, 어머니는 그 생각이 위원회에 알려질까 봐 기겁을 했다. 염소는 말썽쟁이였기 때문이다.

연구소는 산등성이에 있다. 바이오 정제소의 그늘 아래 있는 나즈막한 건물이다. 치라가 일하는 곳이다. 그녀는 이곳 출신이 아니다. 우리는 협업 플랫폼에서 만났다. 우리는 같은 미생물에 관심이 있었고 그놈들에 대한 농담이 담긴 쪽지를 주고받았다. 치라가 막 졸업할 무렵, 운 좋게도 우리 마을의 연구소에 자리가 났다.

그래 맞아. 나는 벤치에 한참이나 앉아 있었다. 치라는 나를 다시 보고 싶어 하지 않을 거야.

처진 꽃들을 다시 매만지고 개울을 따라간다. 처리장까지 가는 길에 버드나무 관목이 늘어서 있다. 학교 다닐 때 이 나무들의 가지로 바구니를 만들곤 했다. 내가 만든 바구니는 엉성해서 가지들이 여기저기로 삐져나왔지만 형이 만든 바구니는 지금까지도 부모님 집 부엌에 허브 보관용으로 걸려 있다. 지금 형은 매달 받는 기본소득으로 생활하며 화분을 만든다. 나는 형이 만든 화분들을 모아 두었고, 직장에서 생일인 사람이 있을 때마다 그 사람의 이름을 적어서 화분을 선물한다.

작은 도마뱀들이 길을 가로질러 지나간다. 작은 노란색 LED가 줄지어 있는 이 길을 치라는 좋아했다. "식물들에게 물을 줘야겠어요." 나는 치라에게 말한 뒤 걸음을 멈추고 개울가로 내려가 찬물을 떠서 식물들에게 뿌려 주었다. 부드러운 종소리가 울리면서 불빛이 초록색으로 바뀌자 그녀는 손뼉을 쳤다. "이건, 예전에는 식물들에게 물을 주면 점수를 얻는 게임이었어요. 위원회에서는 상품으로 티셔츠 같은 걸 줬고요. 사람들은 그게 바보 같다고 생각해서 그냥 물을 주기로 했어요." 나는 내가 얼마나 좋은 시민인지를 알리고 싶었다. 그녀는 이 길에 감명을 받은 듯했고 초록빛과 분홍빛이 섞인 벌새들이 휘리릭 날아다니는 모습도 맘에 들어 했다. 우리는 그 길에서 첫 키스를 했다.

어느 날, 나는 집에서 치라와 함께 저녁을 먹었다. 나는 정원에서 기른 채소를 곁들인 라자냐를 만들었고, 촛불은 테이블 여기저기에 촛농을 떨어뜨렸다. 따뜻했다.

귀뚜라미 소리를 들으며 저녁 시간을 음미하고 있을 때, 그녀가 말을 꺼냈다. "코바네에 간다면, 어떨 거 같아?"

"코바네? 거긴 먼지밖에 없는 데잖아?" 우리가 사귀기 시작했을 때 위키에서 코바네를 찾아보기는 했지만 거기에 가 볼 생각은 전혀 하지 못했다.

그녀는 냅킨을 깔끔하게 접어 테이블 위에 올려놓았다. "아니, 왜? 코바네로 돌아간다고?" 내가 물었다.

"내 수습 계약에는 거기로 돌아가서 내가 배운 걸 알리라고 되어 있었어." 치라는 뒤로 기대 앉으면서 팔짱을 꼈다.

"계약서에 그렇게 써 있기야 하지. 그런데 그걸 진짜로 지키는 사람이 어디 있어."

"넌 여기서 자란 사람들 말고는 아는 사람이 거의 없잖아. 여기 바깥으로 나가 본 적도 없고."

"무슨 소리야 그게, 아니거든." 나는 발끈했다. "어쨌든 거기서 뭘 하려구?"

"바이오 정제소 협동조합을 만드는 중이래. 연료 저장소의 특정 시설에서 일하게 될 학생들을 교육할 사람이 필요하다나 봐. 토종 작물 중에는 연구가 안 된 게 많으니까."

"좋아. 하지만 그걸 할 사람들은 많잖아."

"바깥 사람들이 들어와서 하면 잘 안될 거야. 거기 말을 할 줄 아는 사람이 필요해. 어쨌든 넌 그곳에는 가치 있는 게 없다고 생각하는구나." 치라는 자리에서 일어나 가방을 집어 들었다.

나도 따라 일어섰다. "잠깐만! 거기에선 할 일이 많지. … 사막에는 야

생동물도 있고, 등산도 할 수 있고 … 거기 산이 있잖아, 그렇지?"

그녀가 문을 쾅 닫고 나갔다.

나는 라자냐 찌꺼기를 하수구에 버리면서 설거지를 시작했지만 신경을 긁는 귀뚜라미 울음을 참을 수가 없었다. 마을을 가로질러 형을 만나러 갔다.

호르헤는 여덟 명과 함께 마을 한가운데의 기본소득 주택에서 살고 있다. 형은 맞춤 디자인 화분으로 충분한 수입을 올리고 있어서 여럿이 2층 침대에서 지내는 것이 아니라 자기 방에 산다. 형은 코를 고니까, 그건 잘한 일이다. 나는 노크 없이 문을 열었다.

형은 침대에 누워 책을 읽고 있었다. "무슨 일?"

"나 치라한테 차인 거 같아." 나는 저녁 때 있었던 일을 형에게 들려주었다.

먼지 얘기를 했던 부분을 들으면서 형은 움찔했다. "야 이 멍충아."

"아니 틀린 말은 아니잖아? 그 사람들은 지하수를 다 써 버려서 초원을 끔찍한 황무지로 만들었다구."

"거기 가 본 적 있어?" "아니."

"그럼 한번 가 보기나 하고 그렇게 말하든가."

"형도 거기 가 본 적 없잖아." 나는 대꾸했다. "작업실 갈 때 말고는 집 밖으로 나가지도 않으면서."

"좋아, 알았어. 근데 야, 여기 와서 우리와 함께 사는 여행자들을 존중해야 한다고 할아버지가 여러 번 말씀하신 거 기억 못 하냐?"

"아니야, 난 치라를 존중해."

"그래, 넌 치라를 존중하겠지. 치라가 걸어온 길을 존중하는 거야. 하지만 어디에서 왔는지는 존중하지 않아. 거기도 진짜 사람들이 진짜 살고 있는 곳이라구." 호르헤가 말했다. 나는 책상 위에 외다리로 서 있는 왜가리 점토를 만지작거렸다. 형이 침대에서 일어났다. "그건 만지지 마."

"그래, 내가 치라가 살던 곳을 존중하지 않은 건 사실이야. 그러니까, 나는 거기에 대해서 아무것도 몰라. 거길 어떻게 존중해야 하지?"

"왜 아무것도 몰라? 1년이나 치라와 함께 일하면서 들은 게 있을 거 아냐. 물어본 건 없어?"

"없어."

호르헤가 한숨을 쉬었다. "넌 네가 지적 호기심이 많다고 생각할 거야. 식물유전학을 배우기도 했고. 하지만 네가 여기 누워서 저런 걸-" 형은 탁자 위에 있는 태블릿을 가리켰다. "좀 읽어 봤다면 거기서 무슨 일이 있었는지 알 수 있었을 거야. 그냥 어쩌다 보니 먼지가 쌓인 게 아니잖아. 거기가 바싹 마를 때까지 세계가 그냥 지켜본 거라고. 압제자들이 모든 사람들을 쓸어 버리게 내버려 둔 거고. 그 사람들이 바깥에 나와서 뭔가를 기르고 있다는 게 기적이야."

"내가 형 설교 들으려고 여기 온 줄 알아?" 부리가 뾰족한 왜가리가 나를 쳐다보았다. "이제 어떡하지? 내가 한 말을 다시 주워 담고 싶어."

"네가 한 말이 문제인 게 아니고, 그게 네가 어떤 사람인지 보여 준 게 문제지. 그건 주워 담을 수가 없다고. 치라는 이제 널 달리 보기 시작했을 거야. 네가 할 수 있는 건, 잘못을 인정하고, 더 나은 사람이 되려고 네가 뭘 하고 있는지 얘기해 주는 거야."

나는 한숨을 쉬었다. "코바네에 가야 할까 봐."

"그래도 되지만, 네가 그냥 치라를 위해서 그러는 거라면 더 상처받을지도 몰라. 지금 널 받아 준다면 그게 더 이상하지."

호르헤는 벽에 공을 던지고 받기를 하기 시작했다. 이미 내 문제는 형의 관심 밖이었다. "어이, 한 대 피울래?" 형이 종이를 말면서 말했다. 내가 피우지 않는 걸 알면서도 던진 말이었다.

나는 집으로 황급히 돌아와 치라가 온 곳에서 사람들이 어떻게 사는지를 다룬 가상현실 영상들을 밤새도록 보았다. 그리고 그녀가 얼마나 좋은 사람인지를 생각했다. 그녀의 어린 시절은 어땠을까. 훌륭한 아이디어가 떠올랐을 때 그녀가 짓는 표정을 나는 안다. 무엇이 그녀를 웃게 만드는지도 안다. 하지만 어쩌면, 그게 내가 아는 전부일지도 모르겠다.

산등성이를 따라 위로 올라가는 길은 울퉁불퉁했다. 이 오솔길을 오르는 사람은 별로 없다. 여기서 내려다보니 마을, 광장, 푸른 들판, 반짝이는 태양열 과수원이 눈에 들어왔고, 그 너머로 숲이, 그리고 연료 저장소의 끄트머리가 보였다. 산등성이 바로 아래에 바이오 정제소가 있었고, 철도 선로와 도로가 멀리 뻗어 나갔다. 바이오 정제소 벽에 나타난 숫자들이 변했다. 작은 LED들로 만들어진 숫자들이 나무빛으로 반짝거렸다(이 시설은 고탄소 콘크리트로 만들어져 있어서, 그 빛깔은 솔직히 그렇게 세련되어 보이지 않았다). 거기에는 이렇게 써 있었다. '56,201,008톤 제거'. 난 그 문구에 신경 써 본 적이 없지만, 치라는 궁금해했다. 나는 500,000,000톤이 제거되면 정제소의 탄소 포집 부분을 해체하기로 되어 있다고 설명해 주었다. 그 시점이 되면 이산화탄소를 옮기는 파이프라인을 없앨 것이다. "우리가 살아 있는 동안 그렇게 되긴 어렵겠지만." 나는 그녀의 어깨를 팔로 감싸며 말했다.

듬성듬성한 꽃다발을 들고 자전거 주차장에 도착했다. 일을 마친 사람들이 걷거나 자전거를 타고 나를 지나쳐 갔다. 손으로 머리카락을 쓸어 넘겼다. 머리 위에 떠가는 커다란 뭉게구름이 언덕 너머로 행진했다. 이제, 회전문이 돌아가고, 치라가 건물에서 나온다. 그녀는 나를 보고 잠깐 멈칫했다. 눈을 동그랗게 뜨는 게 보였다.

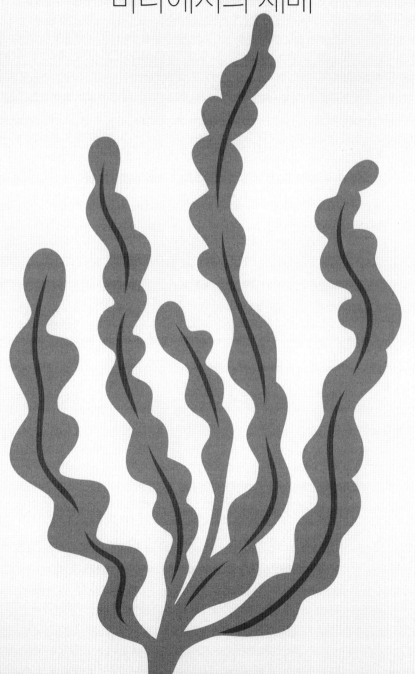

2장

바다에서의 재배

앞으로 50년 내에 양식어업은 우리를 바다의 수렵·채집민에서
'해양 목축민'으로 변화시킬 것이다. 1만 년 전에 비슷한 혁신이 나타나
우리 조상을 육지의 수렵·채집민에서 농민과 목축민으로
변화시킨 것처럼.

피터 드러커Peter Drucker

만약 지구의 육지가 가득 차고 다 사용된다면 우리는 어디를 일구어야 할까? 실리콘밸리의 몽상가들은 우리가 결국 지구 밖으로 이주하게 될 것이라고 생각한다. 하지만 바다로 눈을 돌리는 사람들도 있다. 해양 식민화를 열렬히 지지하는 사람들은 지금 우리가 새로운 사유의 영토를 맞이하는 획기적인 순간에 있다고 말한다. 공해 상에 자급자족하는 인공섬을 띄우는 프로젝트를 추진하는 '해상도시 연구소the Seasteading Institute'는 "우리는 육지에서는 농업과 녹색혁명〔식량 생산력을 증대시키는 농업상의 개혁〕을 그 한계까지 밀어붙였지만, 바다에서는 여전히 수렵·채집에 머물러 있"다면서, "바다 양식 기술이 창출한 푸른색 혁명은 해상도시를 키워 낼 것"이라고 선언했다.[1]

물론 20세기 중반의 녹색혁명에 비견되는 새로운 형태의 해양 문명이 전망된다 하더라도, 독립적인 해상도시에서의 삶을 꿈꾸는 자유주의자가 되어야만 하는 것은 아니다. 출처는 불확실하지만, 인터넷에서는 자크 쿠스토Jacques Cousteau〔환경운동가 겸 영화감독〕가 했다는 이런 말이 자주 인용된다. "우리는 바다에서 작물을 기르고 바다의 동물을 키워야 한다. … 사냥꾼이 아닌 농부로서 바다를 이용해야 한다. 농업이 수렵을 대체하는 것, 이것이 문명이다." 재배 기술이 발전하면서 지질학적 시간으로 보자면 눈 깜짝할 사이에 농경으로의 전환이 이루어졌다. 야생에서 자라는 풀이었던 테오신테가 현재의 옥수수로 변하기까지는 6천 년이 걸렸다. 하지만 해조류나 해양 미세조류 같은 해양생물종들의 가축화는 수십 년 안에 성공할 수 있다.

탄소 포집을 위해 해양 재배를 시도하는 방식은 매력적이다. 심해는 지구에서 우리와 가장 먼 장소이고, 이론적으로 볼 때 심해에 도달한 탄소는 아주 오랫동안 아무 접촉 없이 그곳에 머물 것이기 때문이다. 얼마 전 과학 저널 《네이처 지오사이언스》에 실린 연구에 따르면, 심해에 떠다니는 해조류는 뉴욕시가 같은 기간 배출하는 양과 맞먹는 연간 1억 7,300만 톤의 탄소를 자연적으로 격리한다.[2] 이 격리량을 늘리려면 BECCS 시스템이 조류를 원료로 삼아 바이오에너지로 전환하는 과정에서 탄소를 분리하여 저장하거나, 바이오매스를 심해에 안정적으로 저장할 수 있는 다른 창의적인 방법을 고안해야 한다. 일부 과학자들은 생산성을 갖추기가 극히 어려운 해양환경에서 육지보다 더 빠르게 탄소를 포집할 흥미로운 아이디어를 제시했다. 하루에 2피트씩 자라는 다시마에 주목한 것이다. 해조류 재배에 무엇이 필요한지, 그리고 이 연구가 우리에게 어떤 기회를 줄지 알아보고자 해조류 재배 연구소에 방문했다.

새로운 슈퍼푸드 그 이상

나는 차가운 방 안으로 발을 들여놓았다. 뒤에서 무겁고 두꺼운 문이 닫혀서 이 안에 갇힐지도 모른다는 비이성적인 두려움이 들었다. 이 동굴처럼 생긴 냉장고 혹은 식물 생장 인큐베이터의 왼편에는 물이 담긴 유리병들이 선반 위에 놓여 있었고, 오른편에는 플라스크들이 온도조절용 형광등 빛을 받으며 줄지어 서 있었다. 라틴어 이름이 적힌 파란색 마스킹테이프가 붙어 있는 병과 플라스크들은 잔뜩 튜브를 꽂은 채로 미래에서 온 물건들처럼 조용히 보글거렸다.

나는 무릎을 꿇고 앉아 그 안에 떠다니는 것들을 들여다보았다. 어떤 병에 든 연약한 갈색 조각들은 가장자리가 말려 올라가 버섯처럼 보였다. 또 다른 병들에는 화가 난 것처럼 보이는 동그란 녀석들과 서로 뒤엉킨 진홍빛 녀석들이 보였다. 플라스크마다 각기 다른 개성을 지닌 조류들이 살고 있었다.

롱아일랜드 사운드〔코네티컷주와 롱아일랜드섬 사이의 대서양 해협〕 근처 코네티컷대학교 캠퍼스의 이 연구소는 해양생물학자 찰스 야리쉬 Charles Yarish 박사와 그의 연구 팀이 해조류를 연구하는 곳이다. 야리쉬 박사는 미국의 유망 산업인 해조류와 함께한 지 40년이 넘었다. 미국에서는 해조류가 여전히 주목받지 못하는 편이지만 세계 다른 지역에서는 그 생산 증가 곡선이 매우 가파르다. 붉은 유체마, 녹색의 포르피라, 갈색의 그라실리아 같은 것들이다. 조류 양식은 20세기 들어서야 시작되었지만 이미 100여 종에 달하는 조류가 67억 달러 이상의 시장을 형성했다.[3] 지난 25년 동안 생산량이 6배 증가했고, 중국이 절반 이상을, 인도네시아가 3분의 1을 만들어 낸다(미국의 생산량은 너무 미약해서 도표에 표시하지도 못할 정도다). 해조류는 번식력이 강하고 단단한 구조물에 잘 달라붙어서 어디에서든 재배가 가능하다. 유럽에서는 야생 해초를 채취하지만, 아시아에서는 양식이 주를 이룬다. 중국, 한국, 일본 등에서는 가을이 되면 배양실에서 키운 조류 포자를 긴 줄에 이식하고 부표에 달아 띄운다. 겨우 내 자란 해조류는 봄에 수확한다.[4] 이 양식장은 우주에서도 보일 만큼 인상적이다.

나는 야리쉬의 사무실로 들어섰다. 캐비닛에는 '해조류가 타고 있어요' 같은 문구들이 적힌 범퍼 스티커와 그의 해조류 양식 성공을 보도한 신문 기사들이 붙어 있었다. 나는 그에게 들고 온 책을 보여 주었다. 《80년대를 위한 연금술: 해양자원이 가져다줄 풍요Alchemy for the '80s: Riches from Our Coastal Resources》는 화석연료 자원 문제를 우려하면서 해조류 산업이 미래에 확장되리라고 전망하는 책이다.

"좋은 책이죠, 약간 오래되긴 했지만." 야리쉬는 말을 이어 갔다. "우리는 그 책과 그리 다르지 않은 지점에서, 같은 문제와 씨름하고 있습니다."

1970~80년대에는 연료 가격 급등으로 바이오연료 원료의 해양 재배 가능성에 짧지만 강한 관심이 집중되었다. 인터뷰 당시에 그는 식량 생산이나 고부가가치 생산품에 주목하고 있었다. "해양 바이오매스에서 얻을 수 있는 가장 저부가가치 생산품이 바이오연료입니다. 제일 낮아요. 다른 쓰임새가 많죠. … 식용일 때 가치가 높죠. 해초는 그 밖에 다른 여러 용도로 쓰입니다." 그는 노화 방지용품이나 화장품에 쓰이는 알긴산·카라기난 등의 피콜로이드, 비타민 매대에 함께 놓이는 건강기능식품, 항암제와 같은 바이오메디컬 의약품들을 언급했다. "해초들은 움직이지 못하는 대신에 화학적인 방어 능력을 발전시켰어요." 그는 의학적으로 흥미로운 화합물

을 새롭게 발견할 풍부한 원천이 바로 해조류라고 설명했다. 최근의 생산량 증가는 가장 주요한 생산 품목인 식품 수요 증가에 따른 것이지만 다른 쓰임새도 많다. 예를 들어, 해조류의 골격 역할을 하는 하이드로콜로이드는 투명하고 향이 없어서 아이스크림, 샴푸, 치약, 제과류, 종이, 어류 사료, 동물 사료 등에서 농도를 높여 주는 역할을 한다.[5]

야리쉬는 바이오연료로 눈을 돌려서 해조류 대량생산기술을 개발 중이다. 그는 미국 다르파DARPA(국방고등연구계획국)의 진보적이고 친환경적인 형태라고 할 수 있는 아르파ARPA-E: Advanced Research Projects Agency for Energy(에너지 고등연구계획국)의 마리너MARINER: Macroalgae Research Inspiring Novel Energy Resources(새로운 에너지자원 개발을 위한 해조류 연구) 프로그램에서 주는 지원금을 받았다. 이 프로그램은 재배 · 수확 시스템, 모니터링 도구, 육종 · 유전학적 도구 등의 프로젝트들을 지원한다. 이 모든 기술들의 목표는 미국을 해조류 생산의 글로벌 리더로 만들고, 최종적으로는 운송용 액체연료를 개발하는 것이다. 마리너가 1970,80년대의 연구들과 다른 점은, 식품과 사료 분야의 발전이 바이오연료용 바이오매스 생산 비용을 낮춰 주리라고 본다는 점이다.

바이오연료 차원에서 보면 해조류는 매력적인 공급 원료이다. 해조류에는 식물을 지탱해 주는 성분인 리그닌이 포함되어 있지 않아 분해 비용이 적게 든다. 물론, 바이오연료가 연소될 때 탄소가 대기 중으로 되돌아가기 때문에 바이오연료로서의 해조류는 기껏해야 탄소중립에 그친다. 그러나 탄소격리 방식으로 원료를 처리하면 일종의 해조류 BECCS 시스템을 갖출 수 있다. (바이오연료 외에도 해조류가 기후변화 완화에 공헌할 또 다른 방법은 가축 사료로 사용되는 것이다. 어느 연구에 따르면, 메탄 생성을 억제하는 성분을 가진 해조류인 바다고리풀을 사료에 첨가하면 소의 메탄 생성이 99퍼센트까지 줄어든다. 이 슈퍼푸드 사료가 전 세계 소 사료의 2퍼센트를 차지하도록 하려면 해조류 양식산업의 규모가 상당히 커져야 한다.)[6]

해안은 사람들에게 여러모로 쓸모 있을 뿐만 아니라 생물다양성 측면에서도 중요한 지역이므로 보호가 필요하다. 때문에 해조류 바이오연료를 더 먼 곳에서 재배하는 방법을 모색하는 이들이 많다. 이를테면 연안에서부터 200마일까지로 정해진 배타적경제수역(EEZ)을 활용하는 것이다. 하지만 사방이 트여 있는 바다에서 해조류를 양식하는 것은 매우 어려운 일이다. 그런 어려움에 도전한 역사적 사례와 지금도 그런 방식을 시험해 보고 있는 혁신가들을 살펴볼 차례다.

해양 식품 및 에너지 농장

'햇빛을 포집하여 연료로 전환한다.' 이 말은 미래에나 가능한 말처럼 들린다. 하지만 이미 1972년에, 다시마양식의 선구적인 시도였던 OFEFthe Ocean Food and Energy Farm(해양 식품 및 에너지 농장) 계획이 미 해군의 자금 지원으로 시작되었다. OFEF는 (에너지부의 전신인) 미국 에너지연구개발국, 국립 과학재단, 미국 가스협회의 지원도 받았다. 가스협회는 상당한 규모의 메탄을 생산해 가스 공급에 국가적으로 기여해 주기를 원했다(요즘 이렇게 여러 기관이 한꺼번에 해조류 연료에 관심을 가진다면 정말 놀라운 일일 것이다). 프로젝트 리더인 하워드 윌콕스Howard Wilcox 박사는 "이 기술이 성공적으로 실현된다면 지구의 바다는 사료, 식량, 연료, 화학물질(고정 탄소와 고정 질소)의 거대하고 새로운 공급원이 되어 인류에게 이득을 가져올 것"이라면서, 가장 중요한 문제는 경제적 타당성이라고 했다. "문제는, 이 구상이 결국 수익을 올릴 수 있을지가 아니라 그 시점이 '언제'가 될 것인가이다."[7]

윌콕스의 구상은 바다의 표층수에서 거대 다시마인 마크로시스티스Macrocystis를 재배하는 것이었다. 표층수에는 대개 영양분이 부족하기 때문에 약 300미터 아래에서 영양분이 풍부한 바닷물을 끌어 올리려는 계획이었다. 하지만 다시마가 자랄 구조물을 만들고 물을 끌어 올릴 기계장치를 제작하는 것은 엔지니어링 차원에서 큰 도전이었다. 또한, 불안정한 장소에서의 양식은 폭풍우와 다른 생물들의 방해를 받았다. 다시마가 조수와 해류에 유실되지 않고 양식장 단위로 고정되게 하는 방법은 무엇일까? 윌콕스는 추진 시스템을 사용하여 바다의 거대한 소용돌이 패턴들을 따라 도는 자유 부유식 양식장을 만들어 이 문제를 해결하려고 했다.

그 규모도 문제였다. 다시마로 연료를 만들려면 많은 양이 필요했다. 윌콕스의 계산에 따르면, 양식장 면적이 10만 에이커는 넘어야 가격경쟁력 있는 에너지원이 될 수 있었다. 그런데 1970년대 말에 가스 부문 규제가 완화되고 석유 금수조치도 종료되었다. 1982년경에는 투자자들의 관심도 시들어 버렸다.

그러나 1970년대 이후 해양환경에서의 공학 기술이 광범위하고 놀라운 발전을 거듭했다. 로봇공학의 발전이 다시마양식장의 크기를 넓힐 수 있을까?

하워드 윌콕스 박사의 아들인 브라이언 윌콕스와 그의 아내 신디가 설립한 스타트업인 마린 바이오에너지는 어떤 의미에서 OFEF의 후계자라고 할 수 있다. 로봇을 이용한 이 회사의 다시마양식 시도는 《패스트 컴퍼니》, 《내셔널 퍼블릭 라디오》, 《뉴욕타임스》 등의 언론에 보도되었다.

새로운 다시마양식장 개념은 간단하다. 밤이 되면 다시마양식장 전체가 깊은 바닷물에서 영양분을 공급받기 위해 아래로 내려가고, 낮에는 햇빛을 받기 위해 위로 올라온다. 1970년대의 개념과는 중요한 차이점이 있다. 대형 펌핑 인프라를 구축하지 않고 다시마를 물에 잠기게 하면 양식장이 작아져서 비용이 훨씬 적게 든다. 드론 잠수함이 위성통신으로 수확용 기계와 교신하면서 다시마양식장을 새로운 해역으로 끌고 가면 인건비가 절약된다. 드론은 큰 폭풍이나 지나가는 배를 피해야 할 때 양식장을 잠수시킬 수도 있다. 이 야심만만하면서도 신중한 프로젝트에는 많은 협력 주체들이 관여하고 있으며 아르파ARPA-E도 이를 지원한다.

마린 바이오에너지 컨소시엄의 첫 번째 단계는 다시마양식의 메커니즘을 파악하는 것이다. 신디 윌콕스는 "밤에는 깊숙하게 잠겨서 영양분을 흡수하고 낮에는 수면 위로 올라와 햇빛을 쬐면 다시마가 얼마나 빠르게 자라날까? 같은 생물학적 질문이 지금은 가장 중요"하다고 말했다. 남캘리포니아 대학교의 해양생물학자와 과학 다이버들은 마린 바이오에너지와 함께 이 문제를 해결하기 위해 노력 중이다. 이들은 '다시마 엘리베이터'라고도 부르는, 카탈리나섬 근처에 정박시킨 연구용 부표에서 다양한 종들을 실험한다. 이 부표에는 낮에는 수면 위로 떠오르고 밤에는 바다 밑으로 잠기는 기구가 달려 있어서 어떤 종들이 이 환경에서 잘 자라는지를 알 수 있다. 핵심 연구 대상인 마크로시스티스는 충분한 영양분을 공급받을 때 하루에 1피트씩 자라며, 어떤 다시마는 다른 것들보다 3배 빨리 자라기도 했다. 이런 발견들은 왜 특정 종이 더 생산적인지를 파악하게 해 준다(야리쉬 박사와 같은 다른 연구자들도 이 문제를 파고들고 있다).

두 번째 단계는 다시마를 수확하여 바이오 원유biocrude로 만드는 것이다. 퍼시픽 노스웨스트 국립연구소의 연구원들은 다시마를 바이오 원유로 전환하는 공정(열수 액화 및 촉매 열수 가스화 공정)을 고안했다. 화학반응기에서 약 1시간이면 이 과정이 끝나고 발효도 필요 없다. 따라서 이론적으로는 이 공정 자체에서 발생하는 메탄을 전력원으로 사용하는 것이 가능하다. 그렇다면 수확한 다시마를 육지로 가져와서 처리하는 것과, 바다에서 처리한 후 유조선이 와서 채워 가는 것 중 어느 쪽이 더 합리적일지는 좀 더 따져 봐야 할 문제다. 마린 바이오에너지에서 최근에 내놓은 아이디어는 드론과 수확기계가 1년에 네 번 결합하여 작업하는 것이다.

신디 윌콕스는 그렇게 할 수 있는 기술은 이미 충분하지만, 새로운 애플리케이션에 통합되는 과정을 거쳐야 한다고 했다. "요즘은, 서브시스템 구축과 엔드투엔드 프로세스 진행 비용을 고려할 때 가장 효과적인 방식을 결정하기 위해 노력하고 있습니다." 이 바이오 원유는 액체연료와 메탄을 모두 공급하는 방식으로 재생에너지의 단점을 보완한다. 바람이 불지 않거나 태양빛이 충분하지 않은 날에는 탄소중립적인 메탄이 터빈 연료로 공급될 수 있다는 것이다. "배터리나 양수pumped 수력발전으로 가격경쟁력을 갖추고 필요한 양을 적절히 생산하기는 힘듭니다. 다시마 기반의 메탄은 현재 설치되어 있는 파이프라인으로 운반해 필요를 충족하고 공급망을 안정시킬 것입니다."

바다 양식에서 탄소 제거로

해조류 양식이라는 발상은 1970년대 이래로 그다지 주목받지 못했지만 아예 사라진 것은 아니었다. 1990년대에는 해양 바이오매스 개념을 논의하는 워크숍이 여러 차례 열렸고, 특히 기후완화에 초점을 맞춘 논의들이 많았다. 최근에는 학제간연구를 수행한 연구 팀이 해조류를 기후변화 완화만이 아니라 마이너스 배출 달성에 이용하는 방식을 제안했다.

해양식물학자 앙투안 드 라몬 니어르Antoine de Ramon N'Yeurt 등이 2012년 논문에서 '해양 조림ocean afforestation'이라고 이름 붙인 이 개념은 몇 가지 단계를 거친다. 해조류를 재배하고 수확한 뒤, 이를 바이오 메탄으로 만들고, 분리된 이산화탄소와 메탄을 추출한 뒤, 영양분을 재활용하고, 지구물리학 또는 지구화학 기술로 이산화탄소를 영구적으로 저장한다. (탄소를 토목합성막 튜브에 바닷물과 함께 넣어 해저에 액체 상태로 저장하는 방안도 검토 중이다.) 연구진은 전 세계 해양 표면의 9퍼센트를 재배하면 충분히 화석연료를 대체할 수 있고, 530억 톤의 이산화탄소를 제거하고, 지속 가능한 어류 생산량을 증가시킬 수 있다고 예측한다.[8] 연구에 참여했던 이들 중 일부는 '오션 포레스터스Ocean Foresters'라는 네트워크를 통해 이 연구를 계속 이어 가고 있다.

해양 조림이라는 말은 지나치게 거창하게 들린다. 그러나 그런 느낌은 우리에게 생태계를 포괄할 정도로 큰 규모의 연구개발을 수행할 기관이 없기 때문일 수도 있다. 소수의 전문가들이 특정 영역에서 획기적인 생산품을 만들어 내는 경우는 많았지만, 해양 조림 아이디어는 전직 폐수처리 엔지니어, 피지의 해양식물학자 등 수많은 사람들이 참여해 발전시킨 것이다. 관련 논문의 저자들은 이 사업이 달에 사람을 보내는 일과 비슷하지만 투자 대비 수익률은 훨씬 더 높다고 주장했다. 여기에는 고급 기술이 많이 필요하지 않아 빠른 사업 확장이 가능하다는 것이다.

논문 발표 이후 몇 년 동안 오션 포레스터스는 그들의 아이디어를 다듬어 왔고, 이 생태계 차원의 제안은 에세이집《플랜 드로다운 Drawdown》(2017)이나 호주 작가 팀 플래너리Tim Flannery의《희망의 기후: 기후위기 해법 찾기Atmosphere of Hope: Searching for Solutions to the Climate Crisis》(2015)와 같은 대중적인 과학 글쓰기의 상상력에 큰 보탬이 되었다. 오션 포레스터스에 참여한 해양공학자 마크 카프론Mark Capron은, 해조류 양식은 탄소 제거 기술이라기보다는 총체적인 차원에서의 기후완화나 기후적응에 가깝다고 지적한다. 그렇지만 이렇게 여러 단계를 밟아야 하는 총체적인 해결책을 추진할 만한 동력은 부족하다. 시범적인 프로젝트를 시도하려 해도 바다를 이용하는 사람들은 물론이고 여러 과학적·공학적 분야들과 조정해야 하는 상황이다.

산업적 생산인가, 새로운 모델인가?

해조류를 이용해 기후적으로 의미 있는 양의 탄소를 제거하려면 산업적 생산으로 연결되어야 한다. 산업적 생산이란 하나의 작물을 대량 재배하여 규모의 경제를 실현해야 한다는 뜻이다. 그러나 해조류 재배를 지지하는 이들 중에는 다른 모델에 관심을 보이는 경우도 많다. 해양농업에 혼합적 형태를 도입하는 통합 다영양 양식integrated multi-trophic aquaculture: IMTA이 그것이다. 한 종의 부산물을 재활용하여 다른 종의 양식에 투입하는 이 방식은 육지에서 하는 농업생태학적 실천들과 유사하다. 이미 전통적으로 실행해 온 사례도 굉장히 많다. 중국의 혼합적 잉어 양식을 예로 들면, 영양분이 풍부한 연못 퇴적물을 이용해 뽕나무를 재배하고, 뽕나무 잎은 누에의 먹이로 쓰고, 비단 생산과 가공 과정에서 나온 폐기물은 잉어를 키우는 연못으로 다시 돌아가는 식이다.[9] 지금도 중국 북부 산둥반도의 쑹고만에서는 전복이 다시마를 먹고, 그 배설물을 해삼이 섭취하고, 다시마는 전복과 해삼의 배설물을 흡수하는 방식을 활용한다.[10]

학계, 기업, NGO에서 참여하는 작지만 헌신적인 커뮤니티가 이런 유형의 양식업을 지탱하고 있다. 미국에서는 코네티컷, 메인, 알래스카, 캘리포니아의 소규모 지역 양식업자들이 지속가능성과 사회정의에 부합하는 해조류 산업을 시험 중이다. 언론에 자주 소개된 단체인 그린웨이브GreenWave는 다시마와 조개 양식장에서 일정 수역의 수직층 전체를 활용하는 방식인 '3D 해양 양식3D ocean farming'을 대안으로 내세운다. 그렇지만 쉬운 일은 아니다. 다른 곳에서 더 저렴한 해조류를 생산하는 상황에서, 사회적 정의와 지속가능성에 주의를 기울이면서 해조류 산업을 발전시키는 일이 가능할까? 유럽에서도 이와 비슷한 고민을 하고 있다. 북해에 해조류 생산과 풍력발전소를 함께 배치하자는 아이디어가 그 좋은 예다(이 시도는 완전히 비경제적이라고 본 연구도 있다. 해조류는 중국산과의 치열한 경쟁을 겪어야 하기 때문이다).[11]

야리쉬 박사는 "아시아에서 쓰는 기술을 우리가 채택하긴 어렵습니다. 거기에선 인건비가 매우 낮으니까요. 우리는 우리 상황에 맞춰야 합니다"라고 설명해 주었다. 즉, 열 명이 필요한 기술이 아니라 한두 명만 있어도 되는 기술을 사용해야 한다는 뜻이다. 그는 관련 업계의 발전을 돕기 위해 그가 하는 모든 작업을 오픈소스로 공개하고 있다. "몇 년 전, 북미에서 해조류 양식산업을 발전시키려면 이렇게 해야 하겠다고 결심했습니다. 사람들이 항상 조용히 비밀리에 일을 진행하려고 하는 것이 가장 큰 문제였죠. 최소한 기초적인 연구 정도는 오픈소스로 제공해야 진입장벽이 낮아질 것이라고 생각했습니다."

야리쉬의 팀은 해조류 재배 안내서를 무료로 제공하고 유튜브에 잘 정리된 6편의 안내 영상을 올려놓았다. 하지만 근본적인 문제가 존재한다. 서구에는 해조류 재배 문화가 없다. 그렇다면 지역사회에서 해조류 생산을 어떻게 시작해야 할까? 야리쉬는 해안 지역사회가 노동력을 제공하고, 양식장 시스템이 자리 잡게 애쓴 만큼의 "공정한 투자수익"이 그들에게 돌아가야 한다고 했다. 외부인이 개입해서 해조류 재배 방법을 알려 주거나 자본을 투자하기 시작하면, 그 수익은 해당 지역사회로 환원되기 어려울 것이다. 또한, 해조류 산업을 빠르게 확장하려면, 그래서 탄소 제거를 위한 해양 바이오매스 육성처럼 큰 목표를 지원할 정도가 되려면 지식이나 기술의 확산이 필수적이다. 정부의 강력한 개입이 없다면 해양환경도 대기업에 유리하게 돌아갈 것이다. 그렇게 되지 않으려면 코네티컷 등지에서 나타나고 있는 것처럼 양식업자들이 협력하여 집단적인 노력을 기울여야 한다.

해조류 양식은 상업적 어업을 줄이고 어족 자원을 회복시키는 등 환경에도 공동 이익을 가져올 수 있다.[12] 중국의 해조류 양식은 이미 "지역적으로 생물지구화학적인biogeochemical 중요성을 가질 만큼" 그 규모가 커졌다. 예컨대《사이언티픽 리포트》에 실린 한 논문에 따르면, 중국의 해조류 양식은 부영양화 문제에 대한 대처에서도 중추적인 역할을 한다. 시 샤오Xi Xiao 등의 과학자들은 해조류 산업이 이미 연안 해역에서 매년 7만 5천 톤의 질소와 9,500톤의 인을 제거해 왔다는 사실을 알아냈다. 해조류 재배가 1.5배 늘어나면 바다로 유입되는 인을 모두 없앨 수도 있다.[13] 공동의 이익을 확보하려면 좋은 시스템부터 설계해야 한다. 일단 해조류 재배는 대체로 규제 대상에 들어가지 않는다. 적어도 서구에서는 등장한 지 얼마 안 된 산업이기 때문이다.

나도 그랬지만, 해조류 규제에 대해 한 번도 생각해 본 적이 없다면, 해조류에 규제가 필요하다는 말이 이상하게 들릴 것이다. 하지만 외래종 침입이나 질병 확산처럼 당국의 대처가 필요한 문제들이 존재한다. 예를 들어, 아이스아이스라는 박테리아 질병은 붉은 해조류인 카파피쿠스를 감염시켜 하얀 고드름 같은 섬뜩한 모습으로 바꿔 놓는다. 지난 10여 년간 이 질병은 필리핀과 인도네시아에서 수백만 건에 이르는 피해 사례를 만들어 냈고, 인도양으로 퍼져 나가 탄자니아와 모잠비크의 양식장까지 망쳐 놓았다.[14] 소비자를 위한 규제도 있다. 해조류를 먹는 사람들은 원산지 추적이 가능하고 깨끗하며 평가가 좋은 상품을 원한다. 양식업자들에게도 정책적인 개입이 필요하다. 낮은 이익률(대부분의 이익이 재배한 측이 아닌 가공·유통을 맡은 측에 돌아간다)이나 기후변화의 영향(해조류 양식은 태풍에 취약하다)에 대처하도록 도와주기 때문이다. 한국에서 시행 중인 국가가 보조하는 양식수산물 보험도 도움이 된다.

다음으로 필요한 규제는, 탄소 제거 차원에서의 해조류 양식이 국내적·국제적 차원에서 기후정책의 일부가 되도록 하는 것이다. 현재 해조류는 유엔기후변화협약에 의거하는 탄소흡수원으로 인정받기가 어렵다. 해당 규정은 주로 나무에 초점을 맞춰서 탄소순환 시간을 길게 잡아 두었다. 해조류는 흡수한 탄소를 쉽게 분해하여 다시 방출하므로, 해조류의 폐기물이 심해로 가라앉는 경우를 제외하면 그 탄소순환 시간이 10년 미만이다. 하지만 나무는 탄소순환 시간이 수십 년에 달한다.[15] 해조류를 활용하여 바이오매스를 격리할 다른 아이디어들도 제출되어 있다. 심해, 해저협곡 등에 바이오매스를 가라앉히는 방법을 연구자들은 '해조류 탄소 포집 및 싱크 carbon capture and sink' 또는 '해조류 CCS'라고 부른다.[16]

여러 어려움이 있겠지만, 해안 지역사회 근해에 다양한 기능을 갖춘 바다 경관을 조성한다는 꿈은 실현 가능성이 크다. 오션 포레스터스는 복원 가능한 해안 인프라를 건설하고, 맹그로브숲이나 모래언덕 같은 생물학적 인프라를 강화하며, 내구력이 강한 직물을 활용해 유연한 방파제를 만들어야 한다고 주장한다. 자동화된 연안 생산에서 인간 관리자는 보조 역할을 맡는다. 잠수함과 항공 드론으로 해안 농장을 운영하고, 기계를 관리하는 사람들은 적절한 수입을 보장받는다.[17] 해상 풍력터빈을 활용하여 이 장치에 해조류 양식장을 고정하는 설계안도 있다. 지속 가능한 바이오연료 생산은 도서·해안 지역사회에 필요한 에너지를 공급할 수도 있다. 먼 미래의 이야기처럼 들리겠지만, 미래는 우리에게 빠르게 다가오고 있다. 바다라는 유동적인 영토에서, 과거에 농업에서 나타난 중대한 실수를 되풀이하지 않으려면 해양 작물 생산에서의 지속 가능한 노동력과 지역사회 중심 모델을 바로 지금부터 받아들여야 한다.

　탄소 제거를 위해 해조류를 시험 중인 연구자들에게는 기본적으로 경제적 타당성 문제라는 장벽이 존재하나, 그 밖에도 연구 지원과 양성에 필요한 정책적·대중적 관심을 좌우할 두 가지 위험 요소가 있다. 첫 번째는 기후변화다. 어느 논문에 따르면, 전 세계적인 해수 온도 상승은 다시마 자연군락지의 훼손을 불러왔고 그 자리에 '성게 황무지'가 생겨나고 있다. 온수성 어종인 성게는 지나는 길에 있는 모든 것을 갉아먹는다. 50년 이상 살면서 "굶주림에 거의 면역"이 되어 있지만 배가 고플 때는 더 많은 것을 파괴하는데, 심하게 굶주리면 실제로 턱과 이빨이 커진다. 오싹하게도, 스트레스를 받은 성게들은 대열을 형성해 먹이를 사냥하면서 해저를 훑어 나간다.[18] 게걸스러운 성게는 하나의 예일 뿐이다. 기후변화는 다양한 방식으로 모든 경작을 어렵게 만든다.

　두 번째 위험은 또 다른 혁신이 나타나 예전의 기술을 쓸모없게 만드는 것이다. 우리는 특정한 사회적 맥락에 알맞은 여러 가지 탄소 제거와 탈탄소화 방식이 공존한다고 여기지만, 실제로는 어떤 기술이 다른 기술을 희생시킨다. 현재의 이해관계 집단들에게는 지질학적·화학적 기술로 탄소를 제거하고 저장하는 것이 자연적이고 재배에 기반한 기술을 이용하는 것보다 더 매력적일 수 있다. 세계의 농부와 재배자들 입장에서는 그리 기쁜 일이 아니겠지만, 그렇다할지라도 해조류 바이오연료는 혁신적인 연료 공급원이 될 잠재력이 있으며, 이 산업이 세기말 무렵에는 어떤 모습일지를 생각해 보는 것은 충분히 가치 있는 일이다.

스케치: 유령식당

수평선에 '유령식당'이라는 표지판이 나타났다. 푸른 네온빛이 어두운 바다 위에서 까닥거렸다.

화면을 내려다보았다. 푸른색 점들은 수확을 기다리고 있는 해초이고, 빨간 점 두 개는 양식장에 문제가 있다는 신호다. 기어에 따개비가 붙었을지도 모르겠다. 껐다가 다시 켜 볼까?

누구 다른 사람에게 이걸 맡길 걸 그랬다. 그녀는 수리 순위 차트에서 1등을 차지하고 싶지 않았다. 조금이라도 저축할 수 있을 만큼만 벌면 된다. 관두고 싶었다.

이 배 위에서만 일주일째였다. 거울을 보고 얼굴을 찌푸렸다. 배가 식당에 가까이 접근하는 동안 피부에 시트러스 오일을 바르고, 머리를 뒤로 묶었다. 지오폴리머로 만든 저 떠다니는 식당은 유리섬유 튜브 위에 얹혀져 있었다. 식당과 식당 주인의 생활공간 사이에 놓인 작은 온실과 닭장이 보인다. 그녀는 끄트머리에 정박해 있는 다른 보트들 사이로 들어가 배를 묶었다.

무거운 문을 밀고 들어가니 바닷바람이 따라 들어왔다. 바 뒤에는 아무도 없었고 그녀는 고개를 갸웃했다. 그때 식당 주인이 바 아래에서 슥 몸을 일으키더니 그녀를 보고 미소를 지었다. 그녀도 같이 웃었다.

"잘 지냈어요, 빌마?" 그가 물었다.

"천국같은 나날들이네요." 그녀는 의자를 끌고 와 앉았다.

이 식당의 한쪽 벽은 전부 창문이었다. 볼트로 고정된 양동이에 심겨 있는 야자수가 바람에 흔들렸다. 하늘에는 짙은 분홍빛과 보랏빛이 뒤섞인 긴 구름들이 지나갔다.

"같은 걸로 드릴까요?"

"아뇨, 이번엔 좀 깜짝 놀랄 만한 걸로 주세요."

검은 고양이가 그녀의 발에 몸을 비비며 지나갔다. 식당 주인은 얇게 썬 토마토와 달걀 프라이를 올린 뜨거운 플랫브레드를 들고 돌아왔다. "신선한 겁니다," 그가 말했다. "달걀 말이에요."

"멋지네요."

그는 잔에 진 한 잔을 넉넉히 따르더니 바나나 잎을 우산 모양으로 비틀어 거기에 꽂아 주었다.

"음, 맛이 끝내주네요." 그녀는 플랫브레드를 한 입 맛보고 감탄했다.

그는 자기 앞의 잔에 위스키를 따랐다. 둘 다 잔을 집어 들었다.

할 말이 딱히 있진 않았다. 사귀던 사람과 헤어진 뒤, 그녀는 음악 작업을 하기 위해 고독이 필요했다. 그래서 해양 시스템 수리 과정에 지원했고 배를 탔다. 세상에서 가장 고독한 곳은 바다뿐이니까. 몇 달이 지났다. 여섯 곡을 작곡했지만 맘에 드는 건 하나도 없었다.

그가 말을 붙였다. 이곳에 들렀던 손님들에 관한 이야기였다. 지난주에 실시간 번역기가 고장 나 엉망진창이었다고도 했다. 그녀는 닭이 여기에서 건강하게 크고 있냐고 물었다. 바이오 원유 히터가 켜졌다. 누군가 버추얼 주크박스에 누에바-방그라 음악을 틀었다. 조명은 따뜻한 색감으로 자동 조정되었다.

이 바다 한가운데의 식당에서도 밤이 깊어 갔다. 그들은 육지가 그리운 이유에 대해서, 그리고 육지에는 없는 행복에 대해서 이야기를 주고받았다.

"허리케인에는 신경 쓰고 있어요?" 그녀가 물었다.

"아뇨. 드론 농장을 관리하는 그쪽들이 저보다 더 좋은 예보를 받아 보잖아요. 난 국제 예보만 확인 가능해요. 국가 경제수역에는 들어가지 않으니까."

"이제 곧 허리케인이 와요. 꽤 강해졌다고 하더라구요."

"여기서는 허리케인이라고 안 해요. 사이클론이라고 불러야 하지 않나요?"

"아니 제 말은요…" 그녀는 태블릿을 아래로 스크롤했다. "변할 가능성도 있긴 하지만 아주 파괴적일 거래요." 그녀는 태블릿을 들어 그에게 보여 주었다. 그는 입을 다물고 심각한 표정을 지었다. "아이 씨. 얼른 술 깨고 이것부터 처리해야겠네." 갑자기, 그녀는 대부분의 손님들이 이미 밤이 되기 전에 이곳을 떠났다는 사실을 깨달았다. 자동 조명은 이제 풀 죽은 노을빛으로 바뀌었다.

"근데 그쪽은 조금이라도 자야겠는데요." 그가 말했다.

"아니에요. 한 시간만 쭉 가면 될 것 같아요. 그러면 남쪽으로 자동 조종을 맞춰 놓고 좀 잘 수 있어요." 그는 오렌지 껍질과 시나몬 가루를 넣은 에스프레소를 얼른 내려 주었다. 그가 의자를 쌓아 놓는 동안 그녀는 일기예보를 다시 살펴보았다.

바닥이 요동치기 시작했다. "여기서 떠나야 해요." 그녀가 말했다.

"여길 떠나면 너무 괴로울 것 같은데. 그래서 지금껏 바다 위를 떠다니고 있는 거니까요. 사람들은 내가 어디 있는지를 알아요."

"업데이트를 하면 사람들이 당신을 찾아낼 거예요. 재밌는 닭 관찰기랑 노을 사진을 올리니까 바다에서의 삶을 꿈꾸는 당신 팬들이 그렇게 팔로우를 많이 했잖아요. 자, 움직여요. 대비하는 걸 도와줄게요."

두 사람은 식당에 있는 물건들을 단단하게 고정시켰다. 그는 온실에 가서 배관을 풀어 놓고 부슬부슬한 흙에 덮개를 씌웠다. 그가 연료탱크를 점검할 동안 빌마는 배터리를 살펴보았다. 그들은 달빛 아래에서 고정되지 않은 물체가 남아 있는지 둘러보았다. 빌마는 자기 배만 빼고 다른 배들은 다 빠져나갔다는 것을 확인했다.

그의 방에서 책꽂이 밖으로 책이 우르르 쏟아졌다. 침대는 정리되지 않은 채였다. 그는 그녀가 거길 쳐다보는 것을 보았다. 그녀도 그의 시선을 느꼈다.

"고양이 데려올게요. 지붕 좀 봐 줄래요?" 그녀는 천장의 해치를 열고 올라가 태양열 패널을 풀었다. 벌써 한밤중이 되었고 빗줄기가 굵어졌다. 그녀는 내려와서 다시 태블릿을 확인했다.

"상황이 진짜 안 좋네요. 어느 쪽으로 갈 거예요?" 그는 단말기를 켜고 항로를 탐색했다. "완전히 피할 수는 없을테고 … 남쪽 끝으로 가야겠네. 그쪽 배가 출발하면 나도 서둘러야죠." 이 기지는 아마 시속 8마일까지 낼 수 있을 것이다. "여기에서 대피해 본 적이 있어요?"

"가끔 … 사실 거의 그런 적이 없죠. 내가 지닌 모든 게 여기 있으니까."

얼마간 침묵이 흐른 뒤, 그녀가 말했다. "내 배는 꽤 빨라요. 같이 가지 않을래요? 며칠 쉬고 와요. 문에 버추얼 표지판을 걸어 놓고 가자고요. 폭풍이 지나가기를 기다렸다가 돌아와서 다시 정비하면 되잖아요. 고양이도 데려가요. 에이, 저기 닭들도 데려가 줄게요."

그녀는 가만히 대답을 기다렸다.

조금 후 그가 대답했다. "난 … 이 식당에 있어야죠." 그는 먼 바다를 쳐다보았다. "내가 여기 없으면, 길 잃은 배들이 저 폭풍 속에서 살아날 가망이 없을 겁니다. 하지만, 고마워요."

그녀는 어깨를 으쓱했다. "뭘요." 두 사람의 눈이 다시 마주쳤다. 그녀는 그의 뺨에 얼른 키스를 하고, 손을 꼭 잡아 준 다음, 폭풍의 바깥쪽을 향해 출발했다.

배에 달린 센서는 물체를 감지할 때마다 경고음을 냈다. 그때마다 그녀는 잠에서 깨어나 경로를 수정했다. 하늘이 회색빛으로 바뀌자 그녀는 마지막 남은 커피를 끓였다. 한 시간 거리에 해조류 양식장이 하나 있었지만 날씨가 너무 안 좋았다. 지쳤고 연료도 다 떨어졌다. 그래도 계속 가면 섬에 도달할 수 있을 것이다.

오후 늦게 육지가 보였다. 수확선들과 유조선들이 에누에에 있는 대규모 바이오 정제 공장으로 들어오려고 줄지어 움직였다. 바람에서 해초 냄새가 났다. 바위들 위에는 군함조와 얼가니새가 떼 지어 모여 있었다. 비키니섬의 소형선박 선착장에 등록한 후, 그녀는 이 섬에 있는 음식점 다섯 군데 중에서 가장 좋아하는 곳으로 향했다.

"새 메뉴는 없어요?" 그녀는 주문을 받으러 온 라에에게 물었다.

"특제소스를 넣고 집에서 만든 배양육 버거, 신선한 참치, 타로 칩."

"그럼 참치하고 밥 주세요. 그 유자 넣은 사케 칵테일하고요."

카운터에 앉은 사람은 분홍 머리띠를 두르고 손톱에 해초 빛깔인 초록색을 바른 인도네시아 출신 해초 수확꾼이었다. 그리고 한쪽에는 옛날에 비키니섬의 실제 원주민이었던 심술궂은 존스 노인이 마치 온몸의 뼈가 의자 모양대로 구부러진 것처럼 의자에 착 달라붙어 있었다. 밝은 색 수영복 위에 분홍색 하와이 치마를 걸친 관광객이 두 사람 사이에 서서, 수확꾼에게 다이빙에 대해 물어보고 메모를 했다.

"아주 고고학자 납셨네." 관광객이 나가자 존스가 투덜거렸다. "물속에서 뒤져 버린 생물들을 보러 왔구만그래. 유령 산호초를 보려고 말이야."

"유령 산호초가 아니던데요." 빌마가 말했다. "자연 복원 전문가들이 정말 대단한 일을 해냈더라구요. 지난달에 여기 왔었는데, 문어가 있었어요. 해마도 봤고요."

"유령 산호초가 아니면 원자탄 박물관이겠지." 존스가 맥주를 마시며 중얼거렸다.

"폭풍이 북쪽으로 지나갔네요." 수확꾼이 하늘 저편을 올려다보면서 말했다. "폭풍의 중심이 이제 웨이크섬 너머로 넘어갔어요."

"지독한 놈이었어요." 빌마가 말했다. "진행 방향을 피하느라고 헐레벌떡 서둘러서 왔어요."

"유령식당 얘기 들었어요?" 수확꾼이 말했다. "실종됐다나 봐요." 빌마는 갑자기 한기를 느꼈다.

"어디서 들었는데요?"

"조난신호가 오늘 아침에 사라졌대요. 라디오에서 들었어요. 사이클론이 거길 지나갔고, 도와줄 사람도 없었고. 바다 한가운데니까."

빌마는 마시던 잔을 내려놓고 눈을 감았다. 그에 대해 아는 게 거의 없었다. 이건 잘못됐어! 빌마는 자기가 이 말을 소리 내어 말했다는 걸 잠시 뒤에 깨달았다.

비가 한참이나 쏟아져 내렸다. 사람들은 빗소리를 들으며 앉아 있었다.

빌마는 눈을 떴다. 존스가 낡은 공책을 펴고 검은색 펜으로 무언가를 표시하고 있는 모습이 보였다. 한 페이지 전체에 까만 표시가 가득했다. 수확꾼이 고개를 절레절레 흔들었다.

"저분, 뭘하는 건가요?" 빌마가 물었다. 자기 목소리가 너무 착 가라앉아 있어서 놀랐다.

"죽은 사람들의 수를 세는 거예요." 수확꾼이 알려 주었다. "대기 중 탄소 때문에 죽은 사람들이요."

"빠른 배, 비행기, 냉동 생선들," 존스는 말했다. "그래서 우리는 결국 죽는 거야."

"그건 무의미한 일 아닌가요?" 빌마는 일기장을 향해 턱을 까닥하면서 말했다. "그렇게 죽은 사람들을 다 알 수가 없을 텐데 …"

"존스는 가까운 친척들만 세는 거예요." 수확꾼이 말했다. "그래도 무의미해 보여요." 빌마가 다시 말했다.

"여기 비키니섬에서 자란 사람이에요. 어렸을 때부터 죽은 사람들을 기록했대요. 숫자만 적는 게 아니라, 그 사람들의 이름도 쓰고 있어요."

마침내 비가 그쳤다. 어디선가 꽥꽥거리는 소리가 들렸다. "저기 좀 봐요." 빌마가 손으로 가리켰다. 지금까지 본 새 중에 가장 큰 새였다. "날개에 검은색 페인트가 묻은 것처럼 생겼네요." 웨이트리스도 몸을 돌려 올려다보았다.

"알바트로스네요." 수확꾼이 말했다. "요즘은 가끔 오기도 해요."

"운이 좋구먼." 심술쟁이 존스가 말했다.

빌마는 눈썹을 치켜올렸다. "그렇게 말씀해 주실 줄은 몰랐네요."

"그게 행운이라는 건 누구든 다 알지."

그들은 물 위로 원을 그리며 날아오르는 알바트로스를 지켜보았다.

"우리에게 행운이 오면 좋겠네요." 빌마가 한참 만에 말했다. "여기 있는 것만으로도 행운이야." 심술쟁이 존스가 웅얼거렸다.

"이제부터 말이에요," 빌마가 말했다. "할아버지 별명을 긍정왕 존스라고 바꿔야 하겠는데요. 그 공책에 유령식당 주인의 이름도 꼭 적어주세요. 기억할 만한 가치가 있는 사람이니까."

3장

재생

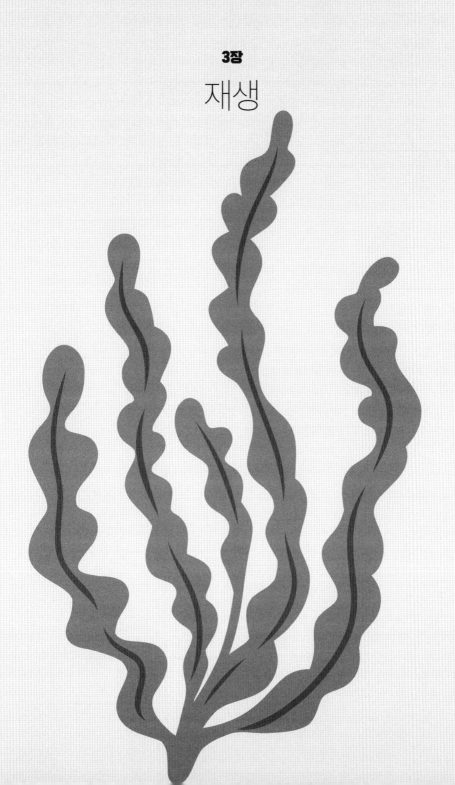

12월, 몬트리올,
-18°C / -0.4°F

눈을 밟을 때마다 뽀드득 소리가 났다. 새로 단장된 홍등가를 지나 국제민간항공기구the International Civil Aviation Organization: ICAO 본부로 향하는 길이었다. 여러 회원국이 기증한 선물이 전시되어 있는 ICAO 빌딩은 국제 협력의 현대적 기념물이다. 한쪽에는 비행기의 탄생 장면을 묘사한 양모 태피스트리가, 또 한편에는 세계 최초의 4인승 전기 비행기 모형이 놓여 있다. 아랍에미리트에서 보낸 명판에는 이렇게 써 있다. "민간항공은 인간의 발명, 실험, 협력이 쌓여서 나타난 결과다." 나는 유엔 생물다양성협약(CBD) 대표단 인원들과 함께 이 국제 업무 공간에 들어왔다. 지구공학 연구 워크숍에 참석하기 위해서다. 대표단 대부분은 열대 지역에서 온 사람들이었다. 회의실에 모인 사람들 대부분은 코트도 벗지 않은 채, 창문 너머에서 주변 빌딩들의 수중기가 회색 하늘로 떠올라 사라지는 모습을 지켜보았다.

이들은 CBD에 과학 및 기술 자문을 제공하는 실무그룹에 속했다. 합성생물학 문제와 2050 생물다양성 계획 논의 때문에 바쁘게 움직이던 와중에 왜 지구공학 문제를 논의하러 모이게 된 것일까? 뒤에서 다시 이야기하겠지만 환경단체의 활동 덕분에 CBD는 지구공학 문제를 다루는 유일한 유엔 협약이 되었다. 2010년에는 지구공학에 대한 모라토리엄 선언이라고 불리는 X/33 결정이 나왔고, 이후 CBD는 지구공학이 미칠 영향을 이해하기 위해서는 더 많은 학제간연구와 지식의 공유가 필요하다고 지적한 XIII/14 결정을 채택했다. 한 NGO가 주최한 이번 워크숍은 어떤 지구공학 연구가 유용할지 논의할 지구공학 거버넌스를 안건으로 삼았다.

밖에서 눈송이가 소용돌이치고 있을 때 발표가 시작되었다. 성층권에 살포된 물질이 어떤 화학적 변화를 겪고 연기 기둥은 어떻게 교란되는지 설명했다. 지구공학이 '아편처럼' 우리를 유혹한다는 비유도 나왔다. 지구공학 실험에 여러 국가들의 장비가 포함되어야 하는 이유까지 들은 후, 우리는 토의에 들어갔다.

"몇 년은 걸릴 것이라고 생각했던 일이 지금 우리에게 다가오고 있습니다." 한 작은 나라의 대표자가 선언했다. "우리나라는 혁신을 해야만 합니다." 또 다른 참가자는 지구공학 연구 거버넌스가 향후 지구공학 발전으로 나아가는 다리 역할을 하게 될 가능성을 우려하면서 '공학적 사고방식'의 위험성을 경고했다. 지구는 신성하고 살아 있으며, 말과 노래도 신성하다는 주장도 나왔다(서로 충돌하는 분위기는 아니었다. 유엔 회의에서는 모두 신중하게 발언한다). 어떤 이는 안데스산맥의 원주민들이 섬기는 대지의 여신 파차마마가 우리 눈엔 보이진 않지만 비밀스럽고 신성한 무엇인가를 감추고 있다고도 했다. '우리는 현장에서 애정을 가지고 진행하는 교정과 검증을 믿는다.' '여전히 어떤 입장들은 서로 화해하기 어렵다. 착취와 상처의 쓰라린 역사가 뒤섞여 함께 피를 흘리고 있다.' '지구공학 실험은 우리 얼굴 위로 쏟아져 내리는 비를 레몬처럼 산성으로 만들었다.' 그래도, 이들의 발언은 결국 같은 진실로 귀결되었다. 우리 섬이 사라졌다. 이런 일이 생기리라고 누가 상상이나 했겠는가? 우리는 소멸될 것이다.

논의의 상당 부분은 책임에 관한 것이었다. 탄소 제거는 불가피한 일이라는 인식은 어느 정도 공유되고 있었다. 그렇다면 누가 탄소 제거를 책임져야 하는가? 한 고위 관리는 어느 개발도상국 외교관이 탄소 제거를 두고 "그건 선진국이 할 일"이라고 발언했다고 말해 주었다. 어떤 역량이 필요하고 무엇을 해야 하며 이후에는 어떤 일을 해야 하는지에 대한 질문들이 이어졌다. 국가 차원에서 도덕적 해이가 발생할 것인가? 즉, 개발도상국들은 지구공학을 핑계 삼아 숲을 보존하려는 노력을 기울이지 않게 될까? 탄소를 어떻게 저장할 것인가? 탄소를 제거하거나 격리하고 싶겠지만 방출도 고려하고 있는가? 아프리카에서 온 어느 대표가 물었다. 국가들이 과학적 결과를 활용하거나 해석할 수 있는 지식을 가지고 있을까? 다른 사람이 물었다. 우리에게 필요한 역량이라는 게 구체적으로 무엇인가? 또 다른 사람은 지구공학의 거버넌스와 윤리가 연구자 개개인들에게 달려 있는 상황이라고 지적했다. 억압적 정권 하의 연구자들은 하라는 대로 해야 한다. 연구자는 노동자이며, 다양한 수준의 암묵적 강압이 존재하는 시스템 속에서 노동해야 한다. 그때, 길고양이 울음과 1950년대 다이얼 전화기 소리가 섞인 듯한 휴대폰 벨소리가 내 옆자리에 앉은 사람의 가방 속에서 울려 퍼졌다. 사람들은 한바탕 웃고, 다시 책임 문제 논의로 돌아갔다.

오염을 일으킨 자들, 탄소를 배출한 자들이 지구를 오염 이전으로 되돌려놓아야 한다는 주장이 강력하게 제기되었다. 자연적인 방법으로 탄소를 땅으로 돌려보내야 한다는 것이다. 그때 한 공학 전문가가 물었다. 자연적이지 않은 방식으로 지하 3천 미터 아래에서 시추했기 때문에 문제가 생겼는데, 어떻게 자연적인 방법으로 그걸 되돌려놓을 수 있겠냐는 것이었다. 내 토론 그룹은 오늘 워크숍의 핵심 주제인 '자연적 기후 문제 해결책natural climate solutions'을 논의했다. 이런 토의 장소에서 이제 일반화된 이 용어는 '자연 기반 해결책nature-based solutions' 또는 '생태계 기반 해결책ecosystem-based solutions'에 속하지만 특히 기후에 초점을 맞춘다.

자연적 기후 문제 해결책

자연적 기후 문제 해결책은 탄소 저장량을 늘리고 온실가스 배출을 방지하는 보존, 복원, 토지 관리 활동이다. 일반적으로 이 해결책은 지구공학으로 간주되지 않는다. 지역사회와의 논의를 거쳐 설계되고 지방이나 지역 단위로 조직되기 때문이다. 또한, 이는 탄소 배출 완화와 추가적인 탄소 손실 방지를 노리는 것이기도 하다. 그러나 자연적 기후 문제 해결책 속에는 어떤 긴장이 잠재하고 있다. 개입이 꼭 필요하다는 입장에서부터 개입과는 거리가 먼 것까지, 생태계를 보호하고 관리하는 활동과 실천은 그 스펙트럼이 아주 넓다. 따라서 개입을 지향하는 경우에는 자연적 기후 문제 해결책이 지구공학이라는 아이디어와 쉽게 가까워질 수 있다. 특히 이 해결책이 전 지구적인 탄소 제거를 목표로 개념화될 때 그러하다.

자연적 기후 문제 해결책은 최근 들어 큰 주목을 받고 있다. 그 표현 방식이나 문제 인식은 지난 10여 년간 국제자연보전연맹, 세계자연기금, 자연보호협회 같은 환경보호 NGO들과 유엔개발계획, 유럽연합 집행위원회, CBD 같은 국제기구들의 논의 속에서 발전해왔다. 자연과 더 나은 관계를 맺으려고 노력하는 지역 중심 환경·농업 관련 단체들도 여기에 큰 관심을 보인다. 지리학자 매튜 키언스Matthew Kearnes와 로렌 리카즈Lauren Rickards는 탄소를 땅속에 격리하는 새로운 과정을 인간과 지하의 치유적인 관계로 묘사한다. "채굴, 시추, 수압파쇄의 추출 과정에 대한 일종의 거울 이미지"라는 것이다.[1] 지하에 탄소를 매장하는 것은 지상을 구원하고 속죄하는 과정의 일부로 재해석된다. 이 속죄 혹은 복원의 서사는 새로운 토양학 또는 생태과학과 함께 (때로는 그와 대조를 이루면서) 나타난다. 뒤에서 다루겠지만, 키언스와 리카즈가 도덕성을 강조하는 '토지 미학land aesthetic'과 함께 다루는 이 복원 서사는 자연적 기후 문제 해결책을 부상시킨, 특히 지상 탄소 제거를 주목받게 한 강력한 힘이다.

그러나 이번 몬트리올 지구공학 연구 워크숍에서 많은 참가자들은 자연적 기후 문제 해결책이 유엔정부간기후변화협의체(IPCC) 보고서에서도, 거기에 제시된 국제 기후정책에서도 제대로 인정받지 못하고 있다는 느낌을 받았다고 토로했다. 어떤 사람은 전 세계 기후 재정의 2.5퍼센트만이 생태계 기반 접근에 쓰이고 있다고 지적했다. 유엔기후변화협약(UNFCCC)과 생물다양성협약(CBD)을 두 개의 다른 행성에 비유한 참가자도 있었다. 두 협약에 같은 당사자들이 참여하지만 기후 문제에 관해서는 서로 완전히 다른 이야기를 하고 있다는 것이었다. 두 협약은 먹이를 찾는 짐승들처럼 제도적 경쟁을 벌였다. 이 경우에 그들이 찾아 헤맨 것은 관심, 존중, 자금이었다. 제도적 정치 문제 외에도 이 토론에서는 두 가지 의문이 제기되었다. 글로벌 기후정치에서 자연적 기후 문제 해결책이 실제로 무시되고 있는가? 나아가 이 해결책은 얼마나 유용할까?

이 장에서는 자연 기반 이산화탄소 제거 방식들인 재생농업, 산림 조성, 토양 탄소격리, 바이오 숯, 블루카본 등을 살펴본다. 현장의 사실과 담론을 구분하고, 이 해결책들이 우리의 기후적 미래를 만드는 데 공헌하려면 무엇이 필요한지 검토해 보기 위해서이다.

탄소농업: 재생의 나선형

"피자를 먹고, 맥주도 마시자, 지구를 구하자!" 토양 건강성을 내세우는 어느 인스타그램 계정에 올라온 이 광고를 보고 나는 캘리포니아 베니스의 로즈 애비뉴에 있는 카페 그래티튜드를 찾았다. 이 가게에서는 컨자Kernza로 만든 피자와 맥주를 내놓는다. 컨자는 유라시아에서 사료용으로 쓰이던 밀을 개량하여 탄소 저장에 최적화시킨 작물이다. 롱 루트 에일은 거품이 많고 풍부한 맛이었다. 캔에는 컨자가 "드라이하고 상쾌한 마무리에 약간의 짜릿함"을 더해 준다고 적혀 있었다. "컨자는 대기에서 탄소를 흡수해서 깊게 자란 뿌리와 토양 속에 저장합니다. 탄소 크레디트를 얻지 못할지는 몰라도, 정말 훌륭한 맥주입니다!"

컨자는 다년생 풀이어서 매년 다시 심을 필요가 없고, 밭을 갈지 않아도 자라므로 탄소를 더 많이 격리할 수 있다. 밀보다 두 배 깊게 10피트까지 자라는 뿌리는 탄소격리의 핵심이다. 로데일 연구소의 식물 연구자들은 1983년부터 컨자를 연구해 왔다. 이들은 컨자의 생산성을 높이기 위해 미 농무부의 연구자들과 협력하기도 했다.[2] 캔자스에 본사를 둔 비영리단체인 랜드 인스티튜트는 일년생 밀과 비슷한 수확량을 가진 품종을 개발하기 위해 컨자를 개량했다. 유전자 염기서열분석의 발전으로 바람직한 형질을 제공할 식물의 선택이 용이해져 유전공학의 도움 없이도 빠르게 품종을 개량할 수 있었다. 거대 농업 기업인 제너럴 밀스는 랜드 인스티튜트와 협력하여 연구를 진행하도록 미네소타대학교에 50만 달러를 지원했다. 이 특별한 맥주는 의류회사인 파타고니아의 식품 사업부인 파타고니아 프로비전스의 초기 자금 지원을 받아 시장에 출시된 것이다.

언뜻 보기에, 로즈 애비뉴의 한 카페에 들어가 맥주를 사 마셨다는 내 경험담은 공허한 녹색소비주의를 보여 주는 쓸데없는 이야기처럼 들릴 수도 있다. 게다가 피자가 담겨 나온 접시에는 귀엽고 동글동글한 글꼴로 "당신은 무엇에 감사하고 있나요?"라고 쓰여 있기까지 했다. 하지만 이 문구를 별 생각 없이 지나치는 것은, 컨자 맥주가 내 식탁에 오르기까지 수십 년 동안 수많은 관계자들이 기울여 온 노력의 가치를 무시하는 행동일지도 모른다. 정부와 대학 연구자들, 비영리단체, 대기업, 환경친화적인 기업, 지역사회운동 참여자 등의 여러 주체들이 애써 왔기 때문에 내가 이 레스토랑에 관심을 가지게 된 것이다. 이들 모두 재생농업의 비전에, 탄소격리 식품 시스템이라는 목표에 어떤 식으로든 공헌했다.

'재생regenerative'의 어원은 '다시 태어남'이다. 벅민스터 풀러Buckminster Fuller가 디자인의 맥락에서 이 단어를 처음 사용했고, 출판사를 운영하고 유기농을 옹호했던 로버트 로데일Robert Rodale은 1980년대에 '재생농업regenerative agriculture'이라는 말을 만들어 냈다.[3] 재생농업은 탄소격리, 작물 회복력, 토양 건강, 영양 밀도를 위해 토지를 총체적으로 관리하는 방식을 뜻한다. 이 농업 유형은 단순히 농업의 여러 실천들을 모아 놓은 것이 아니다. 재생은 농업 문화를 지속 가능한 활동으로 연결시켜 준다는 점에서 더 폭넓은 의미를 지닌다. 나는 이 문제를 더 자세히 알아보기 위해 피니언 메이크피스Finian Makepeace와 이야기를 나누었다. 그는 음악가이자 토양 건강 문제를 중시하는 사람이었고, 키스 더 그라운드라는 단체에서 스피치 교육을 맡아 토양 건강을 옹호하는 이들이 다른 사람들에게 토양의 중요성을 제대로 알릴 수 있게 돕고 있었다. 메이크피스는 메시지 전파 방법을 많이 고민해 왔다.

"사람들에게 재생이 무엇인지를 알려 줄 때가 많습니다만, 사람들이 제가 말하고 있는 바가 무엇인지를 정말로 이해하지는 못하고 있다는 느낌이 계속 들더군요." 그는 이 말이 우리가 '재생'의 의미를 이해할 수 없다는 뜻이 아니라고 설명한다. 우리가 '환경적'이라는 기존의 의미망 속에 재생을 집어넣어 버렸다는 것이다. "아쉽지만 기존 개념은 … 솔직히 말해서 재생이라는 개념보다 협소합니다." 기존의 '환경적'이라는 개념은 지속가능성만을 겨냥한다. 즉, "덜 해로운 일을 하고, 지구를 망치는 일을 멈추고, 너무 많이 가져가지 않으려는" 것이다. 화살표 세 개가 원을 이루는 재활용 심볼은 이 지속가능성의 상징이다. "이 재활용 심볼은 눈에 잘 들어오죠? 대부분의 사람들은 '좋아. 나는 이걸 지지해'라고 할 겁니다."

그 상징 너머, 지속가능성 너머로 사고를 확장해야 한다는 것이 메이크피스의 주장이다. 지속가능성이란 침몰하고 있는 타이타닉호의 갑판에 놓인 의자들을 다시 정리하는 일과 비슷해서, 자원을 추출하면서 악화된 자연과의 관계를 다시 회복하게 해 주지는 못한다. 따라서 재생적 접근 방식은 피해를 줄이는 것이 아니라 치유와 회복에 관한 것이다. 그는 재생의 나선형regenerative spiral이라는 말로 이를 설명한다. 재생은 단순히 알아서 회복하도록 자연을 내버려두는 것이 아니라 자연이 번성해 가도록 적극적으로 대처하는 것이다.

탄소농업Carbon farming은 지속 가능한 식량 운동에서 파생된 것으로, 재생농업과 비슷한 목표를 갖지만 농업생태계에 탄소를 저장한다는 더 좁고 구체적인 측면을 겨냥한다. 저널리스트 마이클 폴란 Michael Pollan은 탄소농업이 농업의 비밀 무기라고 했고, 환경운동가

폴 호켄Paul Hawken은 탄소농업을 가리켜 "문명의 미래를 위한 토대"라고 했다.[4] 탄소농업을 추구하는 사람들은 기후변화에 농업이 끼치는 영향을 강조한다. 토지이용 변화를 포함한 기존의 농업 방식은 현재 모든 인위적 온실가스 배출량의 25퍼센트(농업 10~14퍼센트, 토지 피복〔논, 아스팔트, 맨땅 등 지구 표면을 덮고 있는 물질〕변화land cover change 12~17퍼센트)를 차지하는 거대한 배출원이다.[5] 토양 내 탄소를 증가시키는 주요 방식은 ① 경운을 덜 하거나 하지 않는 방식으로의 전환, ② 피복작물〔토양 보호용으로 심는 귀리나 콩, 메밀 등〕을 재배하고 작물 잔여물은 썩도록 놓아두기, ③ 뿌리 질량이 큰 종류를 심는 것 등이다. 식량·사료작물을 재배한 후 두 번째 작물을 심는 이모작도 토양 속에 더 많은 탄소를 저장하게 해 준다. 식량을 얻을 수 있는 숲, 나무 아래에서 동물을 방목하는 임간축산 등 다층 혼농임업multistrata agroforestry에도 많은 관심이 쏠리고 있다.

재생 방목regenerative grazing은 재생농업의 또 다른 형태라고 할 수 있다. 이 개념은 목축 사회가 초원에서 방목하는 방식을 본뜬 것이다. 예를 들어, 소 떼는 한 지역의 모든 것을 먹어 치우지만 발굽으로 땅을 갈아 놓게 되고, 다른 곳으로 이동하면 원래의 지역에는 다시 풀이 자란다. 짐바브웨 출신의 생물학자이자 세이버리 연구소를 이끄는 앨런 세이버리Allan Savory는 재생 방목을 널리 알린 사람이다. 그의 TED 강연〈어떻게 세계의 사막을 푸르게 변화시키고 기후변화를 되돌릴 것인가〉는 2013년 유튜브에 업로드된 이후 3백만 이상의 조회수를 기록했다. 하지만 우려하는 목소리도 높다. 어느 학술지에 실린 논문은 "그가 내놓은 전망은 절망적인 상황에 처한 일부 지역에 잘못된 희망을 심어 줄 수 있다. 과학적 증거에 따르면, 그의 방목 방식은 방목지 황폐화와 기후변화를 되돌리기 어려우며, 오히려 그런 변화를 앞당길 가능성이 높다"고 비판했다. 과학자들은 식물을 자라게 할 물이 부족하므로 방목지는 탄소 흡수에 적합하지 않고, 방목지를 복원해 준다는 '발굽 작용'의 생태적 이점도 과장되었다고 지적한다.[6]

하지만 세이버리를 열렬하게 지지하는 사람들도 많다. 지나치게 학문적 위계에 얽매여 있는 주류 과학이 그 가능성을 알아보지 못한다는 것이다. 그는 기업의 후원을 받는 현대 과학과 대조를 이루는 존재이자 일종의 민중 영웅이 되었다. 지리학자 레베카 레이브Rebecca Lave는 세이버리의 활동을 '방목형 과학'의 좋은 예라고 평가했다. "저예산, 비공식성, 강한 지역성을 지니며, 전문화된 실험실과 그 도구를 중시하지 않는" 과학이라는 것이다. 레이브는 이런 형태의 지식 생산에서, 과학적 권위는 학문적 명성이나 동료 평가가 아니라 시장에서 이를 수용하느냐에 달려 있다고 했다.[7]

헌터 로빈스L. Hunter Lovins 등은《좋은 미래: 생명의 편에 서는 경제 창조A Fine Future: Creating an Economy in Service to Life》(2018)에서, "앨런 세이버리는 신발을 신지 않고 다닌다. 사신이 걷는 땅에 잠재해 있는 정보를 모으기 위해서"라고 썼다. 저자들은 "재생농업이 매년 인간이 배출하는 모든 탄소를 대체하고 지구온난화를 빠르게 회복"시킬 수 있다고 믿는 사람들의 말을 인용하면서, 재생농업이 "기후위기에 대응할 유일한 기회"라고 호소한다.[8] 이 책에서는 토양관리로 여러 가지가 가능하다는 대담한 주장을 펼치고 있으나 이는 신념의 영역에 가깝다. 《좋은 미래》는 예외적인 책이 아니라 요즘 인기를 얻고 있는 특정 장르에 속하는 책이라고 보아야 할 것이다. 만약 이 책에서 주장하는 재생농업의 잠재력이 실제로 존재한다면, 사람들에게 제대로 인정받지 못하는 이유는 무엇일까?

찰스 아이젠슈타인은 《기후: 새로운 이야기Climate: A New Story》(2018)에서, 재생농업이 엄청난 잠재력을 지니고 있음에도 기존의 잣대와 맞지 않기 때문에 중요하지 않은 것으로 취급받고 있다고 설명한다. 역동적이고 지역맞춤형인 재생농업은 과학적 절차들과 어울리지 않는다. 다시 말해, 전인적 의학holistic medicine과 마찬가지로 연구 대상이 되기 어렵다.[9] 재생농업의 데이터는 정량적이지 않고 입증될 수 있는 성질의 것이 아니므로 정책으로 전환되기 힘들다. 결국 아이젠슈타인은 이렇게 결론짓는다. "우리는 세상에 참여하는 다른 방식 속으로 초대되었다. … 세계가 살아 있다고 보는 문명은 어떤 선택을 내릴 때 다른 종류의 정보를 반영하는 법을 배우게 될 것이다."[10]

그렇다면, 동료 심사가 존재하는 학술의 세계에서는 토양 탄소격리 방식의 가능성을 어떻게 전망하고 있을까? 토양 탄소격리의 원리는 합리적이며 이해하기 쉽다. 그 가능성을 파악하려면 토양의 탄소가 현재 고갈된 상태라는 사실을 인식해야 한다. 토양은 거대한 탄소 저장소이며, 현재 대기 중에 존재하는 이산화탄소의 3배,

생명체가 지닌 양의 4배를 저장한다. 그러나 지난 1만 년 동안 농업과 개간은 840기가톤의 토양 속 탄소를 감소시켰고, 경작지의 토양은 원래 지녔던 유기탄소의 50~70퍼센트를 잃어버렸다. 집중적으로 작물을 재배하면 30~50년 만에 토양 탄소는 25~50퍼센트까지 줄어든다.[11]

좋은 소식도 있다. 이 상황은 회복 가능하다. 2015년 파리에서 열린 유엔 기후변화 회의에서 발표된 토양 탄소격리 계획인 '1,000분의 4'는 토양 농도를 매년 0.4퍼센트씩 증가시킨다는 목표를 세웠다. 그렇게 되면 이산화탄소 환산량 4.3기가톤(유럽연합 같은 대규모 배출원의 배출량과 비슷하다)의 탄소흡수원이 늘어나게 될 것이다. 1,000분의 4 계획에는 연간 5천억 달러가 소요되며, 이는 현재 전 세계의 농업보조금과 엇비슷한 액수다.[12] 새로운 기술적 역량도 목표 달성에 중요한 역할을 할 수 있다. 예컨대 더 많은 탄소를 저장할 수 있는 뿌리 구조를 갖도록 작물을 설계하는 것이다.[13] 라호야의 생명공학 연구 기관들 중 하나인 솔크 연구소의 과학자들은 전통적인 육종 방식이나 크리스퍼CRISPR 유전자 편집 기술을 활용하여 탄소 제거 특성을 지닌 '이상적인 식물'을 개발 중이다. 식물이 수베린이라는 분자(코르크의 주성분인 생체고분자)를 더 많이 만들어 내도록 유도하여 뿌리가 분해에 지항하고 더 많은 토양 탄소를 저장하게 하는 것이다.[14]

농업으로 한 해에 4기가톤의 이산화탄소를 제거한다는 목표는 야심 차고 환상적이지만, 성공하더라도 그 수치는 현재 우리가 배출하는 이산화탄소의 10퍼센트에 지나지 않는다. 하지만 작더라도 모든 노력은 가치가 있다.

그러나 어떤 균형에 도달하면 토양 탄소 축적률이 감소한다는 사실을 이해하는 것이 중요하다.[15] 탄소격리는 곡선을 그린다. 새로운 격리 방식이 도입되면 처음 20년 정도는 많은 양의 탄소가 격리되겠지만, 시간이 지나면 정체기로 접어들면서 탄소격리량이 감소하게 된다. 따라서 토양 탄소격리는 일회성 탄소 제거 방법이다. 탄소 수용량이 한계에 달했을 때를 '흡수원 포화sink saturation'라고 부른다. 또한, 토양 흡수는 가역적이다. 즉, 탄소는 다시 배출되기 때문에 탄소를 계속 붙잡아 두려면 새로운 격리 방식이 계속 시도되어야 한다.[16] 21세기 후반이면 마이너스 배출 기술이 필요할 것으로 예상되는 상황에서, 우리는 이미 토양 탄소격리를 시작했고, 흡수원 포화는 이번 세기의 중반이면 나타날 것이다.[17] 단순히 한 해에 토양 탄소격리가 얼마나 가능한지만을 계산한다면 토양 탄소격리 방식이 지닌 이런 근본적인 측면을 놓치게 된다. 그렇지만 재생농업을 추구하는 농부들은 이 실천으로 실제로 이익을 얻을 수 있고, 새로운 방식을 도입할 때 드는 비용을 처음에 이미 치르게 되기 때문에 이후에 자신들이 그 방식을 중단할 이유가 없다고 주장한다. 동시에 토양의 질까지 향상시키므로 후회 없는 해결책이라는 것이다.

기후 복원에 공헌할 가능성이 결국 얼마나 되는지는 지금 당장 집중해야 할 문제가 아닐지도 모른다. 크리스틴 올슨Kristin Ohlson은 노스다코타에서 짐바브웨에 이르는 여러 농업 현장들을 방문하고 나서《흙이 우리를 구하리라The Soil Will Save Us》를 썼다. 올슨은 실제로 얼마나 많은 탄소가 격리되어 있는지를 측정하는 문제를 섬세하게 추적한다.[18] 올슨이 지적했듯이, 충분한 연구가 진행되지 않았으므로 그것은 쉽지 않은 작업이다. "거기엔 분명히 문제가 있어요. 화학물질이나 경운기를 많이 쓰고 여러 장비가 필요한 그런 종류의 농업 방식과 이해관계가 얽혀 있는 기업들이 지금, 농업 관련 부서와 농업학교에 엄청나게 자금을 대 주고 있지 않습니까." 올슨이 나에게 해 준 설명이다. 토양은 복잡한 시스템이어서 한 가지 요소만 짚어서 변경한 다음에 다른 대조군과 비교해 보는 작업이 어렵다.

"토양 건강 전문가들은 다양한 일을 하기 때문에 땅에 극적인 변화가 생깁니다. 피복작물을 재배하고, 퇴비를 만들고, 경운기를 쓰지 않는 농법을 시도하고, 동물을 길러서 남아 있는 식물을 먹이기도 하죠. 이 사람들은 이 모든 일을 다 하고 있어요. 땅에 생명을 기르고 탄소를 모으는. 그러니 당연히 사람들이 참지 못하는 거예요. 소위 학계에서 연구하는 과학이, 이게 이론에 맞는지부터 따지고 굼뜨게 구는 걸 말입니다."

이 말처럼 그런 일들을 하면 토양에 탄소가 풍부해진다. 수로를 오염시키는 비료 및 여타 화학물질의 유출 감소, 날아간 먼지 때문에 생기는 대기오염 감소, 토양 투과성 증가로 가뭄과 홍수에 견딜 수 있게 해 준다는 점 등, 올슨은 전체 시스템에 이득이 되는 지점들을 꼽았다. "이렇게 했을 때 좋은 점이 너무 많습니다. 보통 사람들도 말이죠. 탄소 저장이나 탄소격리를 헤아리는 숫자에 매달리지 않더라도요. 이 변화를 지지하게 될 겁니다. 이건 농업의 패러다임 전환이에요. 많은 이점이 있으니까요."

실증적 자료를 중시하고 기후변화를 좁게 규정하는 사람들은 이런 포괄적인 접근 방식을 받아들이기 어렵겠지만, 이는 우리가 토양 탄소격리를 추구해야 하는 이유를 파악하기에 유용한 방법이기도 하다. 비영리단체 카본180의 대표 노아 다이히는 우리가 올바른 방향으로 나아가는 것이 중요하며, 우리에게 지금 당장 필요한 것은 정밀한 측정이 아니라 행동을 시작하는 것이라고 강조한다. "궁극적으로 얼마만큼의 가능성을 가지느냐를 묻는 것보다는 이런 식의 질문이 더 중요할 겁니다. 인센티브는 무엇인가? 어떤 정책 설계가 필요한가? 기업 참여 캠페인은? 탄소격리 방식으로 토지를 관리하는 생산자에게 보상을 줄 수 있는 소비자 참여 캠페인은 무엇인가? 여기가 첫 번째 단계입니다. … 우리는 곧장 시작해야 합니다."

바이오 숯

2천여 년 전, 아마존 원주민들은 탄소가 풍부한 토양을 만들고 가꾸며 살아갔다. 검은 땅이라는 뜻의 '테라 프레타terra preta'라고 불리는 이 까맣고 비옥한 토양 퇴적물은 오늘날에도 여전히 발견된다. 테라 프레타 토양은 바이오 숯을 옹호하는 이들에게 좋은 본보기다. 바이오 숯은 본질적으로 탄화된 유기물질이며, 토양을 더 비옥하게 만들고 물을 더 잘 머금게 한다. 그 기본적인 제작 방식은 잔여 농작물, 풀, 식물, 나무 등의 바이오매스를 산소 없이 300~600도의 저온에서 연소시키는 것이다. 이 과정(열분해)에서 만들어지는 숯은 오랫동안 유지되는 유기탄소가 된다.

앨버트 베이츠Albert Bates는 지속 가능한 자연적 환경 속에서 농사를 짓는 영속농업permaculture을 지향하는 사람이다. 그는 아마존을 여행하다가 바이오 숯에 눈을 떴다. 베이츠는 환경권 변호사이자 글로벌 에코빌리지 네트워크의 공동 창립자이며 테네시주의 계획 공동체인 더 팜에 장기 거주하고 있다. 1980년대부터 급격한 기후변화를 걱정해 온 그는 1989년에 기후위기를 다룬 첫 번째 책을 썼다. "전해결책을 찾아 헤메고 다녔습니다." 인터뷰 당시에 멕시코에 있었던 베이츠는 스카이프로 나에게 말했다. "모든 게 절망스러웠어요. 영속농업 코스를 밟으려고 브라질에 갔을 때까지는요. … 몇몇 과학자들과 같이 아마존에 방문했고, 테라 프레타 토양을 연구한 뒤에, 몇 가지 성과를 거두고 테네시주로 돌아올 수 있었습니다."

베이츠는 바이오 숯 연구자인 캐슬린 드레이퍼Kathleen Draper와 함께 쓴 《불태우기: 불을 지펴서 지구를 식히는 방법Burn: Using Fire to Cool the Earth》에서 탄소 저장을 위해 바이오 숯을 이용하는 다양한 방법을 소개했다. 이들이 "탄소 연쇄"라고 부르는 선순환 속에서 탄소 낭비는 탄소 저장으로 바뀐다. 저자들은 이 책에서 중국 어느 마을의 바이오 정제소부터 도미니카공화국의 생태숙박시설eco-lodge에 이르기까지 바이오 숯 프로젝트의 세계를 탐사했다. 베이츠와 드레이퍼는 탄소 제거 방법 중 하나로 '바이오 숯 포집 및 저장을 통한 바이오에너지bioenergy with biochar capture and storage; bioenergy with biochar capture and storage'(BEBCS라는 약어는 BECCS와 대조되는 효과를 노린 것이다)를 내세웠다. 베이츠는 나에게 바이오 숯은 토양을 풍부하게 하는 데 말고도 쓰일 곳이 많다고 알려 주었다. 바이오 숯은 도로 건설자재에도, 시멘트와 콘크리트의 골재에도 들어갈 수 있다. "콘크리트에 8~12퍼센트의 바이오 숯을 첨가하면 모래만 사용했을 때보다 콘크리트의 품질이 실제로 향상된다는 사실이 밝혀졌습니다." 스톡홀름에서 실험한 결과에 따르면, 콘크리트 표면의 투과성도 개선된다. "도로를 보자고요. 아스팔트의 역청을, 다리와 공항을 봅시다. 강철, 콘크리트, 아스팔트 말고도 다른 구성물이 효과를 발휘한다는 걸 알아야 합니다. 플라스틱도, 플라스틱에 들어가는 모노머와 폴리머도 그렇습니다. 이것들 중 상당수가 탄산염이 들어가면 강화된다는 게 밝혀졌잖아요? 그러니 바이오 숯, 열분해 탄소를 재료에 첨가하면 더 강력한 폴리머를 얻게 되는 거지요."

  바이오 숯을 건설 작업에 활용할 때는 산림이나 바이오매스 에너지작물에 의존하지 않는 바이오매스 에너지를 이용할 수 있게 된다. 일반적으로 농토에는 들어가지 않는 원료를 쓰기 때문이다. "시멘트, 고속도로, 공항과 도로 등에 바이오 숯을 넣는 문제를 논의하기 시작하면, 다음에는 지자체의 쓰레기처리장에서 나오는 플라스틱이나 하수처리장에서 나오는 바이오 고형물을 그 재료로 쓰는 일을 이야기하게 될 겁니다." 이런 공급 원료 가능성의 확장은 진정한 돌파구가 될 것이다. "바이오매스 에너지 공급을 위해 식량을 전용하거나 숲의 생물다양성이 주는 이득을 포기하지 않아도 됩니다. 하수처리장이나 매립지에서 원료를 공급받아 열분해로 에너지를 얻을 수 있거든요. 그 모든 게 엄청난 에너지를 만들어 줍니다."

《불태우기》에서 베이츠와 드레이퍼는 폐기장이나 매립지에서 나온 원료를 활용하는 경우까지 포함했을 때 바이오 숯의 가능성이 어느 정도인지를 조사한다. 배출량이 약 40기가톤일 때, 농지에 바이오 숯을 사용하면 1~4기가톤의 이산화탄소 환산량을 줄일 수 있다 (이는 앞에서 본 토양 탄소격리와 비슷한 수치다). "이걸로는 충분하지 않지요. 나무 심기, 해조류, 다시마양식도 있으니까요. … 다 합치면 연간 7, 10, 심지어 12기가톤의 CO_2 제거가 가능해요." 여기에 새로운 바이오 숯 흡수원까지 포함하면, 즉 "콘크리트로 지은 공항과 건물, 탄소섬유 자동차, 다양한 종류의 폴리머까지 고려하면, 50기가톤에 가깝습니다."

베이츠는 아주 빠른 변화가 가능하다고 주장한다. "이제 우리는 얼마나 줄어들지를 이야기해 볼 수 있어요. 대기에서 연간 10기가톤이 감소하면 백만 분의 몇까지 이산화탄소 농도가 감소할지를 계산해 보는 겁니다. 410에서 400으로, 390에서 380, 370으로 내려가겠지요. 음, 그럴 수도 있고 아닐 수도 있어요. 여기엔 좀 문제가 있습니다. 우리는 지난 백 년, 아니면 2백 년 동안 대기에 탄소를 배출해 왔어요. 우리는 탄소가 대기의 온도를 높인다는 사실도, 온실효과가 어떻게 나타나는 것인지도 압니다. 그런데 탄소를 빼내기 시작했을 때 대기가 얼마나 빨리 반응할지는 몰라요. 광합성 탄소를 대기에서 제거하면 온도가 얼마나 빨리 변할지? 대기와 해양의 화학반응 속도는 어떨지? 우리에겐 온난화가 역전됐을 때를 보여 주는 그런 데이터가 없거든요." 베이츠는 실제 증거가 아직 확보되지 않은 상태라고 경고한다. "아직은 이론일 뿐입니다. 실험을 거쳐야 돼요."

바이오 숯을 건설 현장에 적용하는 방식에 대한 학술적 연구는 많지 않다. 마이너스 배출이라는 주제로 그 과학적 해결책이나 거버넌스를 논의하는 학술회의들에 참석했을 때도 바이오 숯을 언급하는 경우는 거의 없었다. 계획 공동체에 살고, 크라우드펀딩 사이트인 패트리온에서 작업물에 대한 후원을 받는, 자칭 히피인 작가이자 변호사인 베이츠가 이 문제에 뛰어든 이유가 궁금했다. 그는 앞으로 정말 훌륭한 대학과 연구소들이 참여하여 성과를 낼 것이라는 낙관적인 전망을 그 대답으로 내놓았다. 베이츠는 이 아이디어가 유망한 이유 중 하나로, 탄소에 관한 것만이 아니라 폐기물관리에 관한 것으로 문제 전환이 이루어진다는 점을 꼽았다. 또 다른 이점은 CCS 프로젝트에 수반되는 탄소 주입이 필요하지 않다는 사실이다.

"탄소를 가스화하거나 액화하여 땅속이나 바다 밑 1마일 아래로 보내는 것은 여러 가지 이유로 좋지 않은 아이디어입니다. 우리는 그럴 필요가 없죠. 그 대신에 단단하게 만들어서 미래의 도시를 가꾸는 데 쓰면 됩니다. 미래의 도로와 도시의 온갖 물건들을 만드는 겁니다."

탄소와의 관계를, 또 폐기물을 바라보는 우리의 관점을 다시 생각해 보게 만드는 아름다운 착상이다. 베이츠의 책에는 탄소 문제라는 미개척지에서 그 해결을 위해 창의적으로 고투해 온 기록이 담겨 있다. 이 미개척지에서는 흥미로운 아이디어라고 해도 기존 과학계와 정책의 외면을 받는다. 그러나 동시에 이곳은, 사람들이 걸어 다니는 길에 깔리는 바닥 자재나 하수 속 쓰레기처럼 예상치 못한 지점에서 희망이 피어나는 곳이기도 하다.

산림 조성

나무를 심는 것은 기후변화에 대처하는 여러 수단들 중에서 가장 사랑받을 만한 방법이다. 나무를 심는 이미지는 아름답고 순수하며 소박하다. 사람들은 모든 지역사회가 나무를 심는 일에 나설 수 있다고 말한다. 녹지공간이 주는 심리적이고 기후적인 차원의 혜택도 지역사회에 돌아간다. 하지만 기후에 중요한 영향을 미칠 정도로 숲을 다시 일구는 것은 다른 차원의 문제다.

국가적 차원에서 산림 탄소 흡수에 관심을 기울인 나라들 중 하나가 부탄이다. 부탄은 세계 최초로 탄소 흡수량이 배출량보다 많은 탄소 마이너스 국가를 선언하기도 했다. 수력발전량이 풍부하고 만들어 내는 탄소보다 더 많은 탄소를 숲이 흡수했기 때문에 올린 성과였다. 2008년 제정된 부탄 헌법은 전체 토지 면적의 60퍼센트 이상을 항상 산림으로 유지해야 한다고 규정했다. 부탄이 탄소 배출량을 마이너스로 유지할 수 있었던 것은 그저 지리적으로 운이 좋았기 때문만은 아니다. 거버넌스도 큰 역할을 했다. 이런 리더십이 어떻게 가능했을까?

산림보호 조항이 포함된 헌법은 당시 스물여덟 살이었던 개혁적인 새 국왕이 즉위한 해에 제정되었다. 이 대관식은 평범한 대관식이 아니었다. 선왕이 절대왕정을 민주주의로 전환하겠다고 선언한 것이다. 왕이 아들의 머리에 까마귀 왕관을 씌워 주는 광경을 보기 위해 전국 각지에서 사람들이 트럭, 오토바이, 야크를 타고 모여들었다. 대관식은 세 명의 궁정 점술가들이 상서로운 날이라고 택일해 준 2008년 11월 6일 목요일에 열렸다. 티벳 달력으로 흙-남성-쥐의 해, 아홉 번째 달, 여덟 번째 날이었다.

당시에 나는 부탄에서 다른 사람들처럼 그 시끌벅적한 분위기를 즐기고 있었다. 바로 전날 오바마가 미국 대통령에 당선되었다. 나는 어느 농가에 머무르고 있었는데, 그 가족들에게는 미안했지만 TV를 독차지하면서 흐릿한 BBC 방송 화면에 달라붙어 있었다. 열여덟 살 소년인 싱예도 같이 뉴스를 보았다. 우리는 바닥 카펫 위에 앉아 차를 마셨다. 나는 부탄 인구의 3분의 1이 넘는 25만 명의 미국인들이 기뻐하면서 시카고 거리를 가득 채운 이유를 싱예에게 설명해 주었다.

"우리도 이제 새로운 리더가 생겼거든." "그 사람 이름이 뭔데요?"

"버락 오바마야." "결혼했어요?"

"응, 애가 둘이야." 싱예는 고개를 끄덕였다.

부탄의 수도 팀부에서는 엄숙한 의식을 치르고 전통무용을 공연하고 활쏘기를 하면서 사흘 동안 즉위를 축하했다. 대관식에 영광을 돌리기 위해 하루 동안 모든 휴대폰 통신이 끊겼다. 거리에는 밝은 빨강, 노랑, 파랑, 초록, 흰색의 불교 깃발들이 줄지어 꽂혔고, 밤에는 나무와 건물들에 걸린 무지갯빛 전구 장식줄이 반짝거렸다.

돌아다니며 사람들과 이야기를 나누어 보고 나는 조금 놀랐다. 새로 등극한 젊은 용의 왕은 환영받았지만, 민주주의로의 이행은 그렇지 않았다. 국민들은 군주제를 좋아했다. 옆 나라 인도에서 진행된 선거 갈등과 타락을 목도하고 자기 나라도 그렇게 될까 봐 우려했던 것이다. 팀부에는 17세기에 축조된 요새가 있었고, 거기에서 강을 건너면 대관식 축제가 잘 보이는 언덕이 나왔다. 군중들이 모이는 광경을 지켜보다가 한 외국인을 마주쳤다. 그는 국제 개발협력 관련 일을 한다고 했다. 나는 그에게 부탄 사람들이 민주주의 이행을 두고 걱정하더라고 전해 주었다. 그는 자신이 베트남에서 일했던 때의 일화를 들려주었다. 일당독재 국가인 베트남에서는 정책 전환이 재빠르게 진행된다. 정부가 오토바이를 타는 사람들은 전부 헬멧을 써야 한다고 결정한 다음 날, 거리에 나가 보니 모든 사람이 헬멧을 쓰고 있었다. "이런 식으로요." 그는 손가락을 딱! 하고 튕겼다.

민주주의 체제에서도 탄소 마이너스라는 목표를 달성할 수 있다는 것을 보여 주는 훌륭한 예가 부탄이다. 그런 토지이용 결정을 내릴 때 꼭 독재자의 명령이나 자애로운 칙령이 있어야 하는 것은 아니겠지만, 국토가 크지 않고 산악 지역이 많고 개발이 덜 된 국가가 아니라면 산림관리와 탄소 마이너스 토지이용이 현실적으로 쉽지만은 않다. 어떤 정부가 이 목표를 달성할 수 있을까? 1기가톤의 이산화탄소를 격리하려면 7~9천만 헥타르, 즉 캘리포니아 2배 면적의 숲을 조성해야 한다.[19] 다시 짚어 보자면, 현재 배출되는 이산화탄소는 40기가톤이다. 단 1기가톤이라도 줄이려면 엄청난 노력이 있어야 하는 것이다. 몇 기가톤 정도는 더 가능할 수도 있다. 생산성이 낮아서 버려진 농지가 많이 있기 때문이다. 어느 보수적인 추정치에 따르면, 그 면적은 인도 정도의 크기라고 한다.[20] 과학자들은 상향식 추정에서는 5억 헥타르, 모델링 추정에서는 10~30억 헥타르 정도의 비농경지가 존재하므로 숲의 재조성을 위해 쓸 수 있는 넓은 면적의 토지가 있다고 계산한다.[21]

하지만 그런 전환이 어떻게 조율될 수 있고, 그런 성과가 몇 번이나 더 나타날 수 있을까? 많지는 않을 것이다. 〈1.5도 목표 달성에서 마이너스 배출 기술의 필요성을 낮출 대안적 경로〉에 제시된 수치들을 참고해 보자. 환경 문제 관련 언론들이 "세계는 'BECCS 없이' 1.5도 이내로 온난화를 막을 수 있다"면서 앞다투어 보도한 이 유용한 분석은 유럽의 어느 환경 모델링 그룹이 내놓은 것이다.[22] 이들의 계산을 살펴보면, 우선 재산림화가 400기가톤의 탄소를 포집한다. 하지만 이 수치에 어떤 가정이 전제되어 있는지를 좀 더 세부적으로 살펴보아야 한다. 이 시나리오에서는 농업 효율성이 증가하여 아주 많은 면적의 농경지와 방목지가 숲으로 전환될 것이라고 예상하는 한편, "2035년부터 기술혁신이 일어나 기존 육류를 배양육이 상당 부분 대신한다. … 2050년까지는 (생선과 해산물은 제외한) 육류와 계란의 80퍼센트가 옥수수와 콩으로 만든 배양육으로 대체된다"고 가정한다.[23]

우리가 실제 육류 대신에 세포를 통 속에 길러서 만드는 배양육이나 식물성 육류를 주로 섭취하게 된다면, 현재 육류 생산에 쓰이는 넓은 방목지에 나무를 심게 될 수 있다. 하지만 이 지점에서부터, 우리는 그저 숲을 조성하는 프로젝트에 대해서만 이야기한다고 말할 수 없게 된다. 우리가 말하고 있는 것은 육식에 어떤 가치를 두는 나라들에서 일어나야 하는 문화적·실천적 변화다. 실험실에서 만든 고기처럼 새롭고 어딘가 괴상한 것을 받아들이고, 고기를 먹을 경제적 능력이 있는 사람들에게 이제는 다른 것을 먹으라고 권해야 하고, 업계의 강력한 로비도 물리쳐야 하는 데다가, 수많은 축산업자들에게 다른 직업을 알아보라고 말해야 한다. 이는 단순한 의미의 '숲 조성'을 넘어서는 일이고, 교육과 공중보건 등등을 고려해야 하는 사회적 프로젝트에 가깝다. 이 정도 규모의 숲 만들기는 사실상 지구공학이다. 이 극적인 변화가 다른 모든 탄소 제거 방식들보다 더 쉽거나 낫거나 바람직한지는 충분히 토론해 보아야 할 문제다. 땅에 씨앗을 심으면 그만인 간단한 일이 아닌 것만은 확실하다.

숲을 만드는 일을 두고 이야기하다 보면 이런 의문이 떠오른다. '숲'이란 무엇일까? 숲이라고 불린다고 해서 모두 탄소를 풍부하게 저장하는 것은 아니다. 최근《사이언스》에 실린 어느 연구에 따르면, 유럽에서는 1750년 이후 상당히 많은 산림을 조성해서 숲이 10 퍼센트 늘어났다(대부분 1850년부터 현재까지의 기간 동안 증가한 것이다). 이 시기에 숲의 85퍼센트는 사람들의 관리 하에 있었다. 하지만 250년 동안의 산림관리는 지구를 식혀 주지 못했다. 오히려, 낙엽수림이 침엽수림으로 전환되면서 지표면에 반사되는 빛의 비율, 숲이 우거진 윗부분의 거칠기, 땅의 증발량이 변화하여 지구는 더 따뜻해졌다. 유럽의 산림은 이 기간 동안 결과적으로 3.1기가톤의 탄소를 배출했다. 나무 채취에 따라 바이오매스, 지푸라기, 죽은 나무, 토양 탄소 등에 저장되어 있던 탄소가 방출되었기 때문이다.[24]

대부분의 바이오매스 탄소는 오래된 나무의 줄기와 뿌리 속에 있다. 원시림은 상업적으로 벌목하거나 조림한 숲보다 30~70퍼센트 정도 더 많은 탄소를 저장한다. 이만큼의 탄소 저장이 가능하려면 수백 년간 자라야 한다.[25] 또한 열대 지역의 숲과 아한대 지역의 숲 사이에는 큰 차이가 있어서 아한대 지역의 숲이 늘어날 때 어떤 기후적 효과가 발생할지는 분명하지 않다.[26] 더욱이 과학자들은 나무가 메탄과 휘발성 유기화합물을 배출하면 숲이 주는 냉각 효과가 상쇄될 수 있다는 점도 냉정하게 지적했다.[27] 이 문제를 더 복잡하게 만드는 것은, 조림 계획은 폭풍이 치거나 나무 질병이 유행하거나 해충이 생기는 등의 문제가 발생하면 기후에 어떤 영향을 끼칠지를 내다볼 정도로 '기후 스마트climate smart' 하지 않으면 안된다는 점이다. 언제든 산불이나 나무들이 줄줄이 죽어 가는 상황이 발생하면 탄소 손실이 발생할 수 있는 곳이므로, 숲은 탄소 저장을 맡기기에는 위험한 장소일지도 모른다.

그러나 부탄에서도, 사하라 남부의 대규모 나무 심기 계획에서도, 국가적 사업으로 추진되는 중국 북부의 조림 프로젝트에서도, 나무를 심고 숲을 되살리겠다는 사람들의 열망은 어디서든 쉽게 찾아볼 수 있다. 드론을 이용해 공중에서 묘목을 심는 시도와 같은 새로운 기술은 산림을 가꾸려는 국가 및 여러 조직들에게 큰 도움이 된다. 이론적으로 정부는 여기에서 가장 큰 역할을 맡는다. 라틴아메리카 산림의 3분의 1, 아시아 숲의 3분의 2, 아프리카 숲의 거의 대부분이 정부의 관리 영역 내에 있다.[28] 그러나 지리학자 존 언루Jon Unruh는 이렇게 지적한다. 숲을 조성하라고 지시할 국가의 능력이 어느 정도인지를 파악하려고 할 때, 우리는 흔히 개발도상국이 국경 내의 토지와 행위자들을 완전히 통제하고 있다고 가정하는 실수를 한다. 실상은 토지에 관련된 정책, 부패, 차별에 대한 저항과 의심이 뿌리 깊게 만연하여 법 집행에 어려움이 생기는 경우가 많다.[29]

유엔기후변화협약에 따른 프로그램인 레드플러스REDD+(산림파괴 방지를 통한 온실가스 감축사업) 같은 기존의 산림 탄소 제도는 여러 가지 문제에 맞닥뜨렸다. 기후 목표를 추구하는 과정에서 사람들의 생계 수단과 생물다양성에 피해를 끼치는 일을 방지하려고 만든 인증 제도가 부적절하게 이용되거나,[30] 플랜테이션 임업에서 드러난 '탄소 식민주의'가 신자유주의적 토지 장악으로 귀결되는 상황 등이 그러하다.[31] 반면에 농업 집약화, 토지이용 구역 설정, 산림보호, 수입한 식량과 목재품의 이용 증가, 외국자본 투자 등이 상호작용하면 토지이용 전환의 관리가 용이해진다는 것을 보여 주는 연구도 있다.[32] 분명한 것은, 나무 심기를 저만치 떨어진 저 숲속에서 일어나는 일이라고 취급하는 태도는 우리에게 도움이 되지 않는다는 것이다. 숲을 조성하는 일은 우리가 매일 선택하는 음식을 거쳐서 우리 모두에게 영향을 미치려고 하는 복잡한 사회적 프로젝트이기도 하다. 1.5도 이내로 온난화를 유지하기 위한 모델링 경로에서, 육즙이 풍부한 햄버거는 탄소를 저장하는 나무가 될 수도 있다.

블루카본

'블루카본'은 이탄 지대, 맹그로브숲, 갯벌, 해초 군락지 등에 저장된 탄소를 묶어 이르는 말이다. 이런 곳들은 탄소 저장에 큰 역할을 하므로, 습지보호는 기후 문제를 해결할 최선의 방법 중 하나다. 지난 수십 년 동안 전 세계에서 맹그로브, 해초, 염습지의 3분의 1이 사라졌다.[33] 열대우림 훼손의 네 배에 이를 정도로 파괴적인 손상이 일어나고 있는 것이다.[34] 미친 듯한 비율로 감소가 진행되면서 매년 2~7퍼센트의 블루카본 흡수원이 손실되고 있다. 이 생태계를 보호하면 기후변화 완화에 크게 기여한다. 어느 유엔 보고서에 따르면, 보호에 성공하면 이산화탄소 농도를 450ppm 미만으로 유지하는 데 필요한 감축량의 10퍼센트를 달성하게 된다.[35] 특히 우리의 주목을 끄는 것은 수천 년 동안 탄소격리가 가능한 해초 초원seagrass meadow

이다. 건강한 해안 생태계의 퇴적물은 해수면의 상승을 따라 탄소를 계속 수직 방향으로 축적한다. 즉, 수십 년 만에 포화 상태가 되는 육상 탄소흡수원과 달리 해안 생태계는 계속 탄소를 모을 수 있다는 것이다.

습지 복원과 보호로 블루카본을 강화하는 것은 결점이 거의 없는 탄소 제거 방식으로 보인다. 이 방식은 기존의 복원 프로그램이나 연안 기후적응, 해안선 보호 프로젝트와 병행할 수도 있다. 그런 프로젝트들에 바이오 숯이나 여타 탄소가 풍부한 재료를 사용하면 더 많은 탄소를 격리할 수 있을 것이다. 이렇게 놀라운 가능성을 지닌 블루카본이지만, 2018년 미 국립학술원 보고서에서 '마이너스 배출'을 연구 의제에 포함시키기 전까지는 '기후공학' 관련 논의에서 다루어진 적이 거의 없었다. 나는 해양지구화학자인 소피아 요한네센 Sophia Johannessen에게 어떻게 된 일이냐고 물어보았다. 이 분야가 새로운 분야였기 때문이라는 대답이 돌아왔다. "관련 논문들이 발표되기 시작한 2001년 이후부터 이 분야가 급속도로 확장됐어요."

사실 요한네센은 해당 주제를 놓고 활발하게 벌어지고 있는 과학적 논쟁의 중심에 있는 인물이다. 2016년, 캐나다 수산해양부 동료인 로비 맥도널드Robie Macdonald와 함께 발표한 논문 〈해초를 이용한 지구공학: 마땅히 받아야 할 찬사였나?〉가 일으킨 파장 때문이다.[36] 그동안 해초가 전 세계 바닷속 탄소량의 18퍼센트에 가까운 양을 저장한다고 알려졌으나, 이 논문에서는 그 계산이 잘못되었다고 주장한다. 해양퇴적물에 탄소가 어떻게 퇴적되는지가 계산에 포함되지 않았기 때문이다. 실제로 해초의 탄소 저장량 추정치는 11배에서 3천 배까지 차이가 날 수 있다. 나는 왜 이렇게 다른 결과가 나오는지를 물었고, 요한네센은 연구 집단 사이에 존재하는 학문적 경계 때문이 아닌가 싶다고 했다. "해초가 엄청난 양의 탄소를 격리해 줄 가능성이 있다는 내용의 논문을 쓰는 분들은 해양퇴적물 지구화학 분야를 잘 모르죠. … 생물학적으로 해초가 어떤지는 알고 있겠지만, 퇴적물이 어떻게 탄소를 처리하고 격리하는지는 잘 이해하지 못할 겁니다."

어린 물고기에게 해초 초원이 중요한 서식지이기 때문에 생물학자들은 그 장소의 탄소격리 가능성이 어느 정도인지를 자연스럽게 궁금해하게 된다. 도시개발이 해안가 바로 앞에 위치한 이 생태계를 위협하는 상황에서, 해초가 탄소를 많이 격리해 준다는 사실은 해초를 보호해야 하는 강력한 이유가 될 수 있다. 하지만 해양지구화학자들에게는 해초가 탄소격리에 큰 도움이 되리라는 예상이 그리 설득력 있어 보이지 않는다. 우선, 해안 퇴적물에 격리된 대부분의 탄소는 해초가 자라는 곳에서는 격리되지 않는다. 유기탄소는 미세한 입자들에 잘 달라붙는다. 하지만 해초는 일반적으로 모래처럼 굵은 입자를 가진 퇴적물에서 자라기 때문에 해초가 자라는 곳은 탄소가 잘 축적되는 장소가 아니다. 또 다른 문제는, 전 세계 해초 초원의 탄소격리량 추정치가 지중해와 호주 남부 해역에서 자라는 특정한 해초, 포시도니아posidonia에 대한 연구 결과에 기반하고 있다는 점이다. 포시도니아의 뒤엉킨 뿌리층은 해저까지 닿을 정도로 몇 미터씩 길게 자라난다. 일반적인 해초의 뿌리는 이런 형태가 아닌데도 포시도니아의 측정값은 전 세계 바다에 적용되었다.

해안 퇴적물이나 뿌리층 같은 용어는 애매모호하게 들린다. 이 문제를 제대로 파악해야 하는 이유가 있다. 해초 탄소 매립 시장이 자생적으로 등장했고, 이에 관한 국제 규약이 요즘 들어 자리를 잡아 가고 있기 때문이다. 해초 초원에 격리된 탄소의 양이 다른 곳에서 배출한 탄소량을 상쇄하기 위해 사용될 수 있다는 뜻이다. "하지만 해초가 사람들이 생각하는 것만큼 많은 양을 실제 저장하는 건 아니라고 생각해 보세요. 해초를 심으면 지급되는 크레디트가 다른 곳의 탄소 배출량을 상쇄하는 데 사용된다면, 그건 대기 중 탄소 배출량의 증가로 귀결될 수도 있어요. 탄소배출권이 추구하는 목적과는 정반대 효과가 발생하는 거죠. 그러니까 이건 정말 중요한 문제예요. 지루한 과학용어가 난무하더라도." 해초는 서식지로서, 또 해안선의 보호에서도 중요하다. "해초도 많은 유기탄소를 저장하니까 해초를 보호하거나 복원하면 탄소배출권을 받아야 한다고 주장하는 사람들이 있죠. 해양지구화학자들은 거기에 이렇게 답합니다. 지금의 계산 방식은 틀렸고 너무 높게 추정치를 잡았다고요. 하지만 해초 초원의 탄소 저장량을 제대로 평가할 방법론이 없는 건 아닙니다. 나중에 탄소배출권을 요구하는 데 사용될 가능성이 충분합니다."

한편으로, 탄소 제거 관련 정보가 분야 간의 공백 지대에 놓이면 전 세계적인 차원의 탄소격리 가능성을 계산할 때 기술적 실수로 이어질 수도 있다. 아마 다른 탄소 제거 기술에서도 비슷한 사례를 찾아볼 수 있을 것이다. 다른 한편으로, 과학적 과정에 적극적 참여와 자정 노력이 존재한다는 사실이 앞으로 우리에게 도움이 될 더 나은 추정치를 얻게 해 줄 것이라는 점은 다행스럽다. 하지만 이 모든 실천으로 얼마나 많은 탄소를 격리할 수 있는지를 우리가 완벽하게 알아낸다고 해도, 과연 사람들이 그에 따라 행동할까?

자연적 탄소 제거 방식이
우리의 희망일까?

사람들은 재생과 자연 친화를 내세우는 이 탄소격리 방식들에 애정과 관심을 쏟으며 헌신한다. 재생을 두고, 또 자연적 기후 문제 해결책들을 놓고 서로 주고받는 대화들은 우리가 미래에 지구와 함께 살아갈 방법을 더 넓은 시야로 바라보게 만든다.

대안적 미래를 상상하는 그 역량이야말로 지금 우리에게 필요한 것이다. 아래로부터의 이 에너지가 활력을 잃은 기후정치를 뒤흔들고 있다. 자연적 기후 문제 해결책은 기후변화를 완화하는 선에서 그치지 않고 예전의 상태로 기후를 회복시키려고 한다. 그러나 우리는 다음의 세 가지 냉엄한 현실도 명심해야 한다.

첫째, 일회성 제거와 지속적 제거는 다르다. 대규모로 숲을 조성하거나 토양에 탄소를 격리하는 방식은 시간이 지날수록 탄소 저장

능력이 떨어지는 기술이다. 둘째, 자연적 기후 문제 해결책들은 대개 영구적이지 않아서 유지 관리가 필요하고, 미래의 결정에 따라 뒤집어질 수도 있으며, 기후변화 자체가 그렇게 만들 수도 있다. 예를 들어, 흙과 물의 유실을 최소화하기 위해 표면의 30퍼센트 이상을 작물 잔여물로 덮어 놓는 경운 방식인 '보존 경운conservation tillage'에 대한 어느 연구에 따르면, 보존 경운은 10센티미터 깊이까지만 토양 탄소를 증가시킨다. 이 얇은 층은 관리 방식이 변화하면 쉽게 손실되기 때문에, 먼 미래를 내다보고 설계되어야 하는 기후정책에서 다루는 기간인 수백 년이나 수천 년 동안 지표 토양 탄소가 유지되기는 어렵다.[37]

그러나 관리가 필요하다는 말을 단순히 부담이나 부채를 지우는 것이라고 생각해서는 안 된다. 매튜 키언스와 로렌 리카즈의 말처럼 "매립을 했다는 표시는 도피와 탈출의 논리를 전제하기는 해도, 지속적 의무가 존재하는 장소를 나타낸다."[38] 이런 의무와 돌봄의 논리는 우리 사회가 지금까지 해 온 바와 전혀 다르다. 그러나 그런 돌봄도, 격리된 탄소를 유지하겠다는 지향도 한계가 있다. 이대로 기후변화가 진행되면 2050년쯤에는 탄소 흡수가 역전된다.[39] 바람과 비는 토양이 바다로 떠내려가게 하고 화재는 숲을 태워 버릴 것이다. 이런 의미에서, 이 해결책은 문제의 해결에는 이르지 못한다.

셋째, 이런 조치들이 가져올 결과와 탄소 배출량을 비교해 보아야 한다. 현재 이산화탄소 배출량은 연간 40기가톤이며, 다른 온실가스까지 포함하는 이산화탄소 환산량은 50기가톤 정도다. 그런데

(2017년 유엔환경계획의 〈배출량 격차 보고서Emissions Gap Report〉에 따르면) 산림 조성, 토양 탄소, 바이오 숯 등의 사회기술적 가능성을 극대화해도 해마다 제거되는 이산화탄소 환산량은 10~20기가톤에 그친다. 이마저도 사회적·경제적 변화가 필요한 엄청난 작업이며 탄소 배출 중단이 뒤따라야만 가능하다. 이 기술들만으로 현재의 배출량을 따라잡기는 역부족이며 배출량은 지금 바로 줄어들기 시작해야 한다. 이 문제를 200~300년이라는 더 긴 기간 속에 놓고 바라본다고 해도, 매년 10기가톤 정도의 이산화탄소 환산량을 격리하는 자연적 탄소흡수원은 50년 만에 포화 상태가 될 것이다.

미래에 다가올 일을 상상하면서 일종의 사고실험을 해 보자. 2020년에 배출량이 일정해진다. 전 세계가 배출량을 끌어내리기 위해 노력하지만 2030년까지는 줄어들지 않는다. 전 세계에 걸쳐 배출량이 마이너스로 돌아서기까지 10년 정도 걸린다는 생각은 그리 무리 없는 가정일 것이다. 하지만 그 10년 동안 이산화탄소 환산량 50기가톤이 매년 배출되면 대기 중에 500기가톤이 더해진다. 그 10년은 향후 50년 동안 토양과 숲이 격리할 500기가톤을 무용지물로 만든다(게다가 이 격리량은 전 세계 사람들이 최대한 힘을 합쳐야 달성할 수 있는 목표다). 감축이 시작되기 10년 전부터 배출량이 균형을 이룬다는 예상은 그리 나쁘지 않게 들린다. 오히려 세계는 우리가 승리를 거두었다며 개가를 부를 것이다. 그러나 50년 동안 어마어마한 노력을 기울여 자연적 흡수원을 강화해도 그 10년 동안의 배출량만 간신히 만회될 뿐이다. 흡수량은 최대치에 가까워질 테고, 저장 장소가 제대로 유지되지 않으면 탄소가 다시 방출될 위험도 여전히 존재한다. 더욱이, 21세기 후반에 이르면 선박, 비행기, 철강, 쌀농사처럼 탄소를 처리하기 어려운 분야에서 계속 소량 배출되는 탄소를 흡수할 여력이 남아 있지 않을 것이다.

이 계산이 아주 정확한 것은 아니다. 그러나 자연적 기후 문제 해결책에만 의존하는 것은 매우 위험하다는 결론에 이르기에는 충분하다. 나는 우리가 지닌 달걀들을 사랑스럽지만 조그마한, 이 재생이라는 달걀 바구니 하나에 모두 넣는 상황이 올까 봐 우려스럽다. 앞으로 10년 동안 탄소 배출량이 급격하게 감소하고, 자연적 기후 문제 해결책이 우리가 바라는 만큼 효과적이며, 전 세계의 육류 수요가 증가하지 않고 급속도로 감소할 것이 분명하다면, 즉 모든 일이 제대로 굴러간다는 데 우리가 가진 판돈을 다 걸 수 있다면, 그렇다면 자연적인 탄소 제거 방식만이 우리가 가야 할 길일 것이다. 하지만 이 내기판에 뛰어들 사람은 거의 없어 보인다. 마법처럼 토양이 탄소를 다 빨아들일 것이라는 생각을 전파하기 위해 책들이 출판되고, 수많은 유튜브 영상이 올라오고, 컨퍼런스 홀이 사람들로 가득 찰 때 어떤 일이 벌어질지 나는 걱정스럽다. 진심을 다해 돌볼 때 지구를 구할 수 있다는 말은 누구나 쉽게 받아들일 만한 전언이어서 재생농업은 정답이고 여기에서 희망을 찾는 것이 옳을뿐더러 좋은 일이라고 생각하기 쉽다. 그렇지만, 나는 왜곡된 진실에 기반하는 이 완고한 믿음이 탄소 제거라는 우리의 거대한 도전에 필요한 여타 기술들에 대한 투자 위축으로 이어질까 봐 염려가 된다.

사실 산림 조성, 재생농업, 바이오 숯, 블루카본을 추진해야 하는 이유 중에서도 기후변화는 가장 설득력 없는 축에 속한다. 우리는 복합림을 다시 조성해서 생물다양성의 혜택을 누려야 한다. 혼농임업을 발전시켜서 농가의 회복력을 높여야 한다. 잔여 농작물을 재활용해서 순환경제를 만들어야 한다. 농업 정보 체계를 개선하여 농부들을 도와야 한다. 토양을 관리해서 산소 부족 때문에 생물이 살기 불가능한 죽음의 해역dead zones이 바다에 생기지 않게 해야 한다. 그 밖에도 이유는 셀 수 없이 많다. 여기에 기후 혜택이 더해진다면 환상적인 보너스가 될 테지만, 현재의 막대한 배출량은 자연적 흡수원이 해결할 수 있는 수준을 넘어선다. 지구의 인류와 생물들이 직면한 재앙을 해결할 방법이 이것뿐이라고 생각한다면 그건 자신을 속이는 행위다. 우리는 있는 힘껏 자연적 기후 문제 해결책을 추진해야 하며, 이 해결책은 실제로 많은 기여를 할 것이다. 그러나 진심으로 기후변화의 충격을 줄이고 해수면 상승을 억제하고 생물종을 보호하고자 한다면, 다른 대책이 필요하다.

2부

매립

4장

포집

캐나다 서스캐처원주 남동부,
여름, 맑음, 77°F/25°C

발전소에서 내 눈길을 사로잡은 것은 사실 고양이였다. 온실 안에서 마음대로 돌아다니던 고양이는 기분이 좋았는지 그르릉거리면서 새싹 사이로 사뿐사뿐 발을 내딛었다. 내가 온실 안에 있는 방들을 둘러보는 동안에도 이 유령 같은 존재는 모종판과 파종기 사이를 건너뛰면서 총총걸음으로 뒤를 따라다녔다.

이 온실은 거대한 석탄화력발전소인 샨드 발전소 옆에 있었다. 발전소는 새로운 탄소 포집 장비를 시험해 볼 수 있는 테스트 공간인 샨드 탄소 포집 시험 시설을 갖추고 있었고, 서스캐처원주에 전력을 독점 공급하는 회사인 서스크파워에 속했다. 석탄발전소에서 나오는 폐열은 겨울 내내 온실 속의 작은 나무들을 따뜻하게 해 준다. 지난 20여 년 동안, 샨드 발전소의 온실은 초원의 방풍림 조성이나 서식지 복원에 쓰인 묘목 1천만 그루를 무료로 공급했다.

개성 넘치고 호기심 많은 줄무늬 고양이와 언젠가는 나무로 자라날 어린 묘목처럼 생기가 넘치는 대상은 우리의 마음을 움직인다. 그렇지만 인프라는 지루하다. 차가운 파이프, 통풍구, 볼트가 연상된다. 어쩌면 비인간적이고 사람이 살기 힘든 뜨거운 곳 같기도 하다. 인프라는 주위 경관과 3차원적으로 연결된다. 이를테면 샨드 발전소는 대형 채굴 장비들이 작동 중인 탄전들 사이에 우뚝 솟아나 있다. 여기서 서쪽으로 14킬로미터를 가면 또 다른 석탄화력발전소인 바운더리 댐 발전소를 만난다. 이곳은 최초로 CCS(탄소 포집 및 격리) 기술이 적용된 발전소이다. 다시 서쪽으로 약간 떨어진 곳에 있는 아퀴스토어 프로젝트 현장에서는 염수가 가득한 사암층을 뚫고 들어가 3.4킬로미터 아래의 데드우드 지층과 블랙 아일랜드 지층으로 탄소를 주입한다. 북쪽으로 구불구불 이어지는 파이프라인을 따라가면 생산량이 떨어진 웨이번 유전을 만난다. 유전에서는 포집된 이산화탄소를 석유가 고갈된 지층에 주입하여 석유를 좀 더 뽑아낸다.

'바운더리 댐 프로젝트'는 CCS의 개념을 설명할 때면 항상 등장하는 이름들 중 하나다. 영국의 드랙스 발전소, 영국 북해의 화이트 로즈, 호주 서쪽의 고르곤, 노르웨이 북해의 슬립너, 미국 텍사스의 페트로 노바, 미국 미시시피의 켐퍼 등 여러 CCS 프로젝트들이 화려하게 등장했지만, 언론보도들을 살펴보면 이 프로젝트들의 생명은 사람들의 기대보다 짧을 때가 많았다는 사실을 알 수 있다. 새로운 계획이 계속 발표될 때마다 언론에서는 현장취재 기사를 내고 흥미로운 시도라고 추켜세운다. 그렇지만 이 이름들 중 상당수가 이미 취소되어 사라졌다. 모습을 감춘 이 유령들의 성격을 파악하기는 쉽지 않다. 여러 뭉치의 파이프 다발이라는 식으로 쉽게 추상화되어 버리는 존재들이기 때문이다. 물론 운이 좋으면 어떤 소리나 냄새, 감각이 전달될 때도 있다. 환경 저널리스트 엘리자베스 콜버트Elizabeth Kolbert는 《뉴요커》에 기고한 글에서, 공기 중의 탄소를 직접 포집하는 연구 시설을 두고 이렇게 묘사했다. "작업장에서 한 엔지니어가

접이식 소파의 내장재처럼 보이는 것을 만지작거렸다. 거실에 놓인 소파였다면 매트리스가 있었을 자리에, 정교하게 배열된 플라스틱 리본들이 들어 있었다. 각 리본에는 수천수만 개의 작은 호박 구슬처럼 보이는 가루가 뿌려져 있었다." 그러나 이렇게 인프라를 감각적으로 잘 포착하던 콜버트도 일리노이주 디케이터에 있는 아처 다니엘스 미들랜드 BECCS 공장을 둘러보았을 때는 달랐다. 어느 지질학자가 이 공장은 그리 매력적이지 않다고 미리 귀띔해 주었고 콜버트는 그 말에 동의했다. "이곳은 정말, 섹시하지 않다. 흙무더기 속에서 파이프와 밸브들만 잔뜩 튀어나와 있는 모습이 전부다."[1]

이런 프로젝트들의 특징은 파이프와 밸브가 아니라 그 주변 환경에서 나타난다. 바운더리 댐과 샨드 발전소가 들어선 파헤쳐진 황무지에는 서로 뒤엉킨 작은 들장미와 가시덩굴들이 하얀 석회암 땅을 메우며 자라났고, 움푹 파인 푸른빛 물구덩이 주위로 하얀 흙더미가 쌓여 있다. 서스캐처원주 남동부 끝쪽인 이곳은 에스테반과 가깝다. 에스테반에서는 1850년대부터 레이븐스크래그 지층의 갈탄이 채굴되었다. 갈탄은 다른 석탄보다 더 부드럽고 촉촉하며 갈색인데, 지표면 근처에 있어서 노천채굴 방식으로 캐야 한다. 바운더리 댐 외곽의 높은 산등성이에 올라가면 아래로 펼쳐져 있는 탄전들과 채굴 장비들을 내려다볼 수 있다. 인프라는 역사 속에서, 장소감a sense of place 속에서 살아 있다.

CCS를 도입한 최초의 발전소인 바운더리 댐은 너무나 유명한 곳이다. 이 기술의 개념이 실증되었으니 노후화된 인프라 개선도 순

조롭게 이루어질 것처럼 보였다. 여기에서 포집된 이산화탄소는 석유회수증진enhanced oil recovery 기술에 활용되면서 지층에 주입되어 더 많은 석유를 추출하게 도왔다. 그러나, 이 시설은 지금 위기를 겪고 있다. 서스캐처원 전력의 40퍼센트는 여전히 석탄의 몫이지만, CCS 석탄은 쏟아져 나오는 저렴한 재생에너지와 천연가스를 이기기 힘들다. 샨드에 CCS를 설치할지 여부를 두고 타당성 조사가 진행 중인 와중에도 근처의 바운더리 댐에서는 CCS를 증설하는 대신에 4, 5호기를 폐기하기로 결정했다. 낮은 가스 가격에 발목이 잡힌 것이다. 연방 정부는 이곳을 CCS 없이 몇 년 더 운영하기로 합의했다. 석탄 노동자들의 직업 안정성을 위해 여기를 '좌초 자산'으로 규정하지 않고 2024년까지 결정을 미루기로 한 것이다. 서스캐처원주에서 석탄과 CCS를 포기하기로 결정하면 석탄 노동자 1,100명의 일자리가 위험해진다.[2] 여기에 들어갈 보조금은 높은 탄소세에서 나오고, 이는 소비자에게 전가되며, 소비자들은 전력 생산 방식을 선택할 수가 없다.

새롭고 선구적인 인프라였던 바운더리 댐에는 이제 '좌초'의 그늘이 드리워져 있다. 여러 사람들의 생계가 걸려 있는 이 풍경은 이미 좌초되어 있는 것처럼 느껴진다. 여기에서 낯선 느낌은 아니다. 남쪽 어느 길가에는 녹이 슨 거대한 기어 하나가 받침대 위에 놓여 있다. 지금은 풀이 잔뜩 자라 초원으로 변한 광산 마을인 테일러튼을 기념하는 물건이다. 테일러튼은 지하 광산에 기대어 성장했지만 지역 전체를 갈아 버린 노천채굴 기술의 희생자가 되었다. 이런 '좌초'

는 현재적 관점에서는 정치적으로 부적절해 보이지만, 역사적으로 보면 피할 수 없는 일에 가깝다. 과거의 모든 혁신과 인프라들은 새로운 기술이 등장했을 때 부적절한 것이 되었기 때문이다.

바운더리 댐 같은 프로젝트들이 환영받을 수 있을까? 이 프로젝트들은 어떤 약속을 내걸고 있는가? '좋은' 미래라는 말을 '친환경적인' 것, 즉 숲이나 농장, 바이오경제와 같은 의미라고 생각하는 이들이 많다. 사람들은 탄소 관리가 지구를 가꾸는 일이나 식물 재배로 탄소순환을 돕는 일과 밀접하게 연관되어 있다고 여긴다. 생명체들이 이미 그런 일을 하고 있으니, 우리는 생물을 북돋고, 복원하고, 번성하게 해야 한다. 하지만 다른 관점에서 보면, 살아 움직이는 존재들로 가득한 생물학적 영역은 통제 불가능하고 예측도 어렵다. 또한, 생명체들은 일시적으로만 존재하고 기후변화에도 취약하다. 우리의 목표가 영구적인 탄소 제거라면 화학적이거나 지질학적인 방식으로 탄소를 다루는 편이 훨씬 더 낫다. 무생물의 연금술이라고 표현해도 좋을 것이다. 식물 재배가 생성적인 일인 것은 맞다. 그러나 매립은 오염 처리이고, 안전한 수단이며, 더 이상 우리에게 해를 끼칠 수 없는 곳에 탄소를 격리하는 일이다. 전자가 생명을 활성화하는 것이라면, 후자는 사물을 비활성화한다. 이제는 지질학적 격리의 가능성을 자세히 살펴볼 차례다.

　　　　◆ ◆ ◆

　탄소 포집 및 저장은 벽에 부딪혀 있다. 에너지 예측가들은 더 많은 CCS가 필요하다고 말한다. 하지만 대부분의 나라들에서는, 또 산업계에서는 CCS의 실현 가능성을 높게 보지 않는다.

　탄소 포집 및 저장은 하나의 기술이 아니라 포집, 운송, 저장, 관찰 등 여러 기술의 결합이다. 이산화탄소를 그 배출 지점에서 포집하고, 이산화탄소 분자와 결합하는 아민이라는 화합물을 사용하여 배기 가스에서 탄소를 화학적으로 제거한 다음, 저장 장소로 보내어 탄소를 액체 형태로 냉각한 후 철도, 선박, 트럭 등으로 이동시키거나 기체 형태로 파이프라인을 통해 운반한다. 이 모든 과정에는 상당한 에너지가 필요하다. 사실 기후적으로 의미 있는 양의 이산화탄소를 포집하려면 오늘날의 석유산업 정도 규모의 인프라가 있어야 한다. 석유산업과 다른 점은 탄소를 다시 지하에 돌려놓는다는 것이다. 탄소 저장은 지하동굴이나 고갈된 유정####을 이용한다. 그 뒤에는 추적관찰을 하면서 탄소가 계속 남아 있는지를 확인해야 한다. 결국, 탄소는 광물로 변하거나 물에 녹거나 암석 사이에 갇힌다.

　국제에너지기구(IEA)는 2도 억제 목표를 달성하려면 2050년까지 3,500개의 CCS 플랜트가 있어야 한다고 발표했다. 2019년 현재, 2020년까지 가동될 것으로 예상되는 대규모 CCS 시설은 22개이다. 그러나 2010년에는 77개였던 건설 계획이 2017년에는 45개로 줄어들었다. 이렇게 되면 이산화탄소 포집은 1년당 8천만 톤에 그치게 된다.[3] 파리협정에 따라 각국이 제시한 배출량 감축 계획에서는 12개국만이 CCS를 언급했다(BECCS를 언급한 나라는 없었다).[4] 그러나 국제에너지기구의 2도 억제 시나리오에서는 CCS가 2050년까지 94기가톤의 배출량 감축을 맡아 줄 것으로 예상한다. 그 절반은 전력 부문에서, 3분의 1은 산업 부문에서 충당되고, BECCS는 14기가톤의 마이너스 배출을 맡는다. 국제에너지기구에서는 "전력 부문에서 CCS 없이 변화를 꾀하려면 최소 3조 5천억 달러의 비용을 더 들여야 한다"고 경고하기도 했다.[5] 이런 국제기구의 보고서들은 그저 작성자들이 자기 할 일을 다했다고 말하기 위해서 만들어지는 것일까? 긴급하게 필요하다고 요청하면 CCS가 실제로 증설될 수 있을까? CCS는 실패에 가깝다는 평가가 널리 퍼지는 것을 막을 수 있을까?

환경단체들은 CCS를 강력하게 반대한다. 그린피스는 CCS가 기후위기를 해결하지는 못하면서 돈은 많이 드는 속임수라고 비판한 바 있다. '석유회수증진'은 "석유 추출을 더 하겠다는 말을 돌려서 표현"하는 용어에 불과하다는 것이다. 실제로 현재 CCS의 주요 시장은 이산화탄소를 주입하여 강제로 석유를 추출하는 석유회수증진 사업이다. 그린피스는 이산화탄소 주입이 없으면 65퍼센트의 석유가 지하에 남게 된다고 주장한다. "기후 문제에 도움이 된다는 명분을 내세우면서 탄소 포집이 계속 이루어진다면 석유 추출은 185퍼센트까지 늘어날 것이다. … CCS는 더 많은 석유를 추출하게 하는 수단임이 분명하다. CCS가 없었다면 석유산업은 이만큼 성장할 수 없었다."[6]

이 지적은 분명한 사실이다. 화석연료 산업은 석유를 더 많이 추출하기 위해 CCS를 이용한다. 하지만 여기에는 다른 측면도 있다. 이 기술은 이미 정부 지원을 많이 받았으니 어느 정도는 공공재에 가깝다. 이렇게 질문해 보자. CCS가 특정 산업을 위해서가 아니라 우리를 위해 쓰일 방법은 무엇인가? 화석연료 산업의 도구라고 무시하기 전에, 우리는 이 기술이 이산화탄소 정화에 기여할 가능성이 얼마나 있는지를 파악하려고 노력해야 한다. 어쩌면 업계에서 이 기술을 제대로 활용하지 못하는 현 상황이 이를 좀 더 진보적인 방향으로 바꿀 기회가 될지도 모른다.

우선 CCS의 역사를 조금만 살펴보자. 1970년대에 오스트리아 국제응용시스템분석연구소에서 일하던 체사레 마르체티Cesare Marchetti는 바다에 탄소를 저장하자는 '기가믹서Gigamixer'라는 계획을 내놓았다. CCS가 기후변화 문제 해결책으로 처음 제안된 것이다(마르체티는 '지구공학geoengineering'이라는 말을 만들어 낸 사람이기도 하다[7]). 그러나 1980년대 내내 석유회사들은 석유 회수율을 증진시킬 목적으로 탄소 포집 기술에 집중했고, 콜로라도의 천연 광산들에서 서부 텍사스의 유전들까지 파이프라인이 뻗어 나갔다. 현재 미국에는 주로 석유회수증진 기술에 쓰이는 이산화탄소 파이프라인이 6,500킬로미터나 깔려 있다.[8]

1990년대 들어서 CCS에 대한 관심이 높아졌다. 미국과 사우디아라비아는 유엔정부간기후변화협의체(IPCC)에 이 기술에 대한 특별 보고서를 요청했고, 2005년 IPCC 보고서는 기후변화 의제에 CCS를 포함시켰다.[9] 2009년 코펜하겐에서 열린 유엔 기후변화회의를 앞두고 300억 달러의 공공자금 지원 계획이 발표되었지만, 실제로 투입된 금액은 28억 달러에 그쳤다.[10] 열기가 식었고 과장된 약속도 자취를 감췄다. 값싼 가스가 왕좌를 되찾았다.

지난 수십 년간 연구하고 현장에서 사용했으니 탄소의 저장과 운송에 별다른 문제가 없다고 생각하는 사람들도 많지만, 여전히 우려는 남아 있다. 이산화탄소는 지표면에서 1킬로미터 아래에 있는 깊숙한 지질층에 주입된다. 식수층보다 훨씬 아래이고, 염류 대수층이나 석유·가스를 저장하는 빈 공간과 비슷한 곳이다. 저장 용량은 아마 문제가 되지 않을 것이다. 이산화탄소를 저장할 장소들은 많다. 그러나 저장 무결성 문제와 함께 저장 장소 문제도 계속 연구가 필요하다.[11]

만약 고농축 이산화탄소가 파이프라인에서 유출되면 산성비, 수자원의 산성화, 동식물의 폐사로 이어질 것이다. 해양에서 누출되면 수중생물들도 심각한 영향을 받는다. 사람은 이산화탄소 농도가 2퍼센트 이상이면 호흡기가 손상되고, 7~10퍼센트면 의식을 잃거나 사망한다.[12] 당연히 중요한 수자원이나 환경 변화에 민감한 생물군의 서식지, 지진 활동이 있는 지역을 피해서 파이프라인이 부설되어야 한다.[13] 유전의 염수가 염류 대수층으로 들어가면 암석 내부의 유체에 압력이 증가되고 지진 가능성이 높아진다. 마이너스 배출 기술을 다룬 미 국립학술원 보고서에 따르면, "현장에서는 이산화탄소가 지하에 주입되면 지진이 유도되는 현상을 확실하게 파악하지 못하고 있다."[14] 지진 관련 영역은 중요한 연구 대상이다. 보고서에서는 유도 지진 연구에 5천만 달러를 할당하라고 권고하기도 했다.

이산화탄소 주입 문제를 두고 글로벌한 차원에서의 필요성과 지역적 사정이 충돌할 수 있다. 탄소 포집 시설의 건설 장소와 탄소를 저장하는 장소가 항상 가까이 있지는 않다. 어떤 지역의 문화적 · 사회적 측면이 저장의 가능성을 제약하는 경우도 많다. 어느 사례 연구에 따르면, 인도의 농업 중심지인 인도 갠지스 평원은 기술적으로 볼 때 탄소를 저장할 잠재력이 매우 높다. 그러나 이 지역의 농경지가 부양하는 인구수가 무려 5억 명이 넘는다. 게다가 여기에서 가장 적절해 보이는 탄소 저장 장소 중 하나는 힌두교 성지인 바라나시와 가까워서 후보지로 삼기 어렵다.[15] 책임 문제도 골치 아픈 부분이다. 누가 이런 위험을 기꺼이 감수하려고 하겠는가?

폐기물을 수천 년 동안 지하에 저장하자는 계획이 마음에 들지 않았다면, 그렇게 특이한 생각은 아니다. 실제로 탄소 포집 및 저장은 그다지 전망이 밝지 않다.

석탄과의 부적절한 관계는 CCS가 실패한 큰 원인 중 하나다. CCS 하면 대부분 석탄을 떠올린다. 정책 분석가인 알폰소 마르티네즈 아란츠Alfonso Martínez Arranz에 따르면, 전기 생산에 석탄이 계속 사용될 수 있도록 지원하는 것이 CCS의 기본적인 역할이라는 생각은, 짧게 말해 "전기를 낳는 석탄"은 헤게모니적인 프레임이었다. 특히 이 주장은 유럽의 상황과 잘 들어맞는다. 유럽에서는 CCS야말로 유럽의 석탄이 러시아의 가스를 압도할 방법이며 유럽이 세계를 선도하게 할 새로운 기술이라는 도그마가 횡행했기 때문이다.[16] 석탄과 전기를 불가분의 관계로 만드는 이 프레임은 분명히 큰 호소력이 있다. 화석연료는 현대문명의 원동력이었다. 여전히 화석연료는 전 세계 에너지 공급의 80퍼센트를 책임진다. 그리고 그 인프라에 이미 수조 달러가 투입되었다.[17] 비판자들은 CCS가 생산과 소비에서의 아무런 변화 없이 기후 문제를 해결하려고 하는 기술적 해결책technofix이라고 잘라 말한다. 문제 해결을 약속하며 CCS를 증설하는 행태를 관찰한 어느 연구자 집단은 "화석연료 체제의 가장 큰 약점은 바로 그 정당성"이라고 비판했다.[18] 이들은 과대광고가 이제 한풀 꺾일 시점이라고도 했다. 아직까지는 대중들에게 잘 알려지지 않았지만 그동안 수많은 NGO들이 CCS를 비판해 왔다.

CCS는 화석연료가 붙잡을 마지막 동아줄처럼 여겨지기도 하지만, 사실 CCS 석탄은 값이 싼 가스나 재생에너지와는 경쟁 상대가 되지 못한다. 세계 여러 곳에서 막다른 골목에 처해 있는 것이다. 태양광이 떠오르는 별이라면, CCS 석탄은 부시 1기 행정부가 금융위기 이전에 석탄산업을 옹호했던 시절이 남긴 과거의 흔적에 가깝다. 반면에 천연가스와 결합한 CCS는 경제적으로 충분히 실행 가능해 보인다. 텍사스 휴스턴 외곽에 들어선 넷파워의 천연가스 발전소는 많은 주목을 받고 있다. 이 발전소는 '앨럼 파워 사이클Allam power cycle'이라는 기술을 도입했다. 증기로 터빈을 돌리는 대신에 강한 압력으로 압축된 이산화탄소의 열을 이용하며, 파이프라인으로 보내기에 적합한 형태로 이산화탄소를 생산하기 때문에 탄소 포집 비용이 크게 줄어든다. 이 기술이 확장된다면 일반 가스화력발전소에 견줄 만큼의 가격경쟁력이 있으면서도 탄소 배출은 없는 시스템이 나타나게 된다.

여기서 잠시 화석연료 너머로 시야를 확장해 보자. 사실, 탄소 포집 및 격리 기술은 온갖 종류의 쓰임새가 있다. 예를 들어 보일러, 용광로, 제철소, 시멘트 공장 등에 CCS가 쓰인다면 중공업에서의 탄소 배출을 억제할 수 있다. CCS에 새로운 개념을 부여하자는 주장은 내가 처음 제기한 것이 아니다. 바이오매스, 가스화력발전소, 산업적 용도 등으로 이 기술을 리브랜딩하면 더 큰 성공을 거둘 것이라고 보는 사람들이 많다.[19] 국제에너지기구에서도 비슷한 관점에 입각한 실험을 진행 중이다. 비영리단체 카본180은 '재생 가능한 CCS'에 두 가지 주요 특징이 있다고 이야기한다. 첫 번째는 (BECCS에서처럼) 대기 중의 이산화탄소를 흡수한 원료에서 포집하거나 (화석연료가 아닌) 주위 공기에서 직접 포집하는 재생 가능 시스템이라는 점이고, 두 번째는 얼마 안 가 다시 대기 중에 탄소를 배출하는 연료나 화학물질을 생산하기 위한 단기적 포집이 아닌 장기 저장이라는 점이다. 이렇게 되면 CCS는 에너지 생산기술이라기보다는 오염 처리기술에 더 가까워진다.

우리에겐 이 기술을 재분배적 목표에 활용할 기회가 남아 있다. 부유한 국가들은 모두를 위해 기후 위험을 줄이겠다는 목표 아래 이 기술을 개발하고 사용해야 할 도덕적 의무를 지닌다. 이는 기꺼이 막대한 인프라 비용을 치르기로 결심하고 그 인프라 위에서 살아가

느냐에, 또 이 인프라가 어떻게 왜 건설되었는지를 명확하게 인식하느냐에 달려 있다.

저탄소 석유나 탄소 마이너스 석유가 각광받고 있는 최근 상황에서, CCS에 새로운 개념을 부여하는 일은 쉽지 않은 작업이다. 기본적으로 석유회수증진 기술은 물이나 이산화탄소를 사용하여 고갈된 유정에서 추가로 석유를 얻어 내는 방식이며 산유업계는 수십 년간 이 일을 해 왔다. 그런데 이제는 기후정책이 이 기술을 정당화 해주는 형국이다. 현재 석유회수증진은 이산화탄소 공급 부족 문제를 겪고 있다. 정유회사들이 사용하는 이산화탄소는 대부분 콜로라도의 동굴에서 채굴되어 파이프라인을 따라 텍사스 퍼미안 분지의 유전으로 운반된다. 그렇지만 에탄올 공장에 CCS를 설치하거나 직접공기 포집 시설을 건설하면 이산화탄소 수요를 맞출 수 있을뿐더러 더 싸게 공급할 수도 있다. 캘리포니아에서 하듯이 저탄소 생산 석유를 인증해 준다면 더 저렴해질 것이다.

어떤 회사들은 잔류 석유 지대에 활용하는 CO_2 EOR(이산화탄소 석유회수증진)을 '마이너스 배출' 기술이라고 홍보하고 있다. 이를테면 직접공기포집 회사인 카본엔지니어링은 석유회사 옥시덴탈의 자회사와 파트너십을 체결하고 세계 최대 규모의 직접공기포집 시설을 텍사스 퍼미안 분지에 지은 뒤 여기에서 연간 500킬로톤의 이산화탄소를 포집하여 석유회수증진 작업에 공급할 예정이다. 회사에 따르면 이 공장은 탄소 마이너스 연료로 향하는 발판을 마련해 줄 것이다. 그러나 실제로 탄소 마이너스 연료 공급이 가능할지는 논란의 대상이다. 특수한 수명주기 계산에서만 탄소 마이너스가 되기 때문이다. 탄소 마이너스 연료라는 캐치프레이즈는 불안해하는 투자자들에게 석유의 미래가 계속되리라는 확신을 심어 주고 정유회사들이 석유를 더 생산하도록 부추기는 역할을 한다. 하지만 '탄소 마이너스'의 일부가 되기는 불가능하다.

　직접공기포집 기술이 꼭 석유회사의 도구여야 하는 것은 아니다. 누가 그 기반 기술을 발전시키고 제어하느냐에 따라 CCS와 화석연료 사이의 심리적 연결은 얼마든지 해체될 수 있다.

공기 포집

직접공기포집direct air capture 개념은 간단하다. 발전소나 시멘트 공장처럼 배출이 집중되는 곳이 아닌 공기 중에서 직접 탄소를 포집하는 방식이다. 시범 사업을 벌여서 포집한 탄소를 온실에 활용하거나 교통수단 연료로 사용해 본 기업들도 있다. 스위스 회사인 클라임웍스는 코카콜라의 자회사와 손잡고 포집한 탄소를 음료에 넣기도 했다. 하지만 아직까지 직접공기포집 방식에는 에너지가 상당히 투입되고 비용도 많이 드는 편이다.

　나는 애리조나 주립대학교 공학 교수이자 탄소 마이너스 배출 센터의 책임자인 클라우스 랙크너Klaus Lackner를 만나 요즘 주목받는 이 아이디어가 어떤 배경에서 나왔는지를 알아보았다. 그는 수십 년 동안 직접공기포집을 연구해 오면서 이를 일종의 폐기물관리 문제로 파악하게 되었다. 화석연료 배출은 축적의 문제다. 더 많이 배출할수록 더 나빠진다. "사실은 말이죠, 우리 모두는 잘못된 생각을 갖게 됐어요. 어떻게 된 건지 저도 잘 모르겠습니다. 이건 그 자체로도 흥미로운 질문입니다." 우리는 1970~80년대의 유황 오염과 산성비를 겪으면서, 오염이란 대기 속에서 그 수명을 다하고 나면 사라진다고 여기게 됐다. 그러나 사실 이산화탄소는 축적된다. "이건 우리가 이 문제를 대하는 태도를 바꿔 줄 겁니다. 이산화탄소를 쓰레기라고 가정해 보세요. 무슨 말인지 바로 아시겠죠?" 길거리에 쓰레기를 쏟아붓는 사람이 있다면 우리는 그러려니 하고 넘어가지 않을 것이다. 그 사람이 지난번보다 쓰레기를 10퍼센트 덜 버린 거라고 변명해도 받아들이지 않을 것이다. 우리에게는 이산화탄소를 대기 중에 버릴 여유가 없다. 그러나 우리는 지금껏 그렇게 해 왔다. "이젠 쓰레기가 너무 쌓여서, 내일 배출이 중단된다고 하더라도 우리는 나가서 그 쓰레기를 치워야 합니다. 탄소 제거 기술이 필요하다는 얘깁니다."

랙크너가 만들고 있는 것은 하루에 이산화탄소 1톤을 제거할 수 있는 컨테이너 크기의 기계다. 이 기계 4대를 1제곱킬로미터에 배치하면 한 해에 400만 톤이 격리되고, 이 양은 대형 석탄발전소의 연간 배출량 절반에 해당한다. 어떤 곳에 이산화탄소를 모으고 저장하고 싶다면 이 기계를 대량생산하여 배치하면 된다. 이 기계들이 제공할, 예전에는 무시되었던 오염 청소는 도시 하수도 시스템

관리만큼이나 우리에게 귀중한 서비스이다.

여기서 공학적 난제는 대기 중의 탄소가 400ppm을 약간 넘을 정도로 희박하다는 점이다. 랙크너는 이렇게 생각해 보라고 했다. 풍력발전소의 터빈은 공기 중에서 운동에너지를 '채굴'하는 일을 한다고 할 수 있다. 직접공기포집으로 이산화탄소를 공기에서 끌어내는 것도 일종의 채굴이다. 이산화탄소를 채굴해서 폐기하면 아마도 1톤당 30달러 정도의 처리 비용을 받을 수 있을 것이다. "1입방킬로미터의 공기가 있다고 칩시다. 엄청난 양처럼 들리지만 풍력터빈이 반나절 동안 처리하는 정도의 양입니다. 어느 정도의 운동에너지를 얻을까요? 300달러 정도의 가치가 있다고 합니다. 그럼 그 정도 양의 이산화탄소는 얼마쯤 할까요? 앞서 이야기한 처리 비용대로라면 2만 1천 달러입니다." 이산화탄소가 희박하다고는 하지만, 이 평가는 보기에 따라 다를 수 있다. 경제적 가치로 따지면 풍력에너지보다 70배나 더 '농축'되어 있는 것이다.

또한, 드릴로 땅에 구멍 하나를 뚫어서 탄소를 채울 수가 있으니 지리적으로 차지하는 면적도 풍력에너지보다 훨씬 적을 것이다. "어느 들판 한구석에 놓여 있는 거지요. 풍력발전소 한구석에 자리 잡을 수도 있고요. 실제로 풍력발전소나 태양광 패널들보다 훨씬 작아요." 재생에너지 공급이 수요보다 많을 때에는 직접 포집 시설이 초과 용량을 흡수할 수도 있다. 태양광시설을 비행기에서 내려다보면 눈에 들어오는 것은 대부분 태양광 패널일 것이다. "사람들이 아 저기 태양광 패널들이 보이네, 라고 하겠죠? 그런데 구석에 신기한 게 하나 있을 거예요. 바로 이산화탄소를 모으는 시설입니다."
물리적인 설치 공간은 친환경 에너지 단지보다 훨씬 작겠지만 거기
에서 나오는 수익은 크게 차이 나지 않을 것이다.

이 시나리오에서 직접공기포집의 확대는 재생에너지의 확장과
유사한 지점이 있다. 농촌과 외딴 지역사회가 그 시설을 부담하는
대신에 어느 정도의 혜택을 받는 것이다. 직접 포집 장치를 언론에
서는 '인공 나무artificial trees'라고 부른다. 나는 인프라를 더 활기차고
아름답게 만들 방법이 있는지 궁금했던 터라, 실제로 나무처럼 보이
는 공기 포집 장치를 설계하는 것이 가능한지를 물어보았다. 랙크
너는 불가능한 건 아니지만 자기 연구 팀은 디자인 쪽은 잘 모른다
면서 포집에 이용하는 막이 젖으면 팽창하기 때문에 평평하게 만들
기가 어렵다는 기술적 애로 사항을 길게 들려주었다. 어쨌든 그가
설계에서 가장 중점을 두는 부분은 직접공기포집 장치가 이산화탄
소를 저장하는 바로 그 장소에 설치되도록 하는 것이다.

"건설을 맡은 팀은 집이나 건물 외부에 그럴듯한 모양으로 설치
하고 싶어 합니다. 이런 식이에요. '여긴 바람이 많이 부니까, 그걸
이용해서 CO_2를 모으면 어떨까요? 여긴 무더운 피닉스니까, 차양막
으로도 이용하게 하면 어떨까요?' 그런데 말이죠, 하루가 끝날 때 그
건물에서 이산화탄소 10톤이 모이면 그걸 갖고 뭘 할 건가요? 그렇
죠? 이산화탄소를 활용할 수 있는 곳에 장치가 설치되어야 합니다.
그러니까 이 장치들은 사막에 있는 태양열 집열판들이나 캔자스에
있는 풍력발전소들처럼 자리 잡을 거예요. 대부분의 사람들 눈에는

띄지 않을 것 같고요. 그럴 가능성이 훨씬 높아요. 꼭 그걸 숨기고 싶어 해서가 아니라 대체로 도시에서는 이산화탄소를 가지고 뭔가를 하기가 어려우니까요. 방금 포집한 이산화탄소 바로 위에 살고 싶어 할 사람은 별로 없을 겁니다. 그리고 도시 바깥에 지어져야 유연성이 더 확보됩니다." 랙크너는 이 일이 본질적으로 아주 큰 사업이라고 말한다. 장기적인 목표인 1톤당 30달러의 비용으로 처리가 가능할 경우, 현재 우리가 배출하는 만큼의 이산화탄소를 회수한다면 연간 1조 달러 규모의 산업이 된다. 이 말은 100ppm을 낮추는 데 40년이 걸린다는 뜻이다. 그러나 이 산업은 얼마 안 가서 사양산업이 될 것이다. 300ppm이 될 때까지 포집할 이유는 없기 때문이다. "그래서 어느 시점이 되면 이 일은 끝나야 합니다."

1톤당 30달러라는 목표는 너무 야심만만하다는 지적도 있다. 2011년 미국 물리학회의 직접공기포집 보고서에서는 이 기술을 두고 여러 가지 논의가 있지만 대체로 1톤당 600달러의 비용이 들 것이라고 예상했다.[20] (실제로 클라임웍스가 스위스의 소규모 시험 시설에서 직접공기포집을 시도했을 때 이 정도의 비용이 들었다. 여기에서 포집된 CO_2는 온실에서 오이 등을 재배할 때 사용되었다.) 랙크너는 이 보고서의 방법론에 비판적이다. 프로세스를 능률적이고 효율적으로 만들려는 시도 없이, 이미 하던 방식대로 기존에 쓰던 도구를 그대로 이용하는 정도에 머물렀다는 이유였다. "일단 경험이 점점 쌓이고 아는 바가 많아지면 그런 지적이 있어도 '좋아, 훌륭한 시작이야!'라는 메시지로 받아들이게 되죠. 그렇잖아요? 아직 끝난 게 아니잖아요." 그는 어렵지 않게 가격을 10분의 1로 낮출 수 있다면서 대량생산으로 가격을 낮춘 기술들을 예로 들었다. 1960년대에 비해 현재 태양광발전은 100배, 풍력발전은 50배 더 저렴해졌다.

이 글을 쓰는 지금, 공기 중 탄소 포집에 실제로 얼마나 많은 비용이 들지는 미지수이다. 브리티시컬럼비아에 있는 카본 엔지니어링이 설계한 시스템에서는 이산화탄소 1톤당 94에서 232달러의 비용이 든다.[21] 1톤당 100달러로 낮춘다고 쳐도, 연간 5기가톤을 제거할 경우 약 5천억 달러, 즉 전 세계 GDP의 0.6퍼센트에 해당하는 비용이 소요된다. (2017년 미국에 상륙한 허리케인으로 인한 엄청난 피해액도 그 절반 정도에 불과하다.) 직접공기포집 기술의 가장 큰 장애물은 이 금액 문제이다. 폐기물을 적절히 처리하기 위해 사람들이 기꺼이 비용을 지불할 마음이 있는지 아닌지가 중요하다. 다시 말해서, 사회적 가치를 어디에 두느냐의 문제다.

"재활용을 떠올려 보세요. 어떻게 해서 사람들이 정말 재활용을 하기로 결심하게 된 걸까요? 요 앞 골목을 돌아가면 바로 나오는 저 쓰레기장에 다 쏟아 버리지 않기로 한 거잖아요?" 랙크너는 기후변화의 현실을 납득하지 못했던 사람들도 나서서 쓰레기를 치우게 할 수 있다고 했다. 그의 팀은 어느 공개 행사에서 0.5파운드, 1파운드, 2파운드짜리 지퍼락 봉지에 모래를 가득 담아 테이블 위에 올려놓았던 적이 있다. 다가온 사람들에게 그들의 자동차가 갤런당 몇 마일을 주행하는지 물어보고, 만약 30마일이라고 답하면 그 자동차가 배출하는 오염물질의 양과 같은 무게인 1파운드짜리 모래 봉지를 건네주었다. "대부분은 차에서 얼마나 많은 양의 오염물질이 나오는지 체험하고 충격을 받았어요. 무색무취한 데다가 눈에 보이지 않으니까요. 그래서 얼마나 되는지를 알지 못했던 겁니다."

이렇게 폐기물관리라는 틀로 바라보면 이제 막 시작된 직접공기포집 산업은 환경정의environmental justice 문제와 쉽게 연결된다. 랙크너는 이 산업이 어느 정도 궤도에 오르면 여러 가지 규제 문제가 제기될 것이라고 예상한다. 예컨대 진정한 제거를 어떻게 정의할 것인지, 제거 완료를 어떻게 판정하는지, 영구 격리가 맞는지를 확인하는 방법은 무엇인지, 어떤 산업적 표준이 규제에 적용되어야 하는지 등이다. 안전 문제도 있다. 안전하고 무해한 프로세스라는 인증이 필요할 것이다. "정책, 규제의 기준, 법률 관련 문제죠. 어느 밭 근처에서 포집을 했는데 밭 주인에게 고소를 당할 수도 있습니다. 우리가 이산화탄소를 제거해서 옥수수가 잘 자라지 않는다는 이유로요. 이런 문제를 생각해 본 사람은 거의 없는 것 같아요."

정의롭지 못한 행위를 하지 않으려고 애쓴다고 해서 환경정의를 달성할 수 있는 것은 아니다. 직접공기포집 산업은 기후정의를 실현할 수 있을까? 이를 달성하려면 무엇이 필요할까? 나는 랙크너에게 그의 기술이 역사적 책임 같은 문제와 어떤 관련이 있는지를 물어보았다.

"그렇게 생각할 수 있겠죠. … 우리는 이제 막 시작했고, 아직은 성과가 나지 않았기 때문에 올해는 1800년부터 1804년까지 쌓인 오염물질을 청소하고 내년에는 1804년부터 1808년까지를 치울 겁니다. 그리고 우리는 계속해 나갈 거예요. 1950년대까지 가려면 정말 규모가 커져야겠지요. 그래서 저는 선진국들이 환경보호를 내세워 다른 나라들의 발전을 가로막아서는 안 된다는 인도의 주장도 어느 정도 이해합니다." 래크너는 우리가 배상을 잘 하지 못했다는 점도 지적했다. "노예제와 식민주의를 생각해 보면 말이죠, 선례가 될 수 있다는 이유로 우리는 사과조차 거부했어요. 그래서 저는 선진국들이 갑자기 깨달음을 얻은 것처럼 '그래, 다 우리 잘못이야, 우리가 맡아서 할게'라고 하는 걸 보는 게 좀 불쾌했어요. … 그래서 저는 현재 우리가 이 문제를 인구 1인당 기준으로 다루게 될 가능성이 높다고 생각해요." 탄소 제거가 일종의 배상이 될 수 있다는 언급도 나왔다. "지구상의 모든 사람이 각자 탄소 예산을 가지고 있다고 생각해 보자구요. 선조들도 마찬가지고요. 그렇다면 미국이나 유럽에 사는 사람들은 기본적으로 아주 오래전에 그 예산을 다 써 버렸어요. 탄소 제거 기술은, 특히 공기 포집 기술은 실제로 그 빚을 갚게 해 줄 겁니다. 그러면 협상할 때 '우리는 과거 역사를 안다. 기울어진 경기장에 균형을 가져오겠다'라고 말할 수 있는 거죠. 원칙적으로 그렇습니다. 제가 낙관론자라서 이렇게 생각하는 건가요? 아닐 겁니다."

이 문제를 폐기물관리 문제로 바라보게 할 수 있다고 생각한다는 점에서는 분명히 래크너는 낙관론자에 가깝다. "우리는 사람들에게 재활용을 배우게 했어요. 재생에너지도 그랬습니다. 실제로 아주 성공적이었고요." 그는 믿을 수 있는 인증 시스템이 있다면 사람들이 탄소 제거를 위해 약간의 추가 비용을 지불하게 할 수 있다고 본다. 예를 들어 아마존을 잘 설득해서, 고객이 결제할 때 이런 팝업이 뜨게 하는 것이다. "고객님의 CO_2 비용은 50센트입니다. 지불하시겠습니까? 시스템이 믿음직스럽다면, 저는 당연히 지불 버튼을 누를 겁니다." 재활용과 마찬가지로, 소수의 실천가들부터 이런 운동에 동참하리라는 것이 랙크너의 예상이다. "언젠가는 정치인들이 '이제 규제가 생겼으니 다른 방법이 없습니다. 휘발유 1갤런을 사려면 CO_2 20파운드를 처리해야 합니다'라고 말하게 되겠죠? 그리고 '할아버지가 배출한 CO_2를 내가 찾아오겠다'라고 자원하는 사람들도 생길 테고요."

래크너는 이 기술의 성공을 장담하지는 않는다는 점을 분명히 했다. "잘되리라고 생각하지만, 실제로 그렇게 되기 전까지는 완전히 확신할 수 없어요. 우리가 무조건 해낼 것이고 그러니 걱정할 필요가 없다는 식의 생각에는 전혀 동의하지 않아요. 하지만 이렇게는 말씀 드릴 수 있어요. 만약 이 기술이 제 궤도에 오르지 못한다면, 노력이 부족했거나 실용화에 실패해서 그렇게 된다면, 우리는 아주 큰 대가를 치러야 합니다. 왜냐하면 우리는 넘지 말아야 할 선을 넘게 될 것이고, 오염 수치를 끌어내리지 못하면 고통스러운 결과를 겪어야 하기 때문입니다. 끌어내릴 수 있다면, 그 고통을 좀 덜어낼 수 있겠지만요."

CCS와 탄소 제거의
두 단계

CCS를 올바르게 이해하지 못한다면 어떤 대가를 치르게 될까? 기후정의를 추구하는 사람들이 적극적으로 참여하지 않으면 CCS는 엉뚱한 방향으로 향하게 될 것이고, 기후 복원의 기회도 사라질 것이다.

　직접공기포집으로 탄소를 제거하는 방식은 크게 두 가지로 나누어 볼 수 있다. 나는 이 두 가지를 탄소 제거의 두 단계라고 부른다. 첫 번째 단계는 수백만 톤 정도의 규모이고, 두 번째 단계는 기후에 영향을 미칠 정도가 되는 수십억 톤 규모이다. 첫 번째 단계의 직접공기포집은 이른바 '탄소 포집·활용carbon capture and utilization: CCU' 에 이용될 수 있다. 즉, '탄소 가치 창출carbon to value: C2V' 경제나 탄소 기술 분야라는 비교적 좁은 영역에 적용되는 것이다. 기본적으로 이 중 상당수는 사람들이 탄소를 새롭게 보게 만드는 데 의의를 두는 일종의 컨셉 아트(최종품 완성 전의 일러스트레이션)라고 할 수 있다. 이산화탄소로 신발을 만들 수 있다는 말을 들어 본 사람은 많지 않겠지만, 사실 재료과학자들은 화장품부터 탄소섬유에 이르는 온갖 것들을 포집된 이산화탄소로 이미 만들어 냈다. 기후정책 쪽에서는 CCU를 첫 번째 단계에서 두 번째 단계로 넘어가는 발판이라고 보는 사람들도 있다. 석유회수증진이 그랬던 것처럼, CCU가 기술을 개발하고 비용을 낮출 수 있는 초기 시장을 만들어 줄 것이라는 생각이다.

탄소 기술 컨소시엄인 'Global CO_2 이니셔티브'는 2030년까지 CCU 분야가 탄소 배출량을 10퍼센트 줄일 수 있다면서 건축자재, 화학 중간체(메탄올, 포름산, 합성가스 등), 연료(메탄), 폴리머 등의 네 가지 주요 시장을 제시했다.[22] 콘크리트 제조 과정이 탈탄소화되어 배출량이 줄어든다면 그런 예상이 맞을 수도 있다. 시멘트 생산은 전 세계 배출량의 8퍼센트 정도를 차지한다.[23] 만약 시멘트가 하나의 국가라고 치면, 중국과 미국 두 나라만 그보다 더 많은 이산화탄소를 배출하는 국가인 셈이다. 콘크리트의 탈탄소화도, 포집된 탄소를 이용하는 공기 연료화도 아주 큰 가능성이 있다. 그러나 다시 한 번 강조하지만 배출을 줄이려는 노력은 마이너스 배출이나 탄소 저장과 같은 것이 아니다.

첫 번째 단계의 프로젝트들은 기후에 변화를 가져오면서 온실가스 농도를 확연하게 낮추는 두 번째 단계의 탄소 제거와 그 규모 면에서 차이가 크다. 탄소를 이용해 가치 있는 제품을 만든다는 계획은 현재 배출되는 탄소의 양이 어마어마하다는 한계에 부딪힌다. 이 많은 탄소의 극히 일부만 그렇게 처리할 수 있는 것이다. 2017년 《네이처 클라이밋 체인지》에 실린 한 논문은 CCU가 기후 목표에 얼마나 기여할 수 있는지를 다루면서, CO_2 활용은 장기적이고 안전한 지질학적 격리에 대한 현실적인 대안이 되기 어렵고 기후완화 방식의 약 1퍼센트에만 해당한다고 보았다.[24] 제품들의 수명이 다하면 다시 탄소를 방출한다는 문제도 있다. 탄소를 요소로 바꾼 뒤 비료로 사용하거나, 메탄올로 전환해서 연료로 쓰면 몇 달 동안만 탄소 활용이 지속되는 것이다. 논문의 저자들은 이산화탄소 활용이 CCS의 핵심이라는 주장이 위험하다고 강조한다. "그런 논리가 계속 받아들여진다면, 배출 완화 목표의 달성이 곤란해지고 CCS의 지질학적 저장이 제대로 이루어지지 않을 위험이 있다."[25]

'새로운 탄소경제'를 기업가는 어떻게 바라보는지 궁금했다. 지속가능 기술 컨설팅 회사인 임파서블 랩스를 세웠고 공기에서 탄소를 포집하는 기업들의 정보가 담긴 airminers.org를 운영하는 티토 얀코프스키Tito Jankowski를 만났다. 그는 공기 포집 수요를 창출하기 위해서는 손으로 만져 볼 수 있는 제품이 중요하다고 강조한다. "사람들을 실제로 제품과 접하게 만드는 방법이 무엇일지 고민했습니다." 아무도 보지 못하는 어느 숨겨진 곳에 있는 기계가 기후 해결책이라는 말을 사람들이 믿겠냐는 지적이다. "회사에 전화해서 어떻게 도울 수 있느냐고 물었을 때, '아, 그래요, 알겠어요. 우리 기계 하나를 사려면 40만 달러가 필요하십니다'라는 대답이 돌아오면 그 회사에 돈을 쓰려고 할까요? 70억 명의 사람들이 지지를 보내고 열렬한 반응을 해 줄 수 있겠습니까?'

임파서블 랩은 소비자가 직접 접촉할 수 있는 제품을 만들기 위해서 직접공기포집 회사인 카본 엔지니어링이 포집한 탄소가 들어간 석회석을 주문하여 브리티시컬럼비아에서 오클랜드로 가져온 뒤 이를 다듬어서 화분으로 만들었다. 함께 이 회사를 만든 매튜 에셰드Matthew Eshed는 이렇게 회상했다. "네, 그건 어쩌다 우리에게 떠오른 아이디어였어요. 화분에 식물을 심으면 식물이 숨을 쉬고 자라면서 탄소를 격리하고 광합성을 하겠죠. 이 화분 하나에 멋진 이야기가 전부 담겨 있어요." 화분은 큰 인기를 끌었다. 한 시간 만에 전부 매진될 정도였다. 얀코프스키는 사람들에게 왜 이 화분 구입에 100달러나 썼냐고 물어보기도 했다. "사람들은 정말 재밌는 대답을 하더라구요. '이건 미래의 상징이다' 같은 거 말입니다. 어떤 사람은 '이건 미래에 내가 더 많이 보고 싶은 물건이에요. 이런 걸 사는 건 우주에 신호를 보내는 가장 좋은 방법이라고 생각했어요. 이런 걸 더 많이 원한다는 신호요.'라고 하던데요?"

포집된 탄소를 눈으로 보면 우리가 얼마나 탄소를 제거해야 하는지를 다시 생각하게 되기도 한다. 에셰드는 이 화분을 만들면서 배운 바가 많다고 술회한다. "저도 변화를 겪었습니다. 대기 중 탄소 제거가 가시적인 목표를 달성하려면 엄청난 규모여야 한다는 걸 알게 된 겁니다. 이 일은 저를 다른 방향으로 나아가게 한 계기가 됐죠." 현재 그는 지역 기후 회복력 문제에 집중하고 있다고 했다. "사람들은 이 화분이 대화를 상징한다고 말하더군요. 이걸 두고 대화를 시작할 수 있다는 겁니다. 어떤 일을 하고 있든지 간에 이 제품을 관찰하고 이야기를 나눌 수 있죠. '이 화분에는 공기에서 뽑아 온 이산화탄소 116그램이 들어 있어요'라고 하면 이런 식으로 대화가 이어집니다. '그건 정말 별거 아니네요. 더 잘해 봅시다. 더 나은 방법이 있을까요? 더 잘할 수는 없나요? 어떻게 그게 가능할까요?'"

직접공기포집이 탄소 제거의 두 번째 단계에 적용되고, 그래서 기후를 변화시킬 만큼의 오염 개선 메커니즘이 되려면 크나큰 변화를 가져올 정치적 행동이 있어야 한다. 누가 그 비용을 내야 할까? 오염자 부담 원칙을 따르면 화석연료 회사들이 그래야 한다. 이 말은 사람들이 원하듯이 그런 회사들이 사라지는 것만이 아니라, 그 기업들이 탄소 제거 서비스를 제공하는 회사로 변모할 수도 있다는 의미다. 그런 변화에는 정부 지원이 필요할 것이고 많은 어려움도 뒤따를 것이다. 하지만 지금의 거대 석유회사들이 반드시 오염 제거에 나서야 하는 것은 아니며, 수직적으로 통합된 계획이 있어야만 하는 것도 아니다. 지질학자 스튜어트 하젤딘Stuart Haszeldine은 의무 인증제를 도입해서 추출을 저장과 연결해야 한다고 제안했다. 화석연료나 바이오탄소를 생산할 때마다 톤 단위로 생산 지역의 정부가 인증하는 방식이다. 이 저장 의무 인증은 새로운 CO_2 저장 산업을 만들어 낸다. 석유를 추출하거나 수입하는 측에서 인증받은 만큼의 탄소량을 직접 저장하지 않아도 서비스 회사에 비용을 지불하면 동일한 양을 저장하게 할 수 있으므로, 세금이 아닌 다른 방식으로 저장을 강제하는 수단이 마련되는 것이다.[26] 이 저장 서비스를 직접공기포집 회사들이 맡아서 진행할 수도 있다.

직접공기포집이 두 번째 단계에 활용되기 위해서는 환경단체들의 협력이 있어야 한다. 그들이 기후정의를 위해 직접공기포집이나 여타 CCS의 사용을 지지하면서 정화 조치를 요구할 가능성이, 교정과 복원을 위한 정치를 추구할 가능성이 얼마나 될까? 시민사회의 참여가 없다면 전망은 그리 밝지 않다. 인류세 이론가 캐서린 유소프Kathryn Yusoff는 이렇게 주장한 바 있다. "새로운 형태의 정치가 폭력적인 지질학적 인프라에서 출현하고 있다. 다코타 액세스 파이프라인 근처 스탠딩 록에서 벌어진 원주민들의 환경운동과 같은 사건들은 시간적·물리적 제휴의 다른 비전을 요구한다."[27]

그렇다면 CCS의 인프라 정치에서는 저항 외에 어떤 것들이 나타날까? 유소프는 문화 이론가 로렌 버랜트Lauren Berlant의 연구를 참조한다. 버랜트는 인프라를 힘의 수렴convergences of force이자 느낌의 구조structures of feeling라고 보았으며, 지하에 깔린 인프라의 정동적 차원과 그 불안정성을 지적했다. 그러나 나는 개혁적 녹색자본주의나 에너지 예측에서 얻는 희망 정도로는 광범위하고 심층적인 영향을 끼칠 탄소 정화 인프라를 강제할 만큼 강한 동기가 만들어지지는 않는다고 생각한다. 오히려 그 시작은 사람들의 열망에서 나와야 한다. 현재까지 CCS의 존재 자체를 몰랐거나 CCS가 석탄과 밀접하다는 이유로 반감을 지녔던 사람들의 열망을 이끌어 내야 하는 것이다.

동굴 속에 기체나 액체 형태의 탄소를 집어넣는 것만이 이산화탄소를 지질학적으로 저장하는 유일한 방법은 아니다. 앞으로 살펴보겠지만, 이산화탄소를 돌처럼 딱딱한 고체 상태로 저장하는 방식도 있다.

스케치: 피칸 나무

그는 오래된 피칸 나무 아래에 앉아 있었다. 트럭 한 대가 멈춰 섰다. 관리 직원들이었다. 녹슨 야외용 의자의 팔걸이에 몸을 기대면서 그가 물었다. "웬일들이신가?"

남자 하나, 여자 하나가 차에서 펄쩍 뛰어내렸다. 둘 다 연두색 유니폼을 입고 허리춤에 태블릿을 매달고 있었다. "잭, 메시지 수신이 안되시던데요, 꽉 찼나 봐요."

"그런가? 메시지 확인할 시간이 없었는데." 그는 이마의 땀을 닦으며 몸을 일으켰다. "여기 이 피칸 나무 아래에서 잠시 쉬던 중이야. 오후에 8번 유닛을 확인하러 갈 생각이거든."

직원들이 서로 눈짓을 주고받았다. "잭, 저희는 그 말을 하러 온 겁니다." 남자가 모자를 벗으며 말을 이어 갔다. "여기 있는 유닛 열 곳을 폐쇄해야 해요. 이제 때가 됐습니다. 몇 주 전에 근처에서 지진 활동이 감지됐어요. 암석에 과도한 스트레스가 갈지도 몰라서 내려진 조치입니다."

"그런 말은 들어 본 적이 없는데."

"메시지를 아직 확인하지 않으셨나 봐요, 잭. 지난주에 드론으로도 연락을 보냈어요."

"그 쇠로 만든 새 말인가? 내 땅 경계를 넘어오길래 쏴 버렸지." 여자가 어깨를 움찔했다.

잭은 팔짱을 꼈다. "옛날에 그 사람들은 내 평생 그게 거기 있을 거라고 했는데. 난 그 구멍들이랑 같이 자랐어. 설치할 때도 내가 거기 옆에 있었단 말이야."

"어린아이셨을 때겠군요."

"그렇지. 학교 끝나고 집에 돌아오니 부모님이 현관에서 관리 직원들에게 아이스티를 대접하고 있더군. 두 분은 꽤 들떴었는데. 우리는 더 이상 돈 걱정할 필요가 없다면서. 어디든 내가 공부하러 가려면 갈 수가 있게 된 거지."

"잭, 우리가 유닛을 폐쇄해서 수리 계약이 종료되더라도 저장소 임대료는 계속 받게 되실 거예요. 물론 예전보다 액수가 줄겠지만."

세 사람은 거기에 잠깐 서 있었다. 나무 위의 새들이 폭풍이라도 분 것처럼 울어 댔다. 바깥 사람들이 올 때면 그랬다. "이제 유닛들에 들러서 정지시켜 놓으려구요. 실어 가는 건 내일 따로 장비를 불러서 할 거예요."

"음, 그럼 아무래도 나도 가야겠는걸. 5번 유닛 패널 뚜껑을 열려면 도움이 필요할 거요. 요령이 있어야 돼. 그거 할 줄 아는 사람은 나 말고는 없지." 그는 공구 상자를 찾으러 느릿느릿 창고로 향했다.

잔뜩 흐린 날이었다. "이 주입구들 사이에서 산다는 게 상상이 안 가네요." 여자 직원이 말했다.

"왜요?" 남자 직원이 대답했다. "예전에는 이 지역 전체에 오렌지빛 갈색 안개가 끼긴 했죠. 우리 어머니가 그러더라구요. 할머니 천식이 그거 때문이라고 항상 투덜거리셨는데. 이제 공기가 맑아졌잖아요."

"그렇긴 해요. 그래도 여전히 어딜 가든 파이프들이 깔려 있어요. 사방의 도로들은 다 바짝 말라 있고요."

"이 근처는 사냥하기도 좋은데. 사람이 적잖아요. 심지어 주 경계 너머로는 초원이 펼쳐져 있어요. 오클라호마 낙타도 있고 영양들도 사냥할 수 있고."

"끔찍한 소리 하지 말아요." 그녀는 얼굴을 찡그렸다. "거기서 들소는 왜 제외된 거죠? 그건 적어도 원래 이 지역에서 살던 거 아닌가."

"모르겠는데요. 들소 서식지가 사람들이 사는 데에서 가까워서 그랬던 거 아닐까요? 알다시피 초원 절반에서만 사냥이 가능하고, 나머지 절반은 보존지역으로 묶여 있으니까. 그런 조건으로 사람들하고 계약한 거잖아요, 토지 사용 허가를 받으려고요. 아무튼, 이 옛날 유전 지역에서 그쪽 같으면 뭘 하겠어요?"

"그냥 두는 거죠. 자연이 알아서 하게."

"그래도 되죠, 그런데 그건 여기 사는 사람들 맘에 달린 거니까. 그 말대로라면 우리는 모두 쬐끄만 스쿠터를 타고 도시 안을 돌아다니면서 살고 있었을 거라구요. 난, 트럭을 직접 운전할 유일한 기회여서 이 일을 하고 있어요."

공구 상자를 손에 든 잭이 어슬렁거리며 돌아오더니 말했다. "자, 갑시다."

산등성이 반대편의 유닛 다섯 개를 먼저 처리해야 했다. 세 사람이 탄 트럭은 덜컹거리며 마른 개울 위를 지나갔다. 갈색 풀잎들 사이로 노란 미루나무 몇 그루가 서 있었다. 잭은 딸을 위해 만들었던 나무집에 아직 매달려 있는 낡은 판자들을 보았다. 바람에 흩날리는 딸의 머리카락이 눈에 선했다.

능선을 따라 늘어선 거대한 풍력터빈들 아래쪽으로 시추 장치와 낡은 금속 컨테이너가 나타났다. 첫 번째 유닛에는 제비들이 집을 지었다. "제비들이 여기 산 지 … 5년 정도 됐나." 잭이 말했다. "두 사람이 올 줄 알았으면 새집을 지어 줬을 텐데." 잭은 코드를 입력하고 뚜껑의 나사를 풀었다. "쥐똥은 없군. 내가 넣어 둔 음파 퇴치기가 먹혔든 모양이야."

남자 직원이 제어판을 살펴보았다. "이건 정말 오래된 모델이네요."

"맞아. 세계 최초로 여기 퍼미안 분지 지역에 설치된 모델이었으니까. 업데이트는 여러 번 했지."

"네. 그럼 이제 중단시켜야 되겠네요."

잭은 잠깐 가만히 서 있었다. "다 됐구만, 그러면,"

그는 스위치를 돌리기 시작했다. 돌아가던 팬이 서서히 느려졌다. 두 기술자는 태블릿을 들고 무엇인가를 열심히 조작했다. 점점 소리가 잦아들더니 조용해졌다.

"하나 처리 완료." 여자 직원이 말했다.

그들은 잭이 오랫동안 유닛들 사이를 돌아다니면서 다져 놓은 길로 이동하면서 일을 처리했다. 잭은 마지막 10번 유닛이 있는 곳을 가장 좋아했다. 여기에 큰아들을 데리고 와서 함께 새들을 관찰하곤 했다. 그는 패널을 열고, 스위치를 돌렸다. 정화기의 날개가 점차 느리게 돌아갔다. 고개를 떨구자 딱딱해진 부츠의 가죽이 눈에 들어왔다. 낡아서 갈라지기 시작하고 있었다.

"최종 수치가 나왔어요." 태블릿을 들여다보던 남자가 고개를 들며 말했다. "이 유닛 열 개는 작동하는 동안에 406,781,200톤의 탄소를 포집했네요. 1980년에 텍사스가 배출한 탄소 배출량과 거의 같아요."

"자랑스러우시겠어요, 잭." 여자가 거들었다. "일생에 걸쳐 해내신 업적이에요. 1년 내내 신경 써야 하는 일인데, 처음 몇 년만 그런 게 아니라 지금까지 계속 해 오신 거니까요."

"그렇군." 잭이 중얼거렸다. "그런 것 같군."

"이제 남는 시간에는 뭘 하며 지내실 건가요, 잭?" 남자가 물었다.

그는 잠시 동안 아무 말도 하지 못했다. "취미를 좀 즐겨야겠지. … 박제를 하거나 … 낚시를 더 하거나."

"아, 멋진데요," 남자가 고개를 끄덕이며 말했다. "참 좋은 생각이세요."

잭은 두 사람과 엄숙하게 악수를 나누고 픽업트럭에서 내렸다. 그는 피칸 나무 아래에 서서, 두 사람이 탄 차가 떠나며 일으킨 먼지들이 차가운 공기 속으로 천천히 사라지는 모습을 지켜보았다.

5장

풍화

로스앤젤레스,
1월, 30℃ / 86℉

탄소는 결국 돌이 된다. 수십만 년이 지나면 대기는 자연스럽게 우리 조상들이 살았던 상태로 돌아갈 것이다. 아주 천천히 광물은 과잉 배출된 이산화탄소를 흡수한다. 기본적인 자연적 과정은 이렇게 진행된다. 대기 중에서 이산화탄소는 물과 반응하여 탄산을 형성한다. 아주 약한 산성을 띠는 비는 지표면의 암석을 녹여 무기 탄산염을 형성하고, 이는 결국 바다로 흘러 들어간다. 껍데기를 만드는 바다 생물들과 플랑크톤은 칼슘 이온을 탄산칼슘으로 바꾸고, 시간이 지나면서 껍질들과 퇴적물들이 쌓여서 단단한 석회암으로 변한다. 이 점진적인 풍화 과정weathering은 자연적으로 매년 약 1기가톤의 이산화탄소를 암석 속에 격리한다. 물론 인간들이 매년 40~50기가톤을 배출하고 있기는 하지만, 우리 눈에 잘 띄지 않는 돌들이 격리해 주는 탄소 1기가톤도 상당히 의미 있는 수치라고 할 수 있다. 여기서 이런 질문이 떠오른다. 암석의 자연적 풍화 과정이 더 빠르게 이루어지게 할 수 있다면?

풍화를 '강화'하거나 '가속'시킨다는 말은 암석을 깨서 탄산염을 생성하는 자연적 반응이 촉진되도록 하는 것을 뜻한다. ('자연을 더 빠르게Make Nature Work Faster'는 새로운 해조류를 개발할 때 사용한 슬로건이지만, 암석에도 쓰일 수 있다. 과연 우리가 속도를 높일 수 없는 게 있는지?) 탄소를 광물로 전환하는 방법을 자세히 알아보기 위해 지질학자 조슈아 웨스트Joshua West를 만났다. 그는 옥스퍼드에서 지구공학을 위한 암석 풍화 촉진Enhanced Rock Weathering: ERW 방식을 연구했고, 현재 서던 캘리포니아 대학교 교수로 재직 중이다.

　로스앤젤레스는 1월에도 뜨거웠다. 햇볕이 따갑게 내리쬐는 와중에도 스케이트보드, 스쿠터, 자전거를 탄 사람들이 푸른 하늘 아래에서 경쾌하게 돌아다녔다. 로마네스크 양식의 석조건물인 줌버지홀로 들어갔다. 그 아케이드에는 '자연의 신성한 선물'이라는 이름의 선반이 있어서 지나가는 사람들이 '무언가를 남기고 무언가를 가져가게' 했다. 조개껍질이나 물 위에 떠다니던 나무의 일부분 등이 세심하게 배열된 선반은 사슴 한 마리와 어떤 생각에 잠겨 있는 듯한 네 사람이 그려진 벽화 아래에 놓여 있었다. 그림 속의 네 사람은 구불구불한 미생물들이 들어 있는 하얀 구체를 경이로워하는 표정으로 바라보았다. 새소리와 햇빛으로 가득한 마당을 지날 때는 내가 신자유주의적이고 기업친화적인 대학에 들어왔다는 사실을 잠시 잊고, 더위를 헤치고 나와 자연을 숭배하는 신전에 발을 디뎠다는 생각마저 들었다. 홀에는 20억 년 전에 형성된 암석판이 장식되어 있었다. 포타슘 장석이 소용돌이무늬를 만든 분홍색 비아라 미그마타이트였다. '지구화학자 전용'이라는 스티커가 붙은 연구실 문을 노크하자 웨스트의 대답이 들렸다. 밝은 보라색 셔츠, 청바지, 갈색 가죽 구두 차림의 이 남자는 사근사근하고 키가 아주 컸다. 흥미로운 돌들을 많이 헤집고 다녔을 법한 사람이었다. 그가 앉으라고 권한 소파 건너편에는 원격조종 드론과 암석 풍화 현상을 설명하는 포스터들이 놓여 있었다.

그는 예전부터 지구의 장기적인 탄소순환에 관심이 있었다고 했다. '기후가 안정적으로 유지된 메커니즘은 무엇이고, 안정성을 잃은 시기는 언제인가?' 그는 멸종을 초래한 대규모 화산활동처럼 지질학자들이 천착하는 중요한 사안들을 연구해 왔고, 지금도 지구공학과는 관련이 없어 보이는 여러 문제들을 탐구하고 있다. 하지만 풍화를 오랫동안 연구했고 잘 아는 사람인 만큼, 그에게 풍화가 정확히 무엇인지부터 물어보아야 했다.

웨스트는 참을성 있게 설명해 주었다. 자연에는 규산염광물이라는 암석이 있고, 여기에서 칼슘과 마그네슘이 실리콘 및 기타 원소와 결합된다. 빗물이 떨어지면 이것들과 반응하고, 천천히 분해가 일어나면서 칼슘과 마그네슘이 방출된다. 이 칼슘과 마그네슘 이온은 결국 바다로 흘러들어간다. "칼슘과 마그네슘 규산염을 더 빠르게 분해할 방법이 있다면 더 많은 칼슘과 마그네슘을 생산할 수 있고, 산업적이거나 그와 비슷한 맥락에서 쓰일 백색 석회암을 만들 수 있는 거지요. 우린 모든 탄산염광물을 만들 수 있어요. 10만 년을 기다리면 자연적으로 그렇게 됩니다. 하지만 빠른 분해가 가능하다면 10만 년 동안 기다리지 않아도 되지요. 충분히 빠르면 꽤 의미 있는 양의 대기 중 이산화탄소를 줄일 수 있습니다."

'빠르다'는 말은 얼마나 빠른 것을 의미하는가? 10만 년보다 빠르다는 말은 여전히 아주 느린 속도를 뜻할 수도 있다. 10년? 100년? 아니면 1,000년일까? 웨스트는 이 문제가 어떤 의미에서는 우리가 얼마나 많은 돈과 에너지를 이 방식에 기꺼이 투자하느냐에, 또 어떤 기술을 사용하느냐에 달려 있다고 말했다.

가스를 돌로 바꾸기

탄소 광물화 속도를 높이는 한 가지 방법은 농축된 이산화탄소를 고온에서 물과 함께 암석에 주입하는 것이다(광물 풍화 용어로는 '현장 내부in situ' 방식이며, 지하에 있는 암석 내에서 일어나는 현상과 거의 동일하다). 이 기술은 카브픽스 프로젝트에 따라 건설된 아이슬란드의 헬리셰이디 지열발전소에 쓰였다. 발전소에 에너지를 공급하는 마그마로 거품을 일으킨 이산화탄소는 물과 황화수소에 섞이면서 '탄산수'로 탄화되고, 이 혼합물은 지하 400~800미터 아래의 현무암 암석에 주입된다. 가장 흔한 화산암이자 바다의 기저를 이루는 현무암에 소다수가 들어가면 그 기공들을 석회암이 채운다. 그 결과, 주입된 이산화탄소의 95퍼센트가 2년 만에 광물로 변했다.[1]

언뜻 봐도 이산화탄소를 지하의 암석으로 전환하는 방식은 유체 형태로 저장하는 것보다 훨씬 그럴듯해 보인다. 무엇보다도 이는 영구적이다. "이산화탄소를 광물 형태로 전환하는 건 안정적이죠. 움직이는 유체 상태인 채로 어딘가에 두는 것과는 달라요. 광물도 움직이긴 하지만 고체니까요." 카브픽스 프로젝트는 공기 포집 장치까지 설치하면서 진정한 마이너스 배출 기술을 추구한다.

하지만 여기에서 확장성 문제가 제기될 수밖에 없다. 무엇보다 에너지와 비용 문제가 약점이다. 아이슬란드의 이 프로젝트에서는 이산화탄소 1톤당 약 25톤의 물이 필요할 정도로 물 소비량이 많았다. 따라서 반건조 지역에서는 이 방식을 재택하기가 어렵다. 해상에서 작업을 진행하자는 아이디어도 있다. 충분히 물을 공급할 수 있고 육상에서 써야 하는 물을 건드리지도 않는다. 하지만 해상 환경 작업은 비용이 더 많이 든다. 가장 적합한 지역은 육지에서 200~400킬로미터 떨어져 있고 수심이 약 2,700미터에 달하기 때문에 파이프라인이 필요하고 시범 프로젝트 운용에도 상당한 비용이 소요될 것이다.[2] 그렇다 하더라도 이 새로운 연구 분야가 매우 흥미로운 것만은 틀림없는 사실이다.

농사용 암석 가루

'현장 바깥ex situ'에서 풍화를 촉진하는 방법도 있다. 암석을 미세한 분말로 갈아서 탄산염광물로 바꾸는 것이다. 여기에는 산업 시설에서 열이나 산을 사용하여 만든 암석 분말에 CO_2를 통과시키는 방식도 포함된다. "이건 아주 빨리 진행할 수가 있어요. 시설을 짓고 암석을 파내는 시간만 들이면 됩니다."

암석을 파내서 간 후에 그 가루를 밭에 뿌리면 농사용 암석 가루가 된다. 파쇄와 분쇄가 재료의 표면적을 증가시켜서 풍화작용을 촉진하며, 토양에서의 생물학적 활동도 풍화 속도를 높여 준다(다시한 번, 우리는 여기서 토양미생물의 경이로움을 목도한다). 식물이 주변에 있으면 암석 가루가 다섯 배까지도 빨리 분해된다.[3] "이건 아주흥미로운 아이디어입니다. 농작물에 영양분을 공급해 주는 데다가, 비료가 부족하거나 농작물의 가치에 비해 비싼 개발도상국에서는이중의 효과가 있어요." 웨스트의 평가다. 영국의 레버헐름 기후변화 완화 센터 연구 팀은 이 방식을 5~10년 정도 실행했을 때 어떤 결과가 나타나는지를 알아보기 위해 일리노이, 호주, 말레이시아 보르네오에서 현장실험을 진행 중이다.[4]

농사용 암석 가루의 이용은 윈윈전략처럼 보인다. 고도의 기술이필요 없고 지금 당장 기존 기술로 시행 가능하다. 그러나 여기에는특수한 지리적 측면에 대한 고려가 필수적인 대규모 채굴과 운반이선행되어야 한다. "암석을 파내야죠. 아주 큰 규모의 채굴이 있어야합니다. 또한, 반응성이 좋은 암석은 따로 있기 때문에 오래된 아무돌이나 파낸다고 효과가 있는 건 아닙니다." 그러니까 반응이 빠른규산염 중 하나인 감람석 같은 광물이 있는 곳을 찾아가야 한다는말이다. 따뜻하고 습기가 많은 열대 지역이 가장 유리해 보인다. 정리하자면, 농사용 암석 가루는 자연에게 일을 맡길 수 있다는 점에서, 또 비료 역할을 하므로 농부들에게도 이득이 된다는 점에서, 그리고 이산화탄소 농축을 하지 않아도 된다는 점에서 매력적인 방식이다.

초염기성 규산염 암석 가루,
그리고 산

다른 탄소 제거 기술과 마찬가지로 농사용 암석 가루에도 확장성 문제가 존재한다. 과학 논문들은 여러 가지 방식으로 그 가능성을 계산했다. 생산 가능한 농경지의 3분의 2에 현무암 가루를 뿌리면 2100년경에는 한 해에 0.5~4기가톤의 이산화탄소 환산량을 추출하게 된다는 추측도 있었다.[5] 앞서 언급한 베스트셀러 《플랜 드로다운》에서는 감람석 가루를 열대 토지의 3분의 1에 뿌리면 2100년까지 대기 중 이산화탄소가 30~300ppm로 낮아질 것이라고 내다보았다.[6] 그러나 이 책에는 자연에서의 흡수율이 실험실에서보다 10~20배 더 높다고 보는 일부 과학자들의 주장도 실려 있다. 나는 웨스트에게 이런 추정치들을 어떻게 생각하는지 물어보았다.

 "풍화 속도 추정에는 근본적인 문제가 있어요. 실험에서와 현장에서의 수치가 엄청나게 다릅니다." 실험실에서의 실험만으로는 생물학이 광물 분해에 미치는 영향을 다 포착하지 못한다. "미생물만 추가해도, 식물이나 식물에서 나오는 모든 것을 제외하고, 미생물이 배설하는 작은 분자들만으로도 광물의 용해 속도가 10배, 20배로 극적으로 증가합니다. 우리는 이 사실을 알지만 그 이유는 정확히 몰라요. 미생물이 어떻게 하길래 광물이 더 빨리 용해되는 걸까요?" 현장실험은 실험실과 현장 사이의 불일치를 어느 정도 조정해 주지만 특정 목표가 있는 '응용과학'으로 간주되기 때문에 자금을 지원

받기가 쉽지 않다. 즉, 탄소격리를 위한 암석 풍화를 집중 연구하면 기초과학의 범주를 넘어서게 된다. 영국에는 이 연구를 위한 지원금이 있지만 대부분의 연구 자금 지원 기관들은 아직 거기까지 나아가지 못했다. 그러나 반응 속도 연구 분야에서 기본적인 기초연구가 진척되어야 현장실험의 결과를 이해할 수 있다.

나는 다시 물었다. 기존의 탄소 제거 논의에서 제시된 해결책들보다 풍화 촉진이 더 낫다는 것을 현장실험 결과로 보여 줄 수 있을까?

"현장실험에서 우리가 추측했던 것보다 이 방식이 더 효과적이라는 사실이 밝혀질 가능성이 분명히 있습니다. 하지만 그렇지 않을 가능성도 분명히 존재하죠."

웨스트는 풍화 촉진이 몇 가지 복잡한 문제를 만들어 낸다고 지적했다. 감람석은 현무암보다 더 효과적으로 탄소를 격리한다. 하지만 감람석에는 미량의 니켈과 크롬이 들어 있고, 이는 독성물질이어서 식량 공급지나 열대림에 감람석 가루를 뿌리면 먹이사슬을 따라 독성이 축적될 수도 있다. 이산화탄소 포집 효과가 떨어지는데도 연구자들이 현무암을 더 많이 연구하는 이유가 여기에 있다. 현무암은 1톤당 약 0.3톤의 CO_2를 격리하지만, 감람석은 0.8톤이다.[7] 또 다른 문제도 있다. 암석에서 방출된 칼슘과 마그네슘이 CO_2와 결합하여 탄산염을 만들고 탄소 저장량을 늘리는 대신에, 점토광물 clay minerals인 '이차광물secondary minerals'과 결합하는 현상이다. 그리고 암석 가루가 주변 생태계의 생물다양성에 미칠 영향을 염려하는 연구들도 있다. 영양이 부족하고 산성인 토양에 생물군이 이미 적

응했을 수도 있기 때문이다.[8]

이제 웨스트에게 가장 멍청해 보이는 질문을 던질 차례였다. 엄청난 양의 이산화탄소가 암석으로 들어가면, 온 세상이 돌로 가득 차게 되는 건 아닌가?

그가 웃었다. "오, 왜 그러세요? 이러지 마세요."

"왜 이러긴요, 사람들이 궁금해할 거라구요."

"알겠어요, 진지한 질문이로군요." 웨스트는 지구화학자들과 오만에 갔던 일을 떠올렸다. 거기에는 고대 해저가 융기된 산들이 있었다. "그래서 그 고대 해저는 탄산염으로 바뀐 거대한 산이 됐고, 우리는 이산화탄소 10기가톤이 모이면 어느 정도 크기의 돌이 될지, 그러니까 배출을 상쇄할 만큼의 탄소량이 어느 정도인지를 어림잡아 계산해 봤어요. 엄청났죠. 산 하나 정도의 크기였어요."

"그러니까 매년마다 우리는 산 하나에 해당하는 양의 탄산염을 생산해야 하는 거죠. 그런데 그만큼이 바다에서 만들어지고 있어요. 바다는 엄청나게 넓으니까 산 몇 개 정도는 바다의 크기에 가려져 사라집니다. 하지만 이걸 산업적으로 생산하고자 한다면, 실제로 만들어야 하는 탄산염은 엄청나게 많아요." 웨스트는 다시 한 번 우리가 주의해야 할 문제를 설명했다. 우리는 암석부터 파내야 한다. 암석을 파내서 다른 암석으로 전환해야 하기 때문이다. "질량보존의 법칙이 있으니 그냥 새로운 암석을 만들 수는 없어요. 그러니까 우리가 돌들 아래 깔리게 되진 않을 겁니다. 하지만 한 해 동안의 이산화탄소 배출량을 계산해 보면 큰 산 두 개 정도가 됩니다. 그냥 돌무더기 같은 게 아니라 큰 산을 말하는 거예요. 정확한 수치가 얼마인지는 지금 기억나지 않지만 한참 높은 산이었어요. 그건 우리가 하고 있는 일이 크나큰 도전이라는 사실을 잘 보여 줍니다."

"화석연료 산업은 엄청나게 크지만 우리가 일상을 살아가면서 그걸 떠올리기는 쉽지 않아요. LA에 있는 정유공장에 가보셨어요? 정말 거대하죠. 그런데 중동의 정유공장에 비하면 초라한 크기예요. 이런 것들이 다 합쳐져서 엄청난 규모의 산업이 됩니다. 결국 산업적인 방식으로 거기에서 나온 탄소를 상쇄하려면 그만한 정도의 산업을 일으켜야 합니다. 이것이 간과되고 있는 지점이죠."

웨스트는 이 엔지니어링 측면을 우리가 주의 깊게 살펴야 한다고 했다. "나는 우리가 원한다면 5년 안에 이 일을 할 수 있다고 말해 왔죠. 하지만 정말 5년 안에 화석연료 산업 규모의 산업을 구축할 수 있을까요?" 그의 추측에 따르면, 기후가 급격하게 변화하면 우리는 자극을 받아서 그렇게 할 수도 있다. 하지만 점진적으로 변화한다면 그런 산업을 출범시키기는 어려울 것이다. 어쨌든 광물 탄화의 규모는 어마어마한 것이 맞았다. "그래도 우리가 돌덩이에 깔리지는 않아요. 그건 말도 안 돼요."

폐기물 탄소가 만들어 낸 돌산에 깔리지 않게 된 것은 기쁜 일이다. 하지만 확장성 문제는 계속 의문이었다. 기술 경쟁 문제도 그랬다. 우리가 화석연료 규모의 산업인프라를 구축하게 된다면, 직접 공기 포집이나 BECCS가 아닌 풍화 촉진을 선택하게 될 것인가? 흥미롭게도 풍화 촉진은 다른 탄소 제거 방법들을 보완할 수도 있다.

첫째, 바이오 숯은 탄소격리 수단이자 열대지방에서 땅을 비옥하게 하는 효과도 있다고 알려져 있지만, 그것만으로는 충분한 영양분을 공급하지 못하므로 암석 가루의 도움을 받을 수 있다. 둘째, BECCS 운용을 위해 확장된 바이오에너지 경작지에 풍화 촉진이 도입될 수도 있다. 셋째, 풍화 촉진은 열대 지역의 대규모 숲 조성 계획에도 활용 가능하다.

따라서 풍화 촉진에는 다른 탄소 감소 방식과 겹치고 보완해 줄 수 있는 지점이 존재한다. 그러나 지리적 요인들이 그럴 가능성을 방해한다. 한 연구에 따르면, 농산물의 80퍼센트가 현지에서 소비된다. 그리고 그렇게 수출이 제한적인 지역에서는 현무암을 수입해 농지에 살포할 만한 운송 인프라가 부족하다. 어떤 현무암은 경작지가 없고 광맥이 지상에 노출된 지역(에티오피아의 건조지대, 시베리아 등)에 있어서 다른 곳으로 운반하려면 탄소 비용이 발생한다. 따라서 풍화 촉진을 농경지에 적용하는 초기에는 북미, 영국처럼 도로망이 갖춰져 있고 중장비가 접근하기 용이하며 근처에 현무암이 있는 곳에서 시도하는 편이 좋다.[9]

도로와 교통인프라도 중요하지만 노동력도 고려해야 한다. 대형 농업회사들이 관리하고 이미 석회석 가루와 비료를 사용 중인 작물, 나무, 고무 농장이 아마도 가장 먼저 풍화 촉진 기술을 도입할 것이다. 소규모로 농사를 짓는 농부들은 그럴 만한 자원이 없을 수 있다. 그러나 농업이 소규모 이동식 경작에서 대규모 기계화 농사로 발전하며, 도로 개발로 수확량 격차가 줄어들고 시장에서 판매할 새로운 작물이 거래되면서 농업 시스템이 풍화 촉진에 잘 맞게 변화할 것이라는 예측도 있다.[10] 이런 전망이 자작농 중심의 친환경적이고 다문화적인 식품 시스템과 공존할 수는 없는 것일까? 기계적인 방법을 사용할 수 있게 되어도 인도네시아 농장에서처럼 여성들이 계속 비료 포대를 짊어지고 다녀야 할까?

어느 정책 전문가의 프레젠테이션을 들은 적이 있다. 그는 세계 지도를 띄우고 암석 가루를 이용한 농업에 적합한 지역들을 보여 주었다. 가장 괜찮은 곳은 콩고민주공화국의 중부 지역이었다. 나는 손을 들고 질문했다. 어떻게 하면 콩고민주공화국 사람들이 자기 밭에 풍화 광물을 쓰게 할 수 있나요? 이런 대답이 돌아왔다. "돈을 줄 겁니다." 콩고민주공화국이 실제로 어떻게 돌아가는지 모르는 사람에게는 합리적인 접근처럼 보일지도 모른다. 하지만 어떤 식의 접근이 현명한지는 각자의 판단에 맡기겠다.

여러 기후공학 관련 아이디어들과 마찬가지로, 풍화 촉진도 어떻게 실현되느냐에 따라 효과적일 수도 끔찍한 것이 될 수도 있다. 채굴은 생태계와 지역사회 모두를 심각한 재앙에 처하게 할 때가 많았다. 새로운 채굴 산업의 도입은 사회구조를 더 엉망으로 만들 수도 있지만, 우리가 단계적으로 없애고자 하는 유형의 광산에서 일하던 숙련노동자들을 다시 취업시킬 수도 있다. 제대로 건설되지 않은 규산염 광산은 분진을 유발하는 위험한 곳이 되기 쉽다. 어느 논문에 따르면, "열대 지역 전반에 걸쳐서, 특히 농업이 비기업적인 방식으로 이루어지는 지역에서는 교육, 안전 장비, 기본 수칙 마련 등에 투자가 필요하다."[11] 대부분의 지구공학 아이디어들이 그러하듯이, 어떻게 그리고 누가 하느냐가 관건이다.

새로운 탄소 제거 산업이 나타나게 만드는 동력은 무엇일까? 앞에서도 CCS를 다루면서 같은 질문을 했다. 그러나 CCS를 옹호하는 이들과 풍화 촉진을 지지하는 사람들의 태도는 상당히 다르다. 웨스트 같은 지질학자들은 과감하게 대규모로 풍화 촉진을 실시하는 것보다는 과학적 탐사를 통해 지구를 더 잘 이해하는 쪽에 중점을 둔다. 풍화 촉진의 잠재력과 비용을 보여 주는 놀라운 지도와 계산 결과를 제시하는 연구원들은 논문을 내놓아야 한다는 압박감에 시달리는 것처럼 보이기도 한다. 풍화 촉진은 이런 점에서 BECCS와 상당히 유사하다. 자기의 일자리를 유지하기 위해 흥미롭고 중요한 예상을 내놓아야 하는 전문가 집단이 만들어 낸 인공물일지도 모른다. 하지만 풍화 촉진 분야에는 이를 주도할 만한 뚜렷한 움직임이 부족하다. 그중 가장 흥미로운 연구 프로젝트는, 다이아몬드 회사인 드비어스가 광산 주위의 채굴 잔여물을 활용하여 킴벌라이트 암석에 탄소를 저장하는 풍화 가속 방식을 시도해 본 것이다. 이 회사와 함께 작업하는 과학자는 이 방식을 도입하면 드비어스가 탄소중립 기업이 될 수 있다고 말하기도 했다.[12] 잔여물을 탄소 제거에 사용하면 채굴 과정에서 나오는 탄소 배출량을 줄이는 한편, 풍화가 어떻게 이루어지는지도 더 잘 알게 될 것이다.

'재광물화remineralization'라는 표어 아래 뭉친 자생적인 집단도 존재한다. '지구 재광물화Remineralize the Earth'라는 조직은 1986년 네트

워크 뉴스레터로 시작해 1991년에 잡지를 발간했고, 1995년에는 비영리단체가 되었다. 이 운동은 농업생태학에 뿌리를 두고 있고, 그 시초는 독일의 영양생화학자 율리우스 헨젤Julius Hensel의 활동으로 거슬러 올라간다. 헨젤이 1880년대에《돌로 만든 빵》이라는 책을 쓸 당시에는 토양의 재광물화를 위해 암석을 가루로 만드는 기술이 존재하지 않았다. 그러나 수십 년 전부터 유럽 암석 회사들이 다시 연구를 시작했고, '지구 재광물화'는 이들의 연구 성과를 참고하여 현재의 기후위기를 극복하고자 한다. 이들은 토양 재광물화가 농업의 새로운 패러다임이라고 본다. "'지구 재광물화'의 목표는 분명하다. 자원 고갈의 시대에 풍요를 불러오고 화석연료에서 벗어나는 것이다. 재광물화는 토양에 생명을 돌려놓는 자연적 방법이다. 우리는 적절한 기술을 활용하여 지구를 빙하기 이전의 에덴 같은 상태로 되돌릴 수 있다."[13]

우리 앞에 놓인 것이 에덴동산의 꿈일지 산업적 채굴의 지옥일지는 알 수 없지만, 해결해야 할 두 가지 문제가 남아 있다는 점은 분명하다. 첫째로, 대부분의 사람들은 이 아이디어에 대해서 전혀 알지 못한다. 지질학은 일상적인 대화 주제가 아니다. 그리고 탄소 제거 전략으로서의 광물 탄화 촉진에 관한 글은 굉장히 난해하게 느껴질 것이다. 둘째, 우리는 아직 어떤 평가를 내릴 만큼 이 아이디어를 충분히 파악하지 못했다. 풍화 촉진의 가능성에 대한 추정치는 매우 가변적이어서, 과학자들은 동의하지 않을지 모르지만 내가 보기에는 거의 쓸모없는 숫자다. "기술적 혁신은 없고 유통 관련 추가 비용은 지금과 비슷하다고 가정할 때 채굴·연마·운송에 드는" 예상 비용은 60조에서 600조 달러로 추산된다.[14] 이렇게 폭넓은 추정치가 어떤 의미가 있다고 보기는 어렵다.

아직 널리 알려지지 않았다는 이유로 이 기술을 깎아내리는 것은 아니다. 여기엔 흥미로운 가능성이 많다. 예를 들어, 풍화 촉진은 물을 알칼리성으로 만든다. 그렇다면 산호초 지역의 해양 산성화 감소를 도울 수가 있다. 기후변화가 아주 심하지 않은 상황이라면 풍화 촉진 기술을 사용하여 해양 산성화를 역전시키고 2100년경에는 전 세계 평균 표면 pH의 회복을 가져올 수 있다는 연구 결과도 있다.[15] 이런 대단한 성과가 예상된다면 당연히 투자가 뒤따라야 한다. 내가 읽어 본 과학 논문들 중에서 가장 괴상했던 어느 연구에 따르면, 해저 생물이 해안 생태계를 풍화 촉진에 적합한 장소로 바꿔 놓을 수 있다고 한다. 미생물과 무척추동물들은 '해저 풍화 엔진'의 일부로서 풍화작용을 이끈다. 긴 실처럼 생긴 '케이블 박테리아'는 전자를 운반하여 해안 퇴적물의 위쪽 몇 센티미터 정도를 산성화하며, 이에 따라 탄산염은 더 빠르게 용해된다. 또한, 어떤 지역에서는 퇴적물을 먹는 생물들이 표면에서 15센티미터 아래까지의 퇴적물 전체를 수개월에 한 번씩 소화시키고, 이 '내장 통과'가 용해를 촉진한다.[16] 이런 생물학적 수단은 우리가 짊어진 탄소 제거 부담을 가볍게 해 주기는 하지만, 현재로서는 개념적인 단계에 속한다.

사람들이 풍화에 대해 알아야 할 중요한 사항이 있다면 무엇이냐고 묻자, 웨스트는 잠시 생각에 잠겼다. "풍화는 항상 이루어지는 자연스러운 과정이지만 매우 느리게 일어나고 있어서 더 빨라질 가능성이 있다는 점을 사람들이 주목하면 좋겠습니다. 또 중요한 건, 다른 이산화탄소 제거 방식들도 마찬가지라고 생각합니다만, 의미 있는 방식으로〔풍화가〕실현되게 한다는 것은 것은 엄청난 도전입니다. 따라서 도덕적 해이 문제가 나타나죠." 이런 논의를 우리에게 신뢰할 만한 기술이 있다는 의미로 받아들여서는 안 된다. "과학자들은 모든 가능성을 염두에 두고 연구합니다. 여러 가지 기술을 결합하면 좋은 결과가 나올 수도 있고요. 하지만 앞서 말씀 드린 것처럼, 이런 일이 어느 정도의 규모로 진행되어야 하는지를 계산할 때는 아주 냉정해야 해요. 기술적으로 불가능한 건 아니지만, 굉장히 힘든 일입니다."

우리가 지금까지 살펴본 거의 모든 기술이 비슷한 상황이다. 확대 적용이 기술적으로 불가능하지는 않지만 여러 가지 이유로 쉽지 않다. 열역학 같은 어떤 요인들은 바뀌지 않지만, 식물의 특성처럼 어느 정도 변경 가능한 부분도 있다. 가장 큰 차이를 낳고 추진력을 제공해 줄 수 있는 요소는 기술이 아니라 정치적·경제적·문화적 변화다. 3부에서는 탄소 제거를 중시하는 사회는 어떤 모습일지 추측해 보겠다.

스케치: 산

감람석 귀걸이가 빛을 받아 푸르게 빛났다. 막 귀걸이를 집어 들었을 때 크리스타의 전화가 왔다. "엄마? 준비 다 됐죠?"

"응 거의 다 됐어. 티켓 받았어. 아니 초대장인가, 패스라고 해야 하나? 아무튼 있어야 리셉션에 들어가는 거. 참, 귀걸이도 잘 받았어. 얘, 네 비서 참 상냥하더라."

"네, 좋아요." 한참 동안 침묵이 흘렀다. "크리스타, 왜?"

"뉴욕. 방금 발표했네. 거기도 산을 올리고 있잖아. 뉴스에서는 계속 우리보다 100미터가 높다는 말만 반복하고 있어요. 산이 어떤 콘셉트 인지, 탄소격리는 얼마큼인지 같은 건 전혀 안 다루고."

"칭다오에 만드는 것도 엄청 크다던데?"

"네, 하지만 다들 거긴 그럴 거라고 생각하니까, 그건 다르죠. 게다가 뉴욕은 굳이 오늘 밤에 발표할 필요도 없었다구요."

나는 귀의 두 번째 구멍에 긴 은색 귀걸이를 끼우고 흰머리를 뒤로 넘겼다. "얘 크리스타, 너는 탄소를 가두는 게 가장 중요한 거라고 하지 않았니? 자존심이 더 중요해?"

크리스타는 아무 말도 하지 않았다.

"넌 이미 잘 알고 있잖아. 크기는 중요하지 않아. 아빠를 생각해 봐. 크기가 중요한 거라면 내가 네 아빠를 꼬셨겠니?"

"으악. 괜히 전화했네. 이따가 밤에 봐요." 딸이 전화를 끊었다. 아, 또 대화가 중간에 끊겼네. 하지만 크리스타는 오늘 밤 세계의 정상에 있어야 하니까. 오늘은 개장식이 있는 날이다.

캐시미어 케이프를 두르고 검은 부츠를 신은 후, 열려 있는 창문 앞에 섰다. 바닷바람이 살살 불어왔다. 지난 4년 동안 나는 이 창문 앞에서 산이 점차 커지는 모습을 지켜보았다. 산은 다른 건물들 위로 자라나더니 서서히 초록색으로 변했다. 오늘 밤, 코발트빛 하늘을 배경 삼은 산 위에는 구슬 전구 불빛들이 반짝거렸다. 날이 밝을 때 개장식을 하지 않는 건 바보 같은 일이라는 생각도 들었지만, 딸애 말대로 이건 예술 작품이잖아. 저녁 행사가 있어야 하겠지.

나의 어머니는 저 산의 건설을 반대했다. 아이러니하게도, 어머니처럼 높은 인공물의 건설을 반대하는 사람들 덕분에 산 건설 주민투표안이 통과될 수 있었다. 우리 시에서는 도시의 '개성'을 살려야 한다는 이유로 충분한 주택을 공급하지 못했는데, 웃기게도 당시에는 그 개성이 거의 사라진 상태였다. 수천 명의 사람들이 말 그대로 길거리에서 생활하고 있었다. 주택 문제는 딸 아이의 예술 프로젝트에서 일종의 타협점이었다. 즉, 산의 한쪽 면은 도시의 안정을 위해 사용되어야 했다. 도시 쪽을 향하는 산비탈에 아파트를 지으면 시의 주택공급이 23퍼센트 증가한다. 그러면 고층 건물을 짓기 위해 오래된 동네들을 철거하지 않아도 된다. 크리스타는 산에 집 하나를 마련해 주겠다고 했지만 나는 거절했다. 그 애의 멋진 산에 살기보다는 내 작고 낡은 원룸에서 계속 지내고 싶었다.

차가 인도 옆으로 미끄러지듯 다가와 정차했다. 나는 승차한 뒤 다른 승객들에게 살짝 고개를 끄덕였다. 안내판에 경로와 소요 시간을 알려 주는 표시가 번쩍였다. 17분.

"어디 가시길래 그렇게 잘 차려입으셨어요?" 옆에 앉은 여자가 물었다. "산에 가요."

"아, 맞다. 산이 그 베일을 벗는 날이잖아요, 오늘 밤이?" 그녀가 웃으며 말했다. "계속 베일을 씌워 둘 방법은 없겠죠."

"저 산이 어떤 거 같으세요?" 내가 물었다.

"전 찬성표를 던졌어요. 그 많은 돌을 그냥 바다에 버리는 것보다는 훨씬 낫죠. 탄소 기금에서 비용을 댄다니까, 안 될 게 있나요? 다음 주에는 손주들하고 공원을 둘러보려구요. 맨 꼭대기까지 가볼까 봐요."

정원에 쳐 놓은 천막이 빛났다. 판석이 깔려 있고 자스민 향기가 났다. 나는 곧장 바로 향했다. 서빙하는 사람은 이 산에서 재배할 품종을 미리 맛보라면서 샤르도네를 권했다. 안개 속에서, 생물학적으로, 이 산의 토양이 아주 독특한 풍미를 만들어 낼 것이라고 그가 설명했다. 나는 고개를 끄덕이며 한 발짝 물러섰다. 경쾌한 음악이 나오기 시작했다. 조명이 후끈했다. 아마도 카본테크와 랜드 아트 분야의 유명 인사일 사람들이 사방에서 떠들고 있었다.

한 남자가 다가왔다. 기자인데 나를 인터뷰하고 싶다고 했다. 한숨이 나왔다. "산이 좋아 보이시나요?" 그가 물었다.

"아직 둘러보질 못했네요." 먼지가 날리는 공사 현장에 크리스타가 초대한 적이 있었지만 나중에 가 보겠다고 했었다.

"항상 따님이 큰일을 해낼 거라고 생각하셨나요?"

전에도 이런 질문을 받은 적이 있었다. 뭐라고 말해 줘야 할까. 블록

놀이에 관심이 많았다고 해야 하나. 모래성을 멋지게 잘 만들었다고 할까. 산을 잘 그렸다고 대답해 볼까. "그 애는 … 아이디어가 좋은 편이었어요. 끈기 있게 자기 생각을 밀고 나갈 줄 알았고, 다른 사람들과 힘을 합쳐서 일을 꾸려 나갈 줄도 알았죠. 그래도 전, 제 딸아이가 산을 하나 만들어 낼 거라고는 생각도 하지 못했네요." 기자는 내 표현을 재미있어하는 것 같았다.

나는 전시물들이 있는 곳으로 갔다. 산의 건설 장면을 찍은 풀컬러 사진과 산 아래의 산호초와 수족관을 다룬 인터랙티브 디스플레이가 있었다. 재료과학 부분은 빨리 건너뛰었다. 나는 기초 구조, 골격과 외벽 건설의 기술적 업적 등은 이미 다 잘 알고 있다. 풍화되도록 설계된 부분들만 산의 가장자리에서 파도에 부딪히며 조금씩 부서져 갈 것이다. 흥미로웠던 것은, 바다를 면해 있는 자생식물 정원이 비어 있는 공간 쪽으로 점차 좁아지는 모습이었다. 녹회색 모래에 무엇이 자리 잡을지는 아직 알 수 없었다. 이곳이 설계에서 가장 대담한 지점이었고, 크리스타가 힘들게 싸워서 얻어 낸 부분이다. 크리스타는 산의 한쪽 면 전체가 '스스로를 디자인하기'를 원했다. 여기를 보러 온 사람들은 풍화작용을 경험하고 참여하면서 지질학적 시간을 생각해 보게 될 것이다. 그들의 발걸음이 광물 알갱이들을 바다로 보내 줄 것이고.

방이 조용해졌다. 사람들의 고개가 돌아갔다. 크리스타와 그 일행이 조명 속에서 환하게 빛났다.

누군가가 마이크를 건네주었다.

"오늘 밤 이 자리에 함께 해 주신 여러분께 정말 감사 드립니다." 크리스타는 모든 관계자들을 언급하기 시작했다. 엔지니어, 수리학자, 조경 생태학자, 야생생물학자, 주택 건축가, 박물관 설계자, 정책 및 규제 담당 팀까지. 변호사들에게 감사를 전할 무렵에는 슬슬 딴생각이 들었다. 와인 한 잔이 더 필요했다. "그리고 어머니께도 감사 드리고 싶습니다. 엄마, 어디 계세요?" 나는 고개를 들고 미소를 지었다. "이 모든 과정에서 엄마는 항상 제 편이셨어요. 오늘 드디어 어머니와 기쁨을 함께 나누게 됐네요. 엄마, 엄마는 항상 나를 믿어 줬어요. 엄마가 없었다면 해낼 수 없었을 거예요." 나도 모르게 목이 메었다. 주변의 모든 사람들이 박수를 쳤다. 크리스타가 올라오라고 손짓을 했다. 나는 손을 내저으며 괜찮다고 했지만 딸애는 계속 고집을 부렸다. 나는 화려한 드레스를 입은 사람들과 밝은 조명 사이를 헤치고 가서 그 아이를 안아 주었다. 눈 밑에 다크서클이 보였다. 하지만 어렸을 때처럼 빛나는 눈동자였다.

"우리 딸. 같이 산을 둘러볼까?"

3부

탄소제로 이후의 사회

6장

노동

온실가스 배출량이 0을 지나 마이너스로 향한 사회에서의 삶은 어떨까? 거기서 일하는 사람들은 누구이고, 필요한 기술을 어떻게 배웠을까? 그들의 의례, 미학적 지향, 정서적 삶은 어떨까? 이산화탄소 배출량과 지구 기온을 낮췄다는 자부심이 있을까? 기후 복원이라는 위업을 달성했다는 사실이 그들의 문화에 큰 영향을 끼쳤을까? 아니면 그 사건은 오래전에 잊혀졌을까?

탄소 배출량 제로 이후의 사회를 탐구한다는 것은 유토피아적 가능성과의 유희를 의미한다. 산업계에서 '마이너스 배출'을 위한 '탄소 마이너스' 석유를 발표하고 화석연료 수명을 연장하기 위해 탄소 제거 개념을 도입할 준비를 하고 있는 오늘날의 세상에서는, 그런 유희가 공상의 나라로 가는 여행처럼 보일 수도 있다. 그렇다 하더라도 유토피아적 탐험은 나름대로의 가치가 있다. 유토피아적 사유를 손쉽게 무시하는 태도는 억압적 정치와 관련이 깊다. 마르크스주의 페미니스트 케이시 웍스Kathi Weeks에 따르면, "정치적 현실주의는 냉혹하고 비정한 정치와 연결되는 경향이 있"는 반면에, "유토피아주의는 이러한 전통적인 젠더 논리에 따라 연약함과 비현실적인 태도로, 더 정확하게는 비현실적 태도가 낳은 연약함으로 이해된다."[1]

사회적 관계들은 그 자연적 기초에 대한 주장, 예컨대 여성은 '원래' 그렇다는 식의 주장에 따라 규정되고, 대안을 보색하는 입장은 비현실적이라는 이유로 무시받을 때가 많다. 18세기 페미니스트 작가인 메리 울스턴크래프트Mary Wollstonecraft가 젠더 평등에 대한 자신의 온건한 생각조차 '유토피아적 꿈'으로 불린다고 토로한 것도 바로 이런 이유 때문이다.

기후변화와 관련하여 무엇이 가능한지에 대한 담론들을 자세히 살펴보면, 환경파괴가 인간의 본성이라거나 인간은 항상 자신과 자신이 속한 집단의 이익만을 우선시한다는 식의 '자연스러운' 상태를 가정하는 엇비슷한 주장들이 등장한다. 인간이 경제적 인센티브 없이는 어떤 선택도 하지 않는다는 말에 동조하지 않으면 유토피아주의라는 꼬리표가 달린다.

SF 작가인 킴 스탠리 로빈슨Kim Stanley Robinson의 말처럼, 근본적으로 다른 사회를 상상하는 것은 쉬운 일일 수 있다. "소망을 표현하고 정의, 평등, 평화의 어떤 모습을 원하는지를 분명히 밝히는 일에 불과하기 때문이다. 그건 쉽다. 어려운 것은 여기에서 거기까지 가는 그럴듯한 길을 상상하는 것이다."[2] 로빈슨은 마르크스주의 이론가 프레드릭 제임슨Fredric Jameson이 미래란 '상상할 수 없는 것'이라고 말했을 때, 이는 미래의 목적지를 상상할 수 없다는 뜻이 아니라 '좋은 미래로 가는 역사적 행로'를 상상하기 어렵다는 의미일 것이라고 했다. 로빈슨에 따르면 어쨌든 상상을 시도하는 것은 가치 있는 일이며, 그렇게 하면 문제를 지적하고 새로운 이야기를 만들어 내게 된다.

그렇다면, 탄소제로 이후의 사회는 테크노 유토피아일까? 아니면 작은 것이 아름답다고 생각하는 사람들의 유토피아일까? 어쩌면 둘 다일지도 모른다. 나는 산업기술과 탈성장이라는 이분법의 종합에 관심이 있다.

환경과학자 지오르고스 칼리스Giorgios Kallis는 지속 가능한 탈성장sustainable degrowth을 "인간의 행복을 증진하고 생태적 조건을 개선하는 생산과 소비의 공평한 축소"라고 정의한다.[3] 그 운영 원칙은 단순성simplicity, 공생conviviality, 공유sharing이다. 이 세 가지는 가치라기보다는 탈성장 사회의 운영 원칙이다(물론 가치로 볼 수도 있다). 탈성장의 사고방식 속에서는 "함께 즐거움을 누리는 소박한 삶을 가능하게 하는 새로운 사회적 · 기술적 배치"를 위한 혁신이 우선시된다. 탈성장을 지지하는 사람들은 기술적으로 복잡한 시스템이 기술 엘리트를 낳는다고 본다. 관료 집단이 관리하는 정교한 기술 시스템은 점차 민주적이지 않고 평등하지 않게 변질되므로 화석연료와 원자력은 위험하다.[4]

또한, 거대한 기술적 시스템은 전문가와 사용자로 나뉜 사회를 초래하며, 이는 안타깝게도 탈성장적 사유를 제한하고 여러 가지 탄소 제거 방식에도 동참하지 못하게 만든다. 탈성장이 내거는 많은 신조들에는 탄소 제거가 가져올 수 있는 가장 훌륭한 변화, 즉 공생과 소박함과 정의를 향한 혁신이 포함되어 있다. 칼리스는 "지속 가능한 탈성장은 생산과 소비가 감소하는 동안 인간의 복지 향상과 더욱 평등한 분배를 위해 조율된 여러 사회적 · 환경적 · 경제적 정책과 제도를 통해, 번영을 유지하면서도 성장을 축소하는 과정을 의도적으로 원활하게 진행하는 것을 의미한다"고 보았다.[5] '성장을 축소하는 과정'이라는 말은 배출량 감축의 서사와 잘 들어맞는다. 칼리스는《탈성장의 옹호Defense of Degrowth》에서 기본소득, 최대소득, 녹색세제 개혁, 공해산업에 대한 지원금 중단, 청정 생산에 대한 지원금 재분배, 사회적 연대 지원, 건물 사용의 최적화, GDP를 경제발전의 지표로 삼는 방식의 중단 등을 제안했다. 이 중 상당수는 대규모의 탄소 제거를 가능하게 한다.

우리가 어떤 구체적인 행동에 나서든지 간에, 분명한 것은 기술적 상상력에 걸맞은 사회적 상상력이 필요하다는 사실이다. 앞서 언급한 탈성장의 관점과, 과학기술로 환경 문제를 해결하려는 에코모더니즘의 관점은 어떤 연속체의 양극단에 위치하는 것이 아니다. 우리에겐 특정 종류의 산업이 더 필요하거나 덜 필요할 것이며, 에코모더니즘의 지지자들이 요구하는 도구들을 탈성장 이론가들이 추구하는 목적을 위해서도 사용할 수 있기 때문이다. 에코모더니즘과 탈성장 사이의 지루한 이분법을 반복하면 우리가 해야 할 일이 무엇인지 알지 못하게 된다. 비판적인 사유를 펼친 이들은 눈앞에 나타난 위기를 기록하는 데 집중한 나머지 산업화의 발전 방향에는 초점을 맞추지 못했다. 그러나 사실 하이브리드적인 제3의 입장도 충분히 존재할 수 있다. 자연을 '정복'하기 위해 존재하지 않는, 민주적으로 통제되는 산업기술 말이다.

탄소제로 이후의 사회가 어떤 모습이고 어떤 느낌일지, 어떤 사람들이 살아갈지, 그들이 무엇에 가치를 두고 살아갈지를 단언할 수는 없다. 그러나 흥미로운 가능성들이 분명히 존재한다. 다음 세기에 일어나리라 예상되는 다양한 기술적·비기술적 변화는 복잡한 상황을 만들어 낼 것이다. 어느 정도 합리적인 예측이 가능한 변화들도 있다. 90~100억 명으로의 인구학적 변화, 기계학습과 합성생물학의 발전, 노동과 교육의 본질 변화, 그리고 기후변화 그 자체 등이다. 우리를 놀라게 할 다른 변화들도 나타날 것이다. 나는 이 미래의 지형도를 이렇게 살펴보고자 한다. 탄소 제거에 충실한 문화가 이런 변화들과 어떻게 상호작용할지를 알아보고, 거기에서부터 역추적하는 방식이다.

◆ ◆ ◆

21세기의 노동은 복잡하다. 임금 정체와 불평등의 증가, 자동화와 기계학습, 그에 따라 나타나는 실업자 계층. 이런 상황에서 구원을 가져다줄 기업가를 숭배하는 현상도 나타난다. 국내 제조업 일자리의 미래를 건 무역 전쟁이 시작되었고, 사람들은 '탈물질화 dematerialization'가 무엇이고 실제로 존재하는지를 두고 고민하고 있다. 공론장에서는 인종, 젠더, 고용에 대한 논의가 한창이며, 학계에서는 자연을 어떻게 활용해야 하는지를 두고 활발한 토론이 진행 중이다. 수십억 명의 사람들은 하루에 고작 몇 달러로 살아가며 그들 중 상당수는 일자리를 찾아 농촌에서 도시로 향하지만 비공식적인 일자리만 얻게 된다. 한편, 선진국에서도 텅 빈 농촌 마을과 도시에서 생계를 어떻게 유지할 수 있을지 고민하는 사람들이 많다.

이런 상황에서 대기의 탄소를 제거하려는 엄청난 노력이 펼쳐진다고 가정해 보자. 누가 탄소를 제거하는 일을 할까? 어떤 종류의 노동일까? '훌륭한 녹색일자리'일까, 창의적인 직업일까, 고된 노동일까? 고용하는 측은 어디일까? 국가, 스타트업, 재단장한 대기업, 테크 회사, 협동조합, 지역적 조직? 이 일은 사회의 일부분에 떠맡겨질까, 혹은 특권층이 독점하는 것이 될까?

언론에 지구공학적 사건이라고 보도된 실제 이야기부터 살펴보자. 이 사건은 현재까지 행해진 유일한 '지구공학'적 시도이다. 2012년, 브리티시컬럼비아 북부 태평양 연안의 군도인 하이다 과이에서 수백 킬로미터 떨어진 바다에 어느 어선이 플랑크톤을 번식시키려고 철을 쏟아부었다. 이 시도는 금방 ' 지구과학을 빙자한 사기극'으로 불리게 되었고,《뉴요커》의 한 기자는 '세계 최초의 지구공학 자경단'이 벌인 행위라고 썼다.[6] 하지만 아무도 나서지 않을 때 기후 및 생태계 복원을 시도한 것이라고 보는 사람들도 있었다.

행동 개시

올드 매셋의 텅 빈 가게 위로 빗방울이 거세게 쏟아진다. 셔터가 내려진 건물에는 손으로 칠한 간판이 걸려 있다. '트루 노스 스트롱과 탱커 프리'. 통조림 공장과 부두는 조용했고, 한 켠에 쌓인 게잡이 통발이 낡아 간다. '조개 캐는 분들께 알려 드립니다. 법적으로 맛조개의 최소 크기는 4인치입니다.' 녹슨 선적 컨테이너가 자갈밭에 버려져 있다. 바위 해안을 따라 흩어져 있는 새빨간 연어 부스러기를 노리고 까마귀 떼가 내려앉았다. 어느 까페 바깥의 게시판에는 이런 전단지가 꽂혀 있었다. "브리티시컬럼비아 화해 주간: 치유와 화해를 위한 전국적인 여정에 동참하세요!" 주요 내용은 이랬다. 의견 청취 모임, 전통 의식, 생존자 모임, 교육의 날, 생존자 증언, 문화 공연, 영화 감상.

외지인에게 비 오는 날의 올드 매셋은 황량해 보인다. 주민 600여 명이 조용히 생존을 위해 고군분투하는 이 마을은 옛 모습을 간직하고 있다. 실업률이 70퍼센트에 가깝지만, 주민들은 낚시와 채집으로 전통적인 식량을 마련하면서 버티고 있다. 부두에서 만난 두 남자는 학교 뒤편 땅이 산딸기 심기에 좋다고 했다. 2주 뒤면 연어철이 끝난다. "우리는 원주민이라서 물고기를 잡아도 돼요." 감자와 쌀만 있으면 된다고 했다. 산딸기를 얼려서 스무디를 만들어 먹는다는 자랑도 곁들였다. 하지만 이 마을이 처한 상황은 좋지 않다. 가장 중요한 산업은 어업과 벌목인데, 육지의 대기업이 어업 허가를 받을 때도 많아서 어획량이 일정하지 않다. 생선 냉동공장에서 교대근무를 하면 고용보험 지원을 받아 한 달에 860캐나다달러를 벌 수 있다. 하지만 지금은 통조림 공장이 조용했다.

올드 매셋 부족에는 하이다 원주민 약 2,500명이 살고 있고, 차로한 1시간 반 정도 떨어진 남쪽의 스키드게이트 부족에도 2,500명 정도의 원주민이 거주한다. 한때는 하이다족 마을이 더 많았지만, 백인들과의 접촉 후 인구의 90~97퍼센트가 줄어들었다. 수십 년 동안 하이다족은 원주민 기숙학교에 강제수용되었고, 그들의 언어도 금지되어 사멸 위기에 처했다. 식민자들은 그들의 숲에서 벌목을 하고 어장을 고갈시켰다. 하지만 나는 하이다족이 그 땅의 식민지화 앞에서 수동적인 행위자였다고 말하려는 것이 아니다. 그들은 벌목에 저항했고 캐나다의 법률을 바꿔 놓았다. 그들은 어업과 하천을 복원하려는 계획을 진행 중이다. 하이다족은 미래를 향해 전진하는 창의적인 사람들이다.

자신들의 땅과 기후를 다른 누군가가 좌지우지하려고 할 때 저항에 나서는 사람들의 이미지는 우리에게 익숙하다. 시위 현장에서의 도전적인 표정, 공중에서 찍은 행진 모습, '반대'라고 적힌 팻말. 설명이 붙어 있는 이 사진들은 어떤 위안을 준다. 1960년대에 대한 향수를 불러일으키고, 여전히 저항하는 사람이 있다는 생각도 들게 한다. 저항은 일종의 민주적 숙의가 일어나고 있다는 것을 의미한다. 환경파괴에 대한 저항은 계획과 예상을 따라간다. 그러나 환경에 적극 개입하려는 행위는 예상대로 흘러가지 않을 때가 많다.

하이다 과이 주민들은 자신들이 사는 곳에 의존하고 있으므로 연어 같은 현지 식량을 조달하고 생태계에 접근할 수 있어야 한다. 환경을 소중히 여기고 거기에 기대어 살아가며 경제적으로는 빈곤한 이곳에서는, '생태계 서비스 지불payment for ecosystem services'이라는 개념이 탄소를 금융화하여 단기간에 큰 수익을 올리려는 시도와는 전혀 다른 의미를 갖는다. 올드 매셋 마을의 지도자들이 외부 사업가인 러스 조지와 손잡고 연어 개체수 회복과 탄소격리를 목표로 하는 환경 개입 시도에 자금을 지원하기로 결정한 이유를 이해하려면 이런 맥락을 먼저 이해할 필요가 있다.

2012년 여름, 선원들 몇 명이 35피트 길이의 임대 어선인 오션 펄호를 몰고 거센 바람을 가르며 하이다 과이 섬 너머, 하이다족의 영해로 나아갔다. 이들은 몇 주에 걸쳐 바다에 철분을 쏟아부었고, 두 대의 해양 글라이더와 스무 대의 표류 로봇을 띄워서 원격으로 플랑크톤 번식을 관찰했다. 하이다 연어 복원 회사(HSRC)의 전 과학 책임자인 제이슨 맥나미는 이렇게 술회했다. "우리는 제곱킬로미터당 약 40킬로그램의 철분 물질을 바다에 투입했고, 그 결과 해양 상층부 100미터의 철 농도가 약 1조 분의 3에서 1조 분의 10으로 바뀌었습니다."(나는 몇 년 전에 밴쿠버에 있는 HSRC 사무실에서 그를 인터뷰했다. 얼마 지나지 않아 캐나다 정부는 이 사건에 대한 조사에 착수했다.) 그러나 이 행위를 환경보호가 아니라 해로운 개입이라고 받아들인 사람들이 많았다. 맥나미는 "우리는 그때나 지금이나 지구공학을 시도한 거라고 생각하지는 않는다"고 했다.

지구공학이든 아니든, 이 회사가 해양 철분 비옥화를 시도한 이유는 무엇일까? 그리고 왜 환경친화적인 원주민들이 이 일에 자금을 대기로 한 것일까?

바다에 비료를 주는 것, 즉 바다에 영양분을 투입하여 바다를 '비옥하게' 만드는 것과 탄소격리는 이렇게 연결된다. 바다에 있는 아주 작은 생물체인 식물성플랑크톤은 지구에서 1차 생산량의 절반을 차지한다. 엄청난 바이오매스가 바다에서 자라나고 떠다니다가 죽어 간다. 만약 더 많은 식물성플랑크톤이 자라나 깊은 바닷속으로 가라앉는다면 이론적으로 상당한 양의 탄소가 저장된다. 즉, 이는 해양 탄소흡수원을 생물학적으로 강화하는 방법이다. 대체로 플랑크톤은 영양 부족 때문에 성장하지 못한다. 따라서 더 많은 영양분(비료)을 공급하면 플랑크톤이 더 많이 자라날 것이고, 결과적으로 더 많은 탄소가 격리될 것이다. 전반적으로는 가능성이 커 보인다. 하지만 세부적으로 보면, 우리는 이 방법이 실제로 탄소를 얼마나 격리해 줄지를 잘 모른다. 탄소가 확실하게 격리되려면 심해로 가라앉아야 하는데, 심해는 우리에게 다른 행성이나 마찬가지다. 심해에서 일어나는 일을 측정하고 연구하는 것은 너무나 어려운 일이다. 탄소격리는 빛, 규산염, 기타 요소들이 어떻게 작용하느냐에 따라 달라지며, 예상하지 못한 효과가 일어날 가능성도 크다. 측정이 어렵고 알려진 바도 많지 않으니 이런 식의 환경 개입 시장이 마련되기는 어렵다.

하지만 HSRC의 목표는 탄소격리만이 아니었다. 회사의 명칭을 보면 알겠지만, 이들은 바다에 철분 비료를 주는 것을 연어 복원 방법으로 여겼다. 야쿤강에서 40년 넘게 연어 부화장을 성공적으로 운영해 온 하이다족은 연어가 심해로 나간다는 사실을 잘 알고 있었다. 그러나 연어가 심해로 떠난 후 어떤 일이 일어나는지는 아무도 정확히 알지 못했다. 연어 떼의 숫자 변동이 심하긴 하지만, 확실한 것은 그중 상당수가 하이다 과이로 돌아오지 않는다는 사실이다. 원주민 학자이자 활동가인 카일 와이트Kyle Whyte는 이렇게 지적했다. "연어 개체수의 감소는 최근의 인위적인 기후변화가 가져온 악순환 때문만이 아니다. 땅의 소유권 박탈, 권리의 무시, 생태 파괴도 큰 원인이다."[7]

　HSRC는 이 문제를 자체적으로 연구해 왔다. 러스 조지도 많이 언급했던 먼지와 관련된 이론이다. 식물성플랑크톤이 줄어들었다. 북태평양의 플랑크톤은 물속의 철분 양에 따라 그 성장이 좌우된다. 2010년의 놀라운 연어 어획량은 알래스카의 가사토치 화산이 폭발하면서 영양분이 많은 화산재가 비에 섞여 바다에 쏟아진 상황과 관계가 깊다. 이 논리는 이렇게 정리할 수 있다. 먼지가 많이 투입되면 플랑크톤이 많아지고, 먹이사슬을 따라 더 많은 생물들이 번성하며, 결국 연어가 많아진다는 것이다. 과학적 기준에 맞춰 '증명'하기가 매우 어려운, 어쩌면 불가능할 수도 있는 대담한 추론이다. 이렇게 연구비 지원 신청서를 작성하면 심사 과정에서 탈락할 가능성이 높다. 인과관계를 증명할 강력한 증거를 제시하기가 어렵기 때문이다.

　그러나 연구비 지원을 받아야 하는 과학자가 아니라면, 즉 높은 인용지수와 학문적 이력이 아니라 해양 생산성과 해양 바이오매스 증가라는 실용적인 차원에 관심을 두는 경우라면, 강력하고 실증적인 증거 제시가 필요하지 않을 수도 있다. 효과가 있다면 그것으로 끝이다. 캐나다 환경부가 '비과학적 이벤트'라고 일축했던 이 시도를 이해하려면 이를 다른 유형의 과학으로, 즉 환경 지리학자 레베카 레이브가 말한 것처럼 개방형 과학free range science으로 보는 편이 더 나을 수도 있다.[8] 그 방법론, 자금 출처, 의도에는 기존 방식과 새로운 방식, 전문적 태도와 아마추어적인 태도가 섞여 있었다. 또한, 전문적으로 과학교육을 받지는 않았지만 여기에 참여하고 싶어 한 사람들이 이 프로젝트를 구상했다.

이 프로젝트가 지구공학 아니냐며 쏟아진 비난의 상당 부분은 러스 조지라는 인물과 관련이 있다. 그는 해양 철분 비료가 미칠 악영향을 우려하는 활동가들에게 친숙한 인물이었다. 예전에 조지는 탄소배출권 스타트업을 운영하면서 문제를 일으켰다. 그가 설립한 회사인 플랭크토스는 2007년에 철분을 바다에 뿌리려고 하다가 격렬한 반발에 부딪혀 갈라파고스에서 쫓겨났다. 조지는 자연 복원 책임 운운하며 자신이 "이 행성이 처한 응급 상황에 대응한 첫 번째 사람"이라고 했다.[9] 이 사건의 파장으로 2008년 생물다양성협약에서는 대규모의 상업적 해양 비옥화가 당분간 중단되어야 한다는 결의가 채택되었다. 조지는 괴짜 악당이었다.

그러나 '지구공학 사기꾼' 조지에게만 초점을 맞추는 것은 2012년의 HSRC 프로젝트가 지닌 맥락의 중요성을 무시하는 일이다. 우선, 올드 매셋 마을은 기후완화와 기후적응에 오랫동안 관심을 기울여 왔다. 연어 복원 프로젝트에 참여한 경제개발 책임자 존 디즈니는 환경 문제를 진지하게 대하면서 독립적인 풍력 및 조력에너지로의 전환, 지역 식량 시스템 강화, 보건과 교통 시스템 개혁 등을 추진한 사람이다. 해양 비옥화 프로젝트를 시도한 지 몇 년 뒤, 그는 건물 난방용 바이오매스 보일러를 설치하여 공해를 일으키는 디젤 대신에 목재 폐기물에서 생산된 전기를 사용하게 했다. 예전에 그는 탄소배출권을 활용하여 숲을 가꿀 기금을 마련하려는 시도도 해 보았고, 그 경험을 통해 일회성 프로젝트는 지속 가능하지 않다는 것도 깨달았다. 이 섬의 자원을 보존하는 일에 자금을 대려는 사람들이 없었기 때문이다. 하지만 이 해양 비옥화 프로젝트는 그 성격이 달랐다. 주민들은 마을의 돈을 쓰기로 결의했다. 맥나미의 말처럼, 올드 매셋 마을의 하이다족은 "자원을 관리해야 할 문화적 의무"를 따르려 했다. 우리는 전 세계적인 탄소 배출 제한에 실패했다. 그러니 우리에게도 대안을 모색해야 할 책임이 있다.

지구를 변화시키는 일을 떠올릴 때 우리는 냉전시대의 용어를 사용하는 경우가 많다. 우리는 여전히 기계화, 비인간화, 정보 통제 같은 이미지의 마법에 걸려 있고, 그 이미지들이 기후공학에 대한 우리의 생각을 지배한다. 기후조절을 계획하는 자들은 칙칙한 양복을 입는다. 관료적이고 동질적인 위계질서를 따르는 사람들이거나 음모를 꾸미는 사업가들일 것이다. 원주민들은 그럴 사람들이 아니다. 작은 마을에서 먹고사는 어부나 언론과의 접촉을 민망해하는 선출직 의원은 지구공학과 상관없는 존재들이다. 지구과학은 어떤 마을의 프로젝트가 될 수 없다는 생각, 즉 우리 머릿속에 들어 있는 '지구과학'이라는 각본은 하이다족의 프로젝트가 어떤 맥락에서 진행된 것인지를 이해하지 못하게 만든다. 그 각본은 공연에 출연하지도 않은 배우들 간의 대결을 상정하고 있는 것이다.

하지만, 이 이야기 속의 어떤 배역들은 아주 현대적이기도 하다.

기업가, 환경 해커, 환경 스타트업, '해양생명공학 및 관리 기업' 등이 그렇다. 기술을 개발하거나 주도권을 쥔 이들이 누구인지는 불확실하다. 수많은 기후공학 스타트업이 생겨났고, 일부는 이미 조용히 사라졌다. 클라이밋 엔지니어링(산업용 공기 탄소 포집), 글로벌 서모스탯, 킬리만자로 에너지, 바이오레크로(탄소 포집 및 저장 바이오에너지), 쿨 플래닛(바이오 숯) 등이 떠오른다.

　행동을 앞세우고 창의적이며 논란을 일으키는 사람들은 스타트업 문화와 관계된 경우가 많았다. 미디어 연구자 프레드 터너Fred Turner는 실리콘밸리의 문화적 뿌리를 1940~50년대에 연방 연구소에서 수행된 협업, 학제 간, 사이버네틱스 연구와 1960년대의 반문화에서 찾았다. 특히 그가 주목한 것은, 전체론적 시스템 생태학과 땅으로 돌아가자는 새로운 공동체주의를 지향했던 반문화의 기술 친화적인 특성이었다.[10] 이러한 카우보이-유목민의 전형에 완벽하게 들어맞는 사람이 바로 러스 조지였다. 언론도 이 점에 주목했다. 그는 자유주의적인 기술 전문가들이 시대에 뒤처진 육지에서 풀려나 자유롭게 떠다니는 삶을 계획하는 곳인 실리콘밸리 시스테딩 인스티튜트의 초청 연사에 어울리는 사람이자, 불량배이고 독불장군이며 탄소배출권이라는 개척지를 노리는 시비꾼이 되었다. "바다 목초지"와 "바다 목장"을 강조하는 그의 언사들은 문자 그대로 카우보이적 원형의 확장이다. 조지에 대한 언론보도를 살펴보면, 이론을 따지기보다는 소매를 걷어붙이고 직접 뛰어다니며 실행에 옮기는 이 말썽 많은 사업가와의 애증 관계가 고스란히 드러난다. 관습에 얽매이지 않고 일을 추진하는 스타트업은 멀리서 바라보면 동경의 대상이다. 그러나 그들의 책임감이나 기존 질서에 도전하려는 충동은 의혹의 시선을 받기에 충분하다.

조지는 한 사람의 사업가일 뿐이다. 하이다 과이에서는 어떤 종류의 일자리가 지역사회 전체에서, 특히 비도시 지역에서 생길 수 있는지에 관한 논의가 이루어졌다. 제이슨 맥나미는 바다의 변화를 연구하는 하이다 해양발전센터에서 공동 과학 연구가 한 단계 더 발전하기를 기대한다고 했다. "우리는 새로운 바다 연구 방식을 찾고 시민 과학의 역량을 강화한다는 목표를 세웠습니다. 저렴한 DIY 도구를 설계하고 제작할 것이고, 그 설계도와 소프트웨어는 공개할 생각이에요. 우리 센터에는 해안·선박·로봇 인프라가 있어야 합니다." HSRC는 필요한 장비를 대여하고 전문 과학자들에게 정보를 얻을 수 있었다. 그 과학자들 중 상당수는 프로젝트에 공식적으로 참여하지는 않지만 데이터에는 관심이 있는 사람들이었다. 과학은 거대한 기관의 연구실에서 자유로워졌고, 더 많은 사람들이 대규모 데이터를 수집하고 처리할 기회와 도구를 얻게 되었다.

이런 식의 연구에서는 수년간의 훈련과 여러 단계의 제도적 감독을 거치면서 갖추게 되는 핵심 정보나 폭넓은 이해가 부족할 수 있다는 점을 유의해야 한다. 하지만 과학자들이 시민들이나 아마추어와, 그리고 수년간 저임금에 시달린 대학원생 출신이 아닌 사람들과 협력하는 것은 크나큰 민주주의적 변화이며 과학 자체에도 좋은 영향을 미칠 것이다. 이는 대도시와 대형 실험실 바깥에 있는 사람들이 지식·정보경제에 참여하게 된다는 의미이기도 하다. 대도시가 아닌 지역에서 강력하고 영구적인 방식의 탄소 제거가 진행된다면 농촌 지역사회에는 지식-경제 관련 일자리가 확충될 것이다.

다음으로는 이와 관련된 농촌 또는 채취 경제의 곤경, 프로그래머와 기업가의 역할, 로봇 바다 글라이더, 플랑크톤 등의 문제를 다루어 볼 것이다.

농촌 노동
: 부담일까, 탄소 관리일까?

기후에 변화가 나타날 만큼 탄소 제거를 위해 애쓰는 사회로 이행한다면 농촌 부흥의 기회가 올 수도, 반대로 농촌이 억압받고 계속 재화가 유출되는 상황이 나타날 수도 있다. 선진국과 개발도상국의 상황이 각기 다르기는 하지만, 이는 두 경우 모두에 해당한다. 어떤 경우이든, 농촌 경제개발 문제라는 차원에서 탄소 제거 사안을 인식할 수 있어야 한다. 토양 탄소와 재생농업 논의에서는 이미 농촌 경제 활성화 문제를 다루고 있다. 그러나 거시 정책 혹은 '마이너스 배출'이나 탄소 제거 연구에서는 기술이 농촌사회에 어떤 영향을 줄지를 논의하는 경우가 거의 없다. 아마도 이는 탄소 제거를 이야기하는 대부분의 사람들이 도시에 살고 있기 때문이거나, 끈질긴 이분법인 '기술'과 '농촌' 사이의 분리가 작용한 탓일 것이다.

경작과 매립에 기반한 탄소 제거를 실천한다면 농촌 지역사회는 큰 혜택을 얻을 수 있다. 경작 측면에서, 탄소 제거 정책은 재생농업을 받아들인 농부들에게 경제적 기회를 제공한다. 목표와 현실 간의 격차를 줄이려면 도시의 식품 소비자 및 납세자들의 대중적 인식과 지지가 있어야 하고, 농촌지역에서는 보조금의 재설정을 요구해야 한다. 인프라 측면에서, 직접공기포집이나 바이오에너지를 이용한 탄소 포집 및 저장이 가능하도록 인프라를 구축하고 운영한다면 석유 및 가스산업에 쓰이던 기술을 활용하는 일자리가 생겨날 것이다. 이 분야에서 일할 노동자의 재교육도 준비해야 한다. 비료로 쓰일 광산 잔여물의 풍화 촉진 기술은 채굴과 운송 일자리를 제공할 것이다. 여기서 노조 및 노동자들과의 협력이 중요하다. 탄소 제거는 화석연료에서 벗어나는 정의로운 전환just transition의 일부가 될 것이다. 어쨌든 탄소 제거는 농촌사회의 요구에 귀를 기울이며 진행되어야 성공을 거두고 실제 마이너스 배출을 달성할 수 있을 것이다.

여기에는 흥미로운 긴장이 존재한다. 이는 부담일까 아니면 특권일까? 상황에 따라 다르다. 예를 들어, 탄소농업은 사람들에게 여러 가지 새로운 부담을 준다. 농부들은 기존과는 다른 장비를 갖춰야 하므로 전환에 이르기까지 몇 년이 걸릴 수도 있으며, 다른 사람들의 탄소 폐기물을 치우는 역할을 떠맡아야 한다. 하지만 그들은 주변 경관의 설계자 역할을 하면서 토지와 자원의 통제권을 행사할 수도 있다. 반면에 일용직이거나 고용된 일꾼이라면 다른 사람의 생각을 실행할 뿐 여타 발언권을 갖기 어렵다. 이 지점에서 농장 설계와 운영을 둘러싼 집단 노동과 민주적 의사결정 문제가 불거진다. 재생 유기농 인증 제도에서는 이를 의식하고 몇 가지 원칙을 제시했다. 그 세 가지 주요 원칙 중 하나는 '사회적 공정성'이며, 생계유지를 위한 적정 임금과 투명성, 결사의 권리 등도 '공정한 농부 및 노동자 대우'의 기준으로 설정되었다.[11]

환경보호 활동을 부담스러워하는 상황이 확산되면 사람들이 개입과 행동, 돌봄의 중요 동기를 잃어버릴 수 있다. 개발협력 연구자인 니라 싱Neera Singh은, 현재의 환경정책 결정에서 재정적 인센티브를 중시하는 이유는 환경보호가 높은 기회비용이 뒤따르는 부담으로 간주되기 때문이라고 했다.[12] 하지만 실제로 인센티브가 꼭 있어야 하는 것은 아니다. 싱은 20년 동안 인도 오디샤주의 숲에 있는 공동체들을 연구해 왔다. 싱이 발견한 것은 생태계 봉사에 대가를 지불하면, 그 대가는 그로 인해 상실한 수입과 기회를 보상하기에는 불충분할 때가 많았다는 사실이다. 오히려 산림보존 노력은 신성한 가치나 다음 세대에 대한 염려처럼 돈으로 따질 수 없거나 개인적이거나 집단적인 여러 동기들에 따라 행해졌다. 싱은 산림보호 활동을 '정동적 노동affective labor'이자 '선물'이라고 표현했다. 소외된 노동과 달리 정동적 노동에는 자기표현이 담겨 있다. 그 이상적인 모습은 자신의 내면을 표현하고 사회 전체에 기여하는 장인이나 예술가이다. 노동은 노동을 하는 사람과 분리될 수 없다. 여기에서 결정적으로 중요한 것이 노동을 하는 사람과 노동 대상 사이의 관계이다.

'선물'이라는 패러다임 속에서 사람들은 환경 서비스 구매자와 판매자가 아니라 "환경보호의 부담과 기쁨을 함께 나누는 상호호혜적인 동반자로서" 행동한다. 싱은 "자연을 돌보는 노동이 선물의 언어로 구성되면, 여성의 돌봄노동이 그러하듯이 착취로 이어질 가능성이 높다"고 경고하기도 했다. 그러나, 그러한 구성은 시장과 구매력이 더 이상 자원배분 방식의 결정권자가 아니라는 사실을 의미하기도 한다. 선물에 내재된 호혜성으로 인해, 권력이 선물 제공자에게 이동한다는 것이다.

환경 인문학자 카렌 핀커스Karen Pinkus가 지적한 것처럼, 선물 패러다임을 탄소 관리에 적용하면 그 수혜자는 미래의 인간이다. "정말 환상적인 경우를 제외하면 양자는 동일한 시공간에 놓일 수 없기 때문에 받는 사람이 주는 사람에게 보답할 수 없다는 문제가 생긴다. 그렇다면 탄소 관리는 선물을 불가능하게 만드는 시간적 아포리아를 극복하는 일이 아닌가?"[13] 그런 의미에서 탄소 제거는 어쩌면 더 큰 선물을 요구하는 것인지도 모른다. 지금의 세대는 살아 있는 동안 자신들이 준 선물의 보답을 받지 못할 것이기 때문이다.

토지 관리와 마찬가지로 탄소 제거에서도 초기 보상만으로는 행동을 이끌어 내기 어려울 것이라는 점이 중요하다. '인센티브 제공'은 탄소 제거를 달성하게 할 중요한 방식이지만 유일한 동기부여 수단인 것은 아니다. 우리는 돈을 지불해야 일이 이루어진다고 세뇌되어 온 것은 아닐까? 농부들이 정동적 노동, 헌신, 선물이라는 관점에서 판단하리라는 기대가 무리한 것일까? 기존의 농장 운영에서 잘 나타난 것은 아니지만, 직접 만나서 이야기를 나누어 본 많은 농부들은 분명히 '선물의 언어'를 구사했다. 이런 관점이 산업적인 탄소 포집 및 제거에는 어떻게 적용될 수 있을까? 실제로 많은 경우에 파이프를 설치하는 노동자는 나라에 공헌한다는 자부심이 있다. 오히려 자신의 노동을 그렇게 인식하지 못하는 도시 엘리트들의 실패야말로 오늘날의 사회분열에 기여하고 있다.

탄소 제거를 부담이나 노동의 기회, 혹은 돌봄 형식으로 보는 이 모든 관점들은 모두 어느 정도 진실이다. 우리는 (누가 이 의무에 응답해야 하는지에 대한) 책임의 차원과 (이 의무를 수행할 역량이 있는지에 관한) 행위주체의 차원을 항상 예의 주시해야 한다.

기술 노동
: 프로그래머, 제작자, 기업가

"미래에는 탄소 제거가 자동화·단순화되고 보이지 않게 백그라운드에서 진행될 것입니다." 시스템이 고장 난 탄소시장(탄소배출권 시장)을 혁신하려고 하는 스타트업 노리의 CEO 폴 갬빌Paul Gambill의 말이다. 이 회사의 목표는 블록체인 기술을 사용하여 탄소 제거 비용을 지불하는 사람과 실제로 탄소를 제거하는 사람을 연결하는 자발적인 시장을 만들어 내는 것이다. 기프트카드 혹은 토큰은 탄소 제거 크레디트 지불에 사용된다. 탄소 제거의 열의로 가득 찬 사람들이 모인 큰 방에서 갬빌은 설명을 이어 갔다. '기후변화를 되돌리기 위한 협력회의' 행사였다. 그는 차량공유서비스인 리프트나 우버를 이용해서 이동 중이라고 가정해 보자고 했다. 목적지에 도착하고 나면 차량의 배기가스 배출을 상쇄할 비용을 스폰서가 지불하는데 동의하느냐고 묻는 알림이 표시된다. "자, 주유소에서 계산할 때 그 주유로 인한 탄소 배출을 상쇄하는 탄소 제거 인증서를 구매할 수 있다고도 생각해 보세요." 환경복원을 다루는 스마트폰 게임에서 탄소 제거를 위해 인앱 구매를 한다는 이야기도 나왔다. 이 방에서는 그 모든 상상이 당장 이루어질 것 같았다.

시애틀 해안가의 날씨는 화창하고 맑았다. 클리퍼 세계 일주 레이스에 참가한 요트들의 돛대에 달린 화려한 깃발들이 바람에 펄럭였다. 연락선이 빛나는 항구를 가로질렀고, 수평선 너머로는 눈 덮인 올림픽산맥이 보였다. 여기, 메리어트 워터프런트 호텔 지하 연회장에 모인 1백여 명의 사람들은 블록체인을 이용해 기후변화를 되돌리는 게임에 열중했다. 토양과학자, 블록체인 팬, 활동가, 기후재단 사람들이 이리저리 돌아다니며 거래를 한다. 이 게임에서 구매자는 탄소 제거 크레디트를 사들여서 탄소 배출량을 상쇄하며, 판매자는 이 크레디트를 판매하여 추가 수익을 창출한다. 나는 테이블 옆자리에 앉은 사람과 짝을 이뤄 판매자 역할을 맡았다. 우리는 한 해 동안 이산화탄소 160만 톤의 제거가 가능한 포도밭 회사를 운영해야 하는데 그 운영비로 2년간 190만 달러가 든다. 까만 호텔 테이블보마다 탄소 제거 크레디트와 노리 암호화폐 토큰이 쌓여 갔다.

나는 노리의 창립 멤버 중 한 명인 크리스토프 조스페Christophe

Jospe를 만나 블록체인이 탄소 제거에 어떻게 활용될 수 있는지를 알아보았다. 노리에서는 벅민스터 풀러의 격언을 받아들였다고 한다. '무언가를 바꾸려면, 기존 모델을 쓸모없게 만드는 새로운 모델을 제시하라.' "우리는 파리기후협정의 하향식 접근 방식이 더 이상 효과가 없다고 생각해요. 여기에 참여한 나라들은 자발적인 약속이 효과를 발휘한다는 걸 보여 주려고 계속 숫자를 조작합니다. 하지만 실제로 계산을 해 보면, 이건 거대한 사기극입니다. 모든 나라들이 거짓말로 온실가스 보고서를 작성하고 있으니까요. 그러니, 이제 그런 방식은 그만둬야 합니다. 탄소 제거의 효과를 보여 주기 위해 기꺼이 돈을 지불하려는 사람들이 있는 자발적 시장을 만들자는 거예요."

기존의 탄소시장은 실패가 예정되어 있다. 우선, 이중 계산이 빈번하다. 캘리포니아의 탄소 배출 업체가 브리티시컬럼비아주에서 탄소 크레디트를 구매하면, 실제로 감축이 일어난 브리티시컬럼비아주와 배출권을 구매한 캘리포니아주에서 그 감축된 배출량이 이중으로 계산되는 식이다. 이런 회계상의 혼란은 결국 시스템의 오작동을 낳는다. 누군가에게 어떤 상품을 판매하면 그 상품은 동시에 두 장소에 존재할 수 없어야 한다. 그러나 현재는 이런 일이 흔하게 벌어진다. 파리기후협정 제6조에는 각 국가들이 유엔기후변화협약(UNFCCC) 회계 방법을 따라야 하며 "특히 이중 계산이 일어나지 않도록 강력한 회계 방식을 적용해야 한다"고 명시되어 있다. 즉, 배출 크레디트를 판매한 나라가 배출 감소분까지 동시에 계산에 넣어서는 안 된다는 뜻이다. 그러나 이는 협약 당사자에게만 적용되며 (기업 구매자에게는 적용되지 않는 조항이라는 뜻이다), 여전히 약간 불안정하고 불명확하다. 이 치명적인 결함 외에도 탄소 회계 방법론이 일정하지 않다는 문제도 있다. 또, 온갖 종류의 중개인들이 개입하여 배출권 가격을 높이면 초기 자본이 많지 않은 농부들을 비롯한 소규모 행위자들이 시장에 참여하기 어려워진다. 요컨대, 망가진 탄소시장 시스템 전체를 재건해야 한다.

노리는 재생 가능성을 중시하면서 시장을 개척하고 있다. 조스페는 농부들과 협력하여 탄소가 얼마나 제거되었는지를 공개적으로 보여 주는 소프트웨어 플랫폼을 구축하고 있다고 했다. 블록체인 접근 방식의 주요 특징 중 하나는, 토큰이 탄소 제거 크레디트를 즉시 소멸시키기 때문에 이를 재판매할 수는 없다는 것이다. "이 방식을 도입하면 요즘 환경시장에서 일어나는 많은 문제들이 곧장 해결됩니다."

블록체인이 무엇인지 잘 알지 못한다면, 일단 블록체인이 단순한 암호화폐 처리 기술이 아니라는 사실을 인식해야 한다. 블록체인은 본질적으로 모든 거래 내역이 적혀 있는 원장元帳이 분산되어 있는 형태다. 어느 한곳에만 보관되어 있는 것이 아니라 모든 곳에서 사용할 수 있는 디지털 원장인 것이다. 런던의 도시학자 애덤 그린필드Adam Greenfield는《급진적 기술: 일상생활의 디자인Radical Technologies: The Design of Everyday Life》에서, 블록체인이 어떤 식으로 가치 전달의 수단을 만들어 내고 중개하는지, 서명의 연쇄가 어떻게 가치를 갖게 되는지를 쉽게 이해시켜 줄 은유 같은 것은 없다고 했다.[14] 그래도 최대한 쉽게 핵심을 짚어 볼 수는 있다. 블록체인은 디지털 교환 매체다. 우리에게 익숙한 일상적인 디지털 거래를 예로 들어 보자. 커피 한 잔을 사서 직불카드로 결제하면 계좌에서 3달러가 빠져나간다. 우리는 은행이 30달러를 차감하지 않을 것이라고 믿고, 또 크로와상 한 개를 더 결제하면 방금 쓴 그 3달러를 또 쓰지 않는다는 것도 안다. 우리는 이 일을 잘 처리해 줄 은행을 신뢰한다. 은행은 기록을 보관하는, 즉 원장을 가지고 있는 중심 기관이다.

그러나 현재의 탄소시장에는 신뢰할 만한 원장이 없다. 3달러가 커피와 크루아상에 동시에 쓰이지 않도록 효율적으로 관리해 줄 은행 같은 기관이 없는 것이다. 그렇다면 거래 기록인 원장을 보관하는 중앙 기관 대신에, 탄소 제거 토큰 그 자체에 원장을 새겨 넣으면 된다. 블록체인은 거래 기록을 공개하고 공유한다. 코인에는 서명이 있고 각 거래에는 고유한 기록이 있으며, 이는 비트코인처럼 암호화된 형태로 네트워크를 통해 전파된다. 그 기록은 (비유적인 의미에서) 블록처럼 쌓이고 체인처럼 서로 엮인다. 이 방식이 국제 탄소 은행에 기록을 맡기는 것보다 나은 점은 무엇일까? 일단 여기에는 관료주의도, 관리비의 증가도 없다. 무엇보다 블록체인을 이용하면 과도한 권한 집중이 사라지므로 더 강력하고 안전한 분산적 시스템이 만들어진다. 거래를 보증하고 관리하는 외부 기관에 의존할 필요도 없다. 그린필드는 블록체인 기술이 기존의 비트코인 같은 암호화폐가 보여 준 것보다 더 많은 가능성을 가지고 있다고 주장한다. 자산, 부채, 의무, 내기, 투표 등을 포함한 모든 신탁 토큰을 한쪽에서 다른 한쪽으로 투명하게 거래할 수 있게 되기 때문이다.

이러한 전망은 어떤 조직을 거쳐 가거나 조직들 간을 이동하는 정보의 위치를 추적하는 일에 불과했던 행정적 관리의 영역에 놀라운 가능성을 열어 준다. 나아가 이는 조직 자체를 새로운 각도로 바라보게 만든다. 공간과 시간의 모든 일반적인 장벽을 뛰어넘어 다른 사람들과 관계를 맺고, 같은 의도를 활용하고, 서로 모르는 이들과 효과적인 협업을 하게 되는 것이다.[15]

블록체인이 불러올 혁신은 탄소 제거처럼 여러 사람들이 힘을 합쳐야 하는 일을 가능하게 할 것이다. (비트코인 채굴이 엄청난 탄소발자국을 만들어 내고 있다는 사실을 아는 사람들은 여기서 의문을 품을 수도 있다. 그러나 비트코인이 블록체인 기술 전체를 대변할 수는 없다. 비트코인은 거래의 암호화와 새로운 비트코인 채굴에 필요한 '작업 증명' 컴퓨팅에 엄청난 에너지를 소비한다. 노리는 전력을 덜 필요로 하는 '지분 증명' 시스템으로 전환한 암호화폐인 이더리움을 사용한다.) 블록체인 시스템은 이중 거래를 잡아내므로 수상한 탄소 제거 거래에서 나타나는 신뢰 문제를 해결해 주며, 검증 가능한 저장과 같은 특정 조건이 충족될 때만 실행되는 계약인 스마트계약도 가능하게 한다. 가장 넓게 보면, 블록체인은 서로를 모르거나 신뢰하지 않는 수백만 명의 행위자들이 전 세계적인 목표를 향해 함께 나아가는 과정을 조율하는 기반 구조를 제공해 준다고 말할 수 있다.

탄소 제거에서 그 관리 대상인 탄소는 아주 물질적인 것이지만 눈에 보이지 않고 측정하기도 어렵다. 그러니 탄소 제거 암호화폐가 작동하려면 영구 저장된 탄소가 어느 정도인지를 확인할 방법이 필요하다. 여기에선 기본적으로 신뢰가 중요하다. 노리가 내놓은 백서에 따르면, 이 자발적 탄소시장의 구매자들은 구매에서 얻는 홍보 효과를 높게 평가하지만 복잡성, 불투명성, 그리고 감사나 검증에 드는 비용을 부담스러워 하는 경우가 많다. "탄소 제거 도구에 대한 평가에서 가장 중요한 요소는 그 도구가 실제로 탄소를 얼마나 격리했는지를 신뢰할 수 있는지 여부입니다."[16] 현재 조스페 팀은 믿을 만한 데이터를 기록하고 저장하는 플랫폼 문제를 고민 중이다.

예를 들어, 토양에 탄소가 얼마나 저장되었는지를 측정하려면 여러 층위의 데이터들을 검토해야 한다. 드론이나 위성에서 촬영한 이미지와 토양의 센서 및 코어 샘플에서 얻은 정보를 결합하는 식이다. 그런 다음에는 탄소가 재방출될 가능성을 따져 보아 영구적인지를 평가한다. 데이터를 검사하고 평가자가 농부와 공모하지 않았는지 확인한 다음, 그 데이터는 블록체인에 포함된다.

"그럼 그 일을 하는 평가자들은 이 일을 하기로 결정한 독립 계약자인 건가요?"

"우리는 평가자가 참여할 틀을 만들고 싶어요." 조스페는 화이트 리스트를 작성해서 신뢰할 수 있는 검증자가 일하게 하겠다고 했다. 신뢰 구축을 위해서는 오픈소스 방식도 필요하다. "탄소 회계 방법론이 지식재산처럼 취급되는 건 말도 안 되는 일이에요." 새로운 방법론을 승인받는 일은 번거롭다. 또, 정해진 방법론은 다른 쪽에서 모방할 수 없게 된다. 조스페 팀은 그 방법론이 오픈소스가 되어야 어느 한 사람의 소유가 되지 않고 또 시간이 지나면 개선될 수도 있다고 믿는다.

블록체인과 탄소시장은 과장, 사기, 부정직한 운영자들이 넘쳐나는 개척 시대 서부 같은 이미지다. 조스페 역시 질적 저하와 투명성 문제가 걱정이다. "기후변화를 되돌릴 수 있다고 말하는 이 기술 스타트업들을 우리가 왜 믿어야 할까요? 그들은 누구일까요? 전 세계의 기후회의에 참석하기 위해 항공권에 많은 돈을 쓰면서 칵테일을 즐기고 컨퍼런스에 가고 같은 말을 반복하면서 획일적인 의견을 만드는 사람들이죠. 이 사람들은 문제를 일으킬 겁니다." 그는 진지하게 말했다. "백서를 작성하고, 팀을 꾸리고, 멋진 소프트웨어를 만들어서 1억 달러를 벌겠다고 하더니 그냥 사라지는 회사들이 있어요. 완전히 사기입니다. 그리고 큰 문제이기도 해요. 그 때문에 사람들이 이 기술을 거품이라고 부르고 누구에게도 도움이 되지 않는다고 하죠. 하지만 저희는 플랫폼을 만들어서 구매한 기프트카드를 즉시 사용할 수 있게 했어요. 준비가 다 되어 있습니다."

나는 조스페에게 탄소 제거 시장에 블록체인 기술이 도입되는 것이 불가피한 일이라고 생각하는지 물었다.

"물리적 활동을 디지털 자산으로 기록하는 것은 피할 수 없는 일이죠. 우리 회사가 잘하든 못 하든 그렇게 될 겁니다. 완전히 새로운 막을 열 거예요." 생태계의 상품화를 우려하는 사람들은 블록체인 기술 도입을 가치의 추상화로 나아가는 잘못된 현상으로 볼 수도 있다. 하지만 탄소 제거 목적 블록체인에서 거래되는 의무 증명서는 실제 세계의 행위가 뒷받침하는 것이다. 이런 의미에서 암호화폐에는 급진적인 측면이 있다. "아직 세상이 따라잡지 못하는 변화가 많아요. 제가 정부를 불태우려고 하는 급진주의자는 아니지만, 우리의 통화정책은 완전히 망가져 있어요." 조스페는 미국 정부가 부채한도를 계속 올리는 부조리한 상황과 막대한 부채가 어떻게 누적되는지를 설명하면서 이렇게 말했다. "암호화폐를 신봉하는 이상주의자들은 더 나은 통화정책이 있다고들 합니다. 이건 여담이긴 한데, 우리가 하는 일에도 어느 정도 영향을 미치고 있어요." 노리가 추구하는 기본적인 입장 중 하나는 탄소 제거를 위한 오픈소스 기술이 있어야 한다는 것이다. 시애틀 회의에서는 탄소 스마트 빌딩, 가정용 토양 탄소 측정 장치, 산업적 탄소 밸류 체인을 추적하는 오픈소스 도구 등을 연구하는 이들이 모여 패널을 구성하기도 했다. 그 회의에 참석한 사람들은 대부분 탄소 제거를 위한 오픈소스 기술 구상의 초기 단계에 있었지만, 내가 참석했던 그 어떤 호텔 회의장에서보다 에너지가 넘쳐 났다.

조스페는 정확히 어떤 일을 하는 사람일까? 그의 팀은 소프트웨어 엔지니어링도 하지만 비전 제시 역할도 맡고 있다. 그는 탄소 제거 이야기를 쉽게 다루는 유쾌한 팟캐스트 '기후변화 뒤집기'를 공동 진행한다. 탄소 제거의 내러티브를 제공하는 문화적 소통 작업과 함께 디자인과 시각화도 모색한다. 물질, 비인간, 기계 노동의 여러 유형들과 연결되는 지식경제 직종에 종사하는 사람인 셈이다.

하지만 조스페를 가장 쉽게 설명하는 단어는 아마도 사업가일 것이다. 그는 학계에 있었지만 딱딱한 형식주의에 좌절했고, 컨설팅 분야에서 일하다가 기업가정신에 관한 책을 읽고 자신이 사업가라는 사실을 깨달았다. 자발적 탄소시장은 그가 항상 일하고 싶었던 분야였다. 상사 없이 스스로 긍정적인 업무 문화를 조성할 수 있다는 점이 마음에 들었고, 위험부담은 있었지만 빚도 없고 부양가족도 없어서 위험을 감수할 수 있었다.

탄소 제거 분야의 또 다른 사업가인, 임파서블 랩스의 티토 얀코프스키Tito Jankowski도 조스페와 비슷한 입장이다. 그도 무언가를 시도할 수 있는 기업가의 자유에 가치를 둔다. 얀코프스키가 보기에 우리는 과학적 모니터링과 과학적 발견에 집중하던 한 시대를 마감하고 있다. "예전에는 실수가 허용될 여지가 없었어요. 완벽한 스프레드시트, 차트, 모델이 있어야만 했습니다." 이제 우리는 기업가들이 도전하고 실패하더라도 그래도 무언가를 시도하는 솔루션 구축의 시대에 살고 있다는 것이다.

얀코프스키는 직접공기포집도 이런 자유 덕분에 나온 아이디어라고 본다. 이산화탄소 분사를 공기에서 빼내 오는 것은 깔끔한 일이다. "굴뚝으로 찾아가서, 그 사람들과 거래를 해서 물건을 받아 온 다음, 정부와 협상을 쳐서 탄소배출권을 얻는 그런 게 아닙니다." 정치권과 복잡하게 얽혀서 그동안의 노력이 수포로 돌아가는 일을 겪는 대신에, 그는 직접공기포집으로 한 걸음씩 계단을 오를 수 있었다. (얀코프스키는 공기에서 탄소를 포집해서 말 그대로의 실제 계단을 제작하기도 했다.) 물론 포집한 탄소를 소비할 시장이 없다는 난관이 존재한다. 하지만 얀코프스키는 이 모든 것을 기회로 본다. "탄소 제거 기술, 대기 자체에서 탄소를 뽑아내는 기술, 그리고 탄소를 소비할 시장을 만들고 그 용도를 찾는 방법 등을 배우는 건 저에게 … 우리가 사회에서 배운 모든 것, 즉 예술에서, 음악, 과학에서, 기업가에게서 배운 걸 활용할 궁극적인 기회예요. … 그리고 말이죠, 이건 꼭 아주 나쁘고 멸망을 가져오고 모든 걸 엉망으로 만드는 것만은 아닙니다." 그에게 기후변화는 오히려 "꿈꿔 왔던 기회 중에서도 가장 큰 기회"이다.

1조 톤에 달하는 실존적 재앙을 기회로 보는 것은 아주 대담한 사고방식이겠으나, 기업가들은 그렇게 여기라는 부추김을 받고 있다. 물론 이는 수십 년간의 신자유주의 하에서 국가가 후퇴한 현상과 연관된다. 문화이론가 임레 세만Imre Szeman이 말한 것처럼, 기업가정신entrepreneurship은 어떻게 살아가고 어떻게 행동해야 하는지를 보여 주는 모델이 되었다(달리 보자면, 얀코프스키의 말처럼 새로운 시대에 진입한 것일지도 모른다). 세만에 따르면 "이제 우리는 모두 기업가이거나, 최소한 기업가정신의 의심할 여지 없는 사회적 가치와 정당성이 공공정책, 사회개발, 경제적 미래, 문화적 신념과 요구를 형성하는 세상에 살고 있다."[17]

세만은 인류학자 데이비드 그레이버의 말을 인용하면서, 글로벌 노스의 많은 노동자들이 '엉터리 일자리'를 갖고 있는 상황인데도 기업가정신이 소득을 올리고 삶에 의미를 부여하는 수단으로 여겨지고 있다고 지적한다. 그 중심에 있는 것은 일반화된 위험이다. "한때 지역과 국가의 정책 및 계획에 따라 제공되던 공식적·비공식적 안전과 복지가 보장되지 않는 사회에서 위험은 보편적인 존재 조건이기 때문에, 누구나 기업가가 되어야 한다." 세만은 이렇게 분석한다. "기업가들은 국가의 후퇴와 사회의 소멸에 대하여, 또는 현대 노동시장의 적대적인 환경 속에 던져진 상황에 대하여 불평하는 대신에, 국가의 후퇴가 남긴 빈틈을 그들이 상상할 수 있는 최대한의 자유로, 또 자신의 주체성을 형성할 수 있는 공간으로 받아들인다."

세만의 분석은 얀코프스키가 자유를 언급했던 방식을 잘 설명해 주는 것이기는 하지만 약간 과장된 측면도 있다. 조스페 같은 기업가는 국가 탄소시장을 다루는 방식이 잘못되었다고 비판하는 동시에 국가의 기후변화 대응의 실패가 남긴 빈틈을 활용한다. 사실 조스페의 경우에는, 그 빈틈을 활용하려고 한다기보다는 누군가가 나서서 무언가를 시도해야 한다는 책임감을 느끼는 것처럼 보이기도 했다. 국가들과 국제 체제는 탄소 가격을 제대로 측정해 내지 못했다. 따라서 노리 같은 기업들이 추진하는 프로젝트는 국가의 처참한 실패에 대한 대응이기도 하다. 러스 조지와 같은 인물도 있었으니 기업가와 기업가적 논리에 대한 불신은 이해할 만하다. 그러나 기업가 자체에 비판의 초점을 놓는 것은 잘못일 수 있다. 실제로 사회적 의식을 지닌 기업가는 그리 멀지 않은 미래에 중요한 역할을 하게 될 것이다.

마지막으로, 조스페에게 노리의 장기적인 비전에 대해 물었다. "우리는 중개자를 없애는 중개자가 되고 싶어요. 그다음에는 우리가 없어져야겠죠. 우리는 기본적인 틀을 만들고, 그러고 나서 사라지는 겁니다." 탄소 제거의 회계 방식을 단순화하고 민주화하는 것과 환경 관련 일자리를 창출하는 일 사이에는 흥미로운 긴장이 존재한다. 이는 기계의 노동력이 점점 더 저렴해지는 시대에 좋은 일자리를 찾아야 하는, 21세기에 우리가 마주한 도전의 한 가지 예일 것이다.

기계 노동
: 발전하는 자동화 세계에서의 탄소 제거

인공지능이 인간을 능가하는 시기는 언제일까? 수백 명의 머신러닝 전문가들을 대상으로 한 어느 설문조사에 따르면, 여러 직종에서 곧 인공지능이 인간을 능가할 것이다. "언어번역(2024년), 고등학교 에세이 쓰기(2026년), 트럭 운전(2027년), 소매업(2031년), 베스트셀러 책 쓰기(2049년), 외과의사(2053년)".[18] 이 설문에 응한 전문가들은 "AI가 45년 안에 모든 업무에서 인간을 능가하고, 120년 안에 모든 인간 업무를 자동화할 확률이 50퍼센트라고 예상했으며, 아시아의 응답자들은 북미 지역의 응답자들보다 그런 시기가 훨씬 일찍 올 것이라고 내다보았다."

이 분야를 잘 알지만 또 그만큼 편향되어 있는 머신러닝 연구자들의 판단에 우리가 동의하든 동의하지 않든, 다음 세기에는 기계가 탄소 제거 작업의 다양한 부분을 담당하게 될 것이라는 예상이 잘못되었다고 보기는 어렵다. 환상적이면서도 유감스러운 일이다.

자동화는 큰 비용을 들이지 않고 탄소 제거를 확장하는 핵심 수단이 될 수 있다. 로봇의 노동력은 직접공기포집 기계처럼, 대량생산이 가능한 이산화탄소 제거 인프라 구축에 도움을 줄 것이며, 과거의 에너지·기술 전환에서 예측했던 것보다 낮은 비용으로 실행 가능성이 높은 빠른 전환을 이루어 내게 할 것이다. 실제로 로봇공학, 사물인터넷, 인공지능 등 여러 분야의 융합은 더 값싸게 탄소 제거의 규모를 확대할 가능성이 높다. 현재 실리콘밸리는 지구가 처한 심각한 상황에 그다지 관심이 없어 보이지만, 로봇공학은 드론을 통해 산림관리에 적용되고 있으며 수중재배 및 모니터링에서도 활용될 수 있다. 스마트센서는 탄소의 흐름과 재고의 모니터링에 도움이 된다. 예를 들어, 마이크로소프트에서 추진하는 '지구를 위한 AI' 계획에서는 유출수 모니터링이나 종 추적처럼 정밀 보존을 가능하게 하는 온갖 종류의 환경정보학 애플리케이션을 이용한다. 사람들은 이를 통해 다양한 탄소 제거 전략이 환경에 어떤 영향을 미치는지를 잘 이해하게 된다.

그렇지만 기계적인 면에서든 지식 관련 업무에서든, 자동화에 광범위하게 의존하게 되면 탄소 제거에 기반한 사회에서도 우리가 소망하는 만큼의 변화가 노동 영역에서 일어나지 않을 수 있다. 실제로 나날이 자동화가 늘어 가는 상황에서 탄소 제거를 옹호할 명분으로 '녹색일자리'를 내세우는 것은 설득력이 약하다.

그러나 탄소 제거는 대형 사업이므로 어느 정도의 일자리를 창출할 것이며, 노동자 중심으로 접근하면 저임금이나 위험한 일이 아닌 양질의 친환경 일자리가 나타날 것이다. 다만, 이와 동시에 우리의 노동 개념에 커다란 변화가 생길 것이기 때문에 상황이 어떻게 흘러갈지 예측하기는 쉽지 않다.

탈노동 세계를 다룬 닉 스르니첵과 알렉스 윌리엄스의 《미래의 발명》에 따르면, 잉여 인류가 나타날 것이다. 도시 이주자, 순환 노동, 토지에서의 추방, 비공식적·저임금·비정규 일자리가 늘어난다.[19] 저자들은 농업 생계 수단을 잃은 도시 프롤레타리아트가 '너무 이른 탈산업화'로 인해 제조업 일자리를 얻을 기회마저 잃게 될 것이라고 우려한다. 자본주의 아래에서 일자리는 우리의 사회생활과 정체성에 중추적인 역할을 해 왔다. "우리의 내적 삶, 사회적 세계, 주위 환경은 노동과 그 지속을 중심으로 조직되어 있다." 보편적 기본소득 도입은 일자리 상실에 대처하는 한 가지 방법이며 경제적인 동시에 정치적 변화이다. 그러나 기본소득을 너무 빨리 시행하거나 너무 낮게 책정하면 기업에 대한 지원금 역할에 그치기 때문에 기본소득의 도입 방식이 중요하다.

노동의 자동화에도 불구하고, 변형된 상태로 노동은 계속될 것이라고 보는 시각도 있다. 기술 저널리스트인 루크 도멜Luke Dormehl은

'인간적 접촉'을 선호하는 '장인 경제'에 주목한다.[20] 토머스 대븐포트Thomas Davenport와 줄리아 커비Julia Kirby는《인간만 지원하세요: 스마트머신 시대의 승자와 패자Only Humans Need Apply: Winners and Losers in the Age of Smart Machines》에서 이렇게 질문한다. "만약 당신이 기계라면, 어떤 단점을 기꺼이 인정하고 인간이 그것을 보완해 주기를 바라겠는가?"[21] 일자리의 묵시록에서 살아남는 매뉴얼처럼 들리는 이 질문에서, 저자들은 구직자에게 "내가 컴퓨터 없이 어떤 일을 할 수 있는가?"가 아니라, "내가 없으면 컴퓨터가 할 수 없는 일은 무엇인가?"라고 질문해 보라고 제안한다. 디자인과 창의적 사고의 추구, 큰 그림을 그리는 관점 제공, 여러 체계와 결과에 대한 질문과 종합, 정보의 유도, 행동하도록 인간을 설득하기, 규칙에 대한 예외 처리 등이 그 대답일 수 있다. 저자들은 공감, 유머, 윤리, 성실성, 취향, 넓은 시야, 격려를 잘하는 능력과 같은 특성들의 가치가 더 높아졌다고 지적한다. 일부 재생농업 제품에서 볼 수 있듯이, 탄소 제거 과정에서 일어나는 소량생산, 맞춤형 생산, 장인정신 발휘 등은 당면한 작업의 엄청난 규모와 긴장 관계를 형성하기도 한다.

일자리가 사라진다는 예측, 혹은 새로운 일자리를 만들자는 입장 외에도 인공지능이 고용에 미치는 영향이 과장되었다고 보는 시각도 있다. 사회학자 주디 와이즈먼Judy Wajcman은 미국 내 일자리의 47퍼센트가 향후 20년 내에 자동화의 위협을 받을 것이라는 말이 자주 인용되지만, 이 추정치는 개별 직업들이 하는 업무가 아니라 다양한 직업들이 자동화에 얼마나 민감하게 연결될지를 예측하는 알고리즘에 근거한 것이라고 지적한다. 와이즈먼은 "비즈니스 컨설턴트들은 물론이고 유명한 논평가와 언론인들도 프랑켄슈타인을 읽을 때 쾌감을 느끼듯이 이 암울한 예상을 즐기는 것 같다"면서, "인간이 만든 로봇이 유토피아/디스토피아를 열었다는 생각에 우리는 즐거움, 심지어 자부심까지 느낀다"고 꼬집었다.[22]

미래의 노동이 이 세 가지 예상 중 어느 쪽으로 기울지는 아직 불명확하지만, 자동화와 인공지능에 대한 사회적 반응이 탄소 제거 일자리의 형태에 영향을 미칠 가능성은 높다. 왜 일하는지, 실제로 '좋은' 일자리란 무엇인지, 어떤 종류의 노동이 필요한지를 우리는 더 많이 묻게 될 것이다. 탄소 제거 일자리는 적어도 명확한 사명을 지니고 공익에 부합하는 노동 형태일 것이다. 적절한 보수를 받는다면 사회적으로 가치 있는 일자리가 되고, 그런 의미에서 이번 세기와 다음 세기를 위한 '좋은' 일자리로 자리매김할 수 있을 것이다.

자연의 노동
: 생명에 대한 믿음

탄소 제거 작업은 인간만이 아닌 모든 생명체의 참여에 달린 일이기도 하다. 최근 몇 년 사이에 비인간 노동에 관한 연구 성과가 활발하게 발표되고 있다. 인류학자 슈테판 헬름라이히Stefan Helmreich는 최근에 시아노박테리아를 다룬 글을 썼다. 블루 바이오테크기업이 미생물 생물다양성을 축적된 노동력의 한 형태로 구성하는 방식에 대한 것이었다. 그는 해양미생물의 번식 능력이 어떻게 "이윤을 창출하는 상품과 자본의 축적 전략으로 연결"될 수 있는지 설명하면서 "바이오자본biocapital과 네크로자본necrocapital"을 대조했다. 여기에서 네크로자본이란, 이를테면 화석연료와 같이 좀비처럼 작동하면서 재생불가능한 죽은 물질을 가리킨다.[23] 그는 유기체의 힘에 지나치게 초점을 맞추면 생명공학이 자연화된다고 지적했다. 생산성은 생명체의 본질이 아니며, 생명체는 자연적인 공장이나 조립라인이 아니라는 것이다. 생명체는 특정한 관계 속에서만 그렇게 될 수 있다. 그 생산성은 인간의 지식노동이 만들어 낸 결과이다. 유기체를 울타리 속에 가두고 인간을 위해 노동하게 한 것이다.

사회과학자 엘리자베스 존슨Elizabeth Johnson은 행성을 경영한다는 상상이 "돌봄의 윤리에 입각해 서로 얽혀 있는 다양한 생명체들을 돌보는 대신에", 어떻게 비인간 존재들을 노동자로 자리 잡게 하는지를 설명했다. 지구 시스템을 변화시키는 능력이 큰 쪽은 항상, 인간보다는 비인간 존재들이었다.

말, 소, 노새, 꿀벌 등은 인간의 살아 있는 노동과 더불어 일한다. 기계처럼 이 유기체들은 지구상의 물질을 변화시키고 공간과 시간의 변수들을 조정한다. 인간은 이들과 함께 점점 더 많이 나무를 심고, 수확을 하고, 채취, 전쟁, 이동을 해 왔다. 그러나 인간 이외의 유기체들은 단순한 '천연자원'이 아니며, 인간 혁신의 산물이거나 자원 추출의 동력도 아니다. 이 유기체들은 생물학적 실체이며, 우리가 그것들을 형성했고, 그것들은 우리를 형성했다. 때때로 유기체들의 노동력이나 삶은 인간의 삶을 향상시키는 방식으로 전유되었다.[24]

이 비인간 노동자/파트너를 대하는 올바른 방법은 무엇일까? 탄소 제거를 위해 일하는 과학자나 재배자들과 이야기를 나눠 보면 항상 이들을 향한 애정과 연대 의식이 드러난다. 아마도 이는 어떤 행동의 규칙으로서, 어떤 의식에 가까운 규범으로 발전할지도 모른다. 다음 장에서 논하겠지만, 교육은 다른 생명체들과 함께 할 때의 윤리 문제에서 핵심적인 역할을 한다.

자동화, 그리고 유전자 변형 및 재배 기술로 비인간 존재를 활용하게 된 것은 모두 축적의 새로운 지평이라고 할 수 있다. '세계 생태학'을 주창한 제이슨 무어Jason W. Moore는 우리가 '값싼 자연'의 종말에 이르러 자본주의의 유례없는 위기를 맞이했다고 주장한다. 탄소 제거의 필요성이 증가하는 것 역시 우리가 '값싼 자연'의 끄트머리에 이르렀음을 의미하며, 탄소 제거를 위해 비용을 지불해야 하는 시기가 왔음을, 그래서 더 이상 자연은 값싸지 않다는 것을 보여준다. 새로운 개척지, 즉 잉여가치를 창출하는 이 다른 방식들은 탄소 제거 비용을 지불할 만큼 수익을 창출할 수 있을까? 공동의 정치적 투쟁이 잉여가치의 방향을 바꾸지 못한다면 그 가능성은 희박할 것이다. 그렇다면 다음 질문은 이것이다. 다른 새로운 영역에서 탄소 제거, 보편적 기본소득, 재생에너지, 빈곤 감소 등 우리에게 필요하고 우리가 원하는 모든 것에 대한 값을 치를 만큼의 충분한 잉여가치가 창출될 것인가? 탈성장, 그리고 부유한 세계의 소비 패턴이 탄소중립 이후의 사회에 대한 대화의 일부가 되어야 하는 이유가 이 질문에 담겨 있다.

사람들의 노동
: 저들이 열었던 망할 파티의 뒤치다꺼리를
하고 싶지는 않아

스튜어트 브랜드Stewart Brand는 2009년에 펴낸《전 지구적 규율Whole Earth Discipline》에서 이렇게 썼다. "우리는 거의 신과 같다. 그러니 잘 해내야 한다."[25] 지구공학 회의론자들은 이 발언이 오만의 증거라고 말한다. 인류세가 지구 시스템과 사회변혁의 결정적 순간이라고 믿는 사람들도 이 말을 자주 인용한다. 브랜드의 원래 발언은 1968년의《전 지구 카탈로그Whole Earth Catalog》에 실려 있지만, 이 구절이 그대로 인용되는 경우는 많지 않다.

우리는 거의 신과 같은 존재이며 그 일을 잘 해낼 것이다. 지금까지 정부, 대기업, 공교육, 교회를 통해 원격으로 행해진 권력과 영광은 미약한 실제 성과가 심각한 결함을 가릴 정도로 성공을 거두었다. 이러한 딜레마에 대한 대응으로 친밀하고 개인적인 힘이 그 영역을 확대하고 있다. 개인이 스스로를 교육하고, 자신만의 영감을 떠올리고, 자기의 환경을 만들며, 관심 가는 사람과 자신의 모험을 공유할 수 있는 힘이다.[26]

실제로 오늘날, 탄소 제거 분야의 발전은 대부분 자신의 길을 개척하거나 소명에 따르는 개인들이 이끌고 있다. 이는 개인이 자신의 환경을 변화시킬 힘을 가진다는 1960년대의 희망과 공명하는 바가 많다. 그러나 이 희망은, 탄소를 기가톤 단위로 제거해야 하는 목전의 과제와 긴장 관계에 놓인다. 이 작업은 '원격으로 행해진 권력과 영광'과는 반대편에 놓이는, 어떤 기술이 있는 전문가나 장인이 수행하는 일일까? 아니면 확장성이라는 요구 사항에 따라 원격 제어 및 구성, 조율 작업이 필요한 일일까? 결국 여기에는 국가가 개입할 수밖에 없다. 확장성을 두고 많은 논의가 이루어지는 상황에서 확장이 불가능한 것은 어디로 가야 할까? 자기맞춤? 자기결정? 기업가의 자기결정, 혹은 자기 운명을 스스로 만들어 간다는 것은 신기루에 불과할까?

앞으로의 논의를 위해 다음 세 가지 주장을 소개하면서 이 장을 마무리하려 한다. 첫째, 탄소 제거 작업을 수행하게 될 사람들은 이 분야를, 또 어떤 종류의 일을 하는지를 규정할 수 있어야 한다. 노동자들은 자신의 노동조건을 정할 수 있어야 하고, 이를 바탕으로 탄소 제거 서비스를 제공하면서 문제 없이 생계를 유지할 수 있어야 한다. 이를 위해서 우리는 노조를 강화하고 공동으로 소유하는 공장과 농장을 실험하는 일부터 시작해야 한다. 둘째, 이와 동시에 우리에게는 세계 여러 곳의 다양한 맥락에 놓인 사람들이 이용할 수 있는 오픈소스 기술이 필요하다. 혁신이 잘 일어날 수 있는 상황도, 탄소 제거를 시행할 수 있는 역량도 고르게 존재하지 않기 때문이다. 셋째, 탄소 제거 분야에서 좋은 일자리를 창출하려면 인종, 젠더, 포용성을 고려해야 한다.

나는 최근에 어느 현대미술관에서 열린 강연에 참석했다. 전시된 작품은 빛나는 구 모양의 냉동고 같은 형태였고, 그 안에는 인류세의 지층을 발굴한 결과물처럼 보이는 고기 조각, 해골, 플라스틱 물건 등이 들어 있었다. 전시회에 대해 강연하던 연구자는 인류세에 접어들었으니 우리가 집안일을 더 잘해야 한다고 발언했다. 나는 그가 무슨 말을 하는지 알아들었다. 어질러진 곳을 치우고 우리의 집인 지구를 돌보자는 뜻이다. 그런데 '집안일housekeeping'이라는 단어는 젠더화 · 인종화된 노동을 떠올리게 했다. 인류세의 집안일을 다루는 이 강연에서는 인종이나 젠더도, 인류세를 형성하고 여기에서 이득을 본 이들이 주로 백인 남성이라는 사실도 언급되지 않았다. 그들은 화석연료로 2조 톤의 쓰레기를 만들고, 거기에서 사내답게 이득을 챙긴 다음, 우리가 설거지를 하는 동안 모여서 담배를 피우고 차와 위스키를 마시고 있을 것이다. (물론 모든 남성이 그렇다는 말은 아니다. 이득을 본 여성들도 있다. 세탁기를 들여놓고, 아이들의 축구 경기를 보러 차를 달리며 교외 풍경을 누리는 사람들도 있다. 하지만 기본적인 윤곽은 앞서 말한 대로이다.) 그렇지만 문제는 단순하지 않다. 부유한 백인 남성들이 산업적 수단을 소유하고, 우리가 탄소 제거에 나설 때 필요한 기술도 통제하고 있기 때문이다. 그들은 이중으로 이익을 챙기거나, 탄소 제거에 적극적으로 나서지 않을 것이다. 그리고 그동안 기후변화가 주는 고통은 유색인종과 여성에게 불균등하게 가해질 것이다. 초기의 탄소 제거 기술은 대체로 백인 남성들이 주도했다. 앞 장에서 논의한 탄소 제거 방법에 사용되는 기본 재료들과, 이 장에서 다룬 탄소 제거 실행을 조정하는 기술들도 마찬가지다. 이 상황을 해결하려는 시도는 여러 곳에서 시작될 수 있다. 그중 하나가, 어린 시절부터의 사회화와 교육이다.

7장

배움

우리는 마침내 인간의 지배와 무한한 성장이라는 목표를
인간의 적응과 장기적 생존이라는 목표로 어떻게 바꿀 것인지를
생각하게 되었다. 이는 양에서 음으로의 전환이고
무상함과 불완전함의 수락이며, 불확실성과 임시성을 견디는 일이자
물, 어둠, 대지와 우정을 나누는 것이다.

어슐러 K. 르 귄

퍼시픽 그로브, 캘리포니아, 1월, 13°C / 55°F

바깥에는 소금기를 머금은 회색빛 안개가 자욱했다. 비가 내렸다. 모래언덕 너머로 태평양의 파도가 육지에 부딪치는 소리가 들렸다. 언덕 너머 이쪽에는 얇게 깔린 흙, 미끄러운 바위, 이끼, 수액을 흘리는 병든 소나무가 있었다.

나는 단단한 돌로 쌓은 산장 안에서 지글거리는 불 옆에 앉아 몸을 녹였다. 튼튼해 보이는 장화를 신은 한 여성이 통나무를 찔러 넣자 불꽃이 나른하게 튀었다. 스카프를 두른 또 다른 여성은 부드러운 회색 천을 들고 뜨개질을 하고 있었다. 우리가 앉아 있는 회의실용 의자, 파워포인트가 켜져 있는 조용한 연단, 견고해 보이는 기둥은 19세기의 거실 같기도 했고 호텔의 회의실 같기도 했으며 어딘가 교회처럼 보이기도 했다.

나는 몬트레이 반도에 있는 컨퍼런스 센터인 아실로마에 와 있다. 과학 정책 쪽에서 이곳은 1975년에 과학자들이 모여 재조합 DNA 연구의 위험성을 논의하고 미국에서의 규제 가이드라인을 마련한 회의 장소로 유명하다. 연구자 주도의 이 거버넌스 모델은 2010년 아실로마에서 열린, 기후공학 연구의 표준을 논하고 실험의 위험성을 평가한 지구공학 연구자 회의에 영향을 미쳤다. 하지만 나는 조금 다른 이유로 아실로마에 왔다. 재생농업 워크숍에 참석하기 위해서다. 사실 재생농업은 전문가가 주도하는 하향식 기후 개입 거버넌스와는 정반대의 성격이다. 말 그대로 바닥에서부터 시작하는 상향식이다.

아니나 다를까, 워크숍은 바닥으로 내려오라는 요청으로 시작되었다. "무엇을 재생하고 싶나요?" 우리는 바닥에 발을 딛고 서서 그 질문을 곱씹었다. 나눔의 시간이 왔다. 옆의 여성은 자연의 흐름을 이해하고 싶다고 했다. 내 차례였다. 와, 재생할 필요가 없는 게 있을까. 제 뒷마당에는 지난 6개월 동안 단 한 번 비가 왔어요. 거기 있는 식물들은 슬퍼 보였고요. 이곳으로 오는 길에 지나쳤던 101번 고속도로의 검게 그을린 언덕은 말할 것도 없죠. 제 세포도 아마 재생이 필요할 것 같아요. 이 나라도 재생이 필요하겠죠. 너무 많은 생각이 스쳐 지나갔지만, 나는 공동체에 관한 일반적인 사실만을 말했다. 이윽고 연사가 단상에 올라 씩씩하게 강연을 시작했다. 토양과학자인 레이 아퀼레타Ray Archuleta였다.

"좋은 아침이네요, 우리는 흥미진진한 새로운 운동에 참여하고 있어요!" 아퀼레타는 토양 건강 운동에 대해서, 특히 지속가능성에서 재생으로 나아가자는 주제로 말을 했다. "누군가 당신의 결혼 생활은 어떠냐고 물었을 때, 제가 아, 지속 가능합니다. … 이렇게 대답하면 어떻게 들릴까요?" 모두가 웃었다. "신사 숙녀 여러분, 전 축복받은 남자입니다. 제 결혼 생활은 항상 재생되고 있으니까요." 아퀼레타는 우리와 대지의 결혼으로 초점을 옮겼다. "정직한 사람들이 이 일을 시작했습니다." 그는 실패에서 얻은 깨달음에서 혁명이 시작되었다고 했다. 공무원으로서 토양 보존을 위해 일하다가, 그는 자기가 하는 일에 회의를 느꼈다. 여과대, 하천변 완충림, 방풍림, 잔디 수로 같은 환원주의적 보존은 효과가 없었다. "우리는 신 앞에 무릎을 꿇었어요. 그런데 우리 지역사회에 무슨 일이 일어났는지 보십시오!" 폐허가 된 미국 농촌, 캐나다의 타르샌드 석유로 돌아가는 화석연료 농업, 공동체의 죽음. "왜 미국 농부들의 자살이 이렇게 늘어나는 걸까요?" 그가 물었다. "스트레스와 압박감 때문입니다." 전체 시스템이 망가졌다는 것이다.

레이는 "우리는 모두 아리스토텔레스로 거슬러 올라가는 서구적 사고방식의 산물"이라면서, 환원주의적 사고가 어떻게 뿌리내렸는지 설명했다. 대학, 정부, 부모, 조부모 모두가 잘못된 패러다임을 가지고 살아가고 있다. "좋은 패러다임은 잘못된 생각을 날려 버릴 겁니다."

레이의 패러다임은 혼란스럽고 우아하며 아름다운 토양 건강 패러다임이다. "우리는 모두 다리가 달린 흙입니다." 인간human이라는 단어는 라틴어 humus, 흙이라는 말에서 유래했다. "여러분, 바로 그게 우리예요. 살아 있는 토양인 겁니다." 우리는 모두 서로 연결되어 있고, 우리는 흙이 우리에게 말하도록 허용해야 한다. "귀를 기울이면, 당신에게 말할 겁니다." 그는 욥기 12장 7절을 인용했다. "그러나 이제 짐승에게 물어보아라. 그것들이 가르쳐 줄 것이다. 공중의 새들에게 물어보아라. 그것들이 일러 줄 것이다. 땅에게 물어보아라. 땅이 가르쳐 줄 것이다. 바다의 물고기도 일러 줄 것이다."

그런 다음, 레이는 시연을 시작했다. 흙을 '듣는' 방법을 잘 모르는 청중을 위해 준비한 '슬레이크 골재 안정성 테스트'였다. 무대에는 물이 채워진 큰 원통 다섯 개가 있다. 청중 중에서 다섯 명이 올라온다. 이들은 노스다코타, 미주리 등에서 가져온 서로 다른 흙덩어리를 물기둥에 조심스럽게 떨어뜨린다. 그중에는 무경운 농법으로 경작한 땅에서 가져온 것도 있다. 어느 게 더 온전하고 구조가 그대로일까? 다들 무경운 농법으로 경작한 토양 덩어리가 거의 그대로라는 것을 눈으로 확인한다. "와우!" 누군가 내 뒤에서 감탄했다.

"경작은 잔인한 거예요." 레이의 설명이다. 경운기는 사실 훼방을 놓는 도구이다. 다른 시범도 있었다. 물을 뿌리는 것이다. "신사 숙녀 여러분, 보세요, 물이 스며들지 않죠." 그가 엄숙하게 말했다. 경작된 토양은 물을 흡수하지 못한다. "우리가 처한 문제는 유출수 문제가 아니에요. 물이 침투하지 않는다는 게 문제입니다."

"거울을 들여다보세요. 문제는 우리 자신입니다. 우리는 흙과의 연결이 끊어져 있어요."

제대로 된 토양과 그렇지 않은 토양의 차이는 무엇일까? 레이는 "생산자에 대한 이해"라고 강조한다. 재생은 마음과 정신에서 시작한다. 다음 발표자는 노스다코타의 농부 게이브 브라운이었다. 그는 자기 목장에서 재생농업을 실천 중이다. 브라운은 "혁명은 소수의 사람들이 시작하는 것"이라면서, 탄소는 제자리에서 이탈해 있다고 했다.

"큰 변화를 원한다면, 사물을 보는 방식을 바꿔야 합니다." 브라운은 배울 준비가 된 사람에게는 재생농업에 대해 바로 이야기를 할 수 있다면서, "학생이 준비되면 스승이 나타난다"는 영적 격언을 인용했다.

나는 이날, "진짜로 파는 물건은 농부의 마음"이라는 말을 하루 종일 들었다. 사물을 바라보는 방식을 바꾼다는 생각이 가장 중요했다. 배우는 것 못지않게, 잘못된 것을 배우지 않는 것도 중요했다.

탄소 제거 사회의 실현에 필요한 기술뿐만이 아닌, 그런 마음가짐은 어떻게 배울 수 있을까? 탄소 제거라는 목표를 문화적으로 내면화한다는 것, 즉 일상생활의 일부로 삼는다는 것은 무엇을 의미하며, 어떻게 하면 그렇게 할 수 있을까? 이런 질문은 어떤 독자들에게는 엉뚱한 말처럼 들릴 것이다. 대부분의 탄소 제거 작업은 익숙한 일상 업무처럼 보이기 때문이다.

애리조나 주립대학교 공학 교수이자 탄소 마이너스 배출 센터의 책임자인 랙크너는 직접공기포집에 대해 이렇게 말했다. "이 일을 하는 사람들은 풍차를 돌리고 태양열 패널을 가동하고 태양열발전소를 작동시키는 사람들과 크게 다르지 않다고 생각합니다. 그래서 비슷한 일자리가 많아요. 물론 세부적인 부분에서는 다르겠지만." 그 비슷한 일들이란 전기 작업, 배관 작업, 자동화 장치 제작, 소프트웨어 개발이나 조작·수리 등을 가리킨다. "대체로 그 뒤에는 제조업이 있죠. 하지만 자동차를 만들거나 세탁기를 만드는 것과 크게 다른 기술이 필요하다고 생각하지는 않아요." 순전히 기술적 관점에서 보면, 오늘날과 비슷하게 돌아가는 탄소 제거 사회를 상상할 수 있다. 땅에서 탄소를 채취하는 대신에 공중에서 채굴하는 식으로 단순한 변화만 있는 경제구조 사회다. 사회정의를 옹호하는 많은 사람들은 진정한 변화가 없는 이런 사회의 도래를 가장 우려하고 있다. 한 상품을 다른 상품으로 대체하는 정도에 그친다면 우리는 사회 변화의 기회를 놓칠 뿐만 아니라, 탄소 마이너스 달성에도 실패할 가능성이 높다.

현재, 화석연료는 우리의 정치, 경제, 일상생활의 구조 속에 깊숙이 뿌리박고 있다. 만약 화석연료 추출과 온실가스 배출을 중심으로 구성된 사회가 특정한 방식으로 작동한다면, 탄소 감소를 중심으로 삼는 사회도 특정한 방식으로 보고 느끼고 일하는 방식을 갖게 될 것이다. 정치 이론가 티머시 미첼Timothy Mitchell이 지적했듯이, 주요 선진국들은 석유를 중심으로 돌아간다. 석유 에너지가 없다면 음식, 여행, 주택, 소비재 등 현재의 정치적·경제적 생활 방식은 존재하지 않을 것이다.[1] 미첼에 따르면, 석유는 특정 형태의 민주주의 체제와 경제 그 자체를 생산한다. 하지만 화석연료 추출만이 우리 삶의 패턴을 형성하는 것은 아니다. 카본180의 대표 노아 다이히가 인터뷰에서 지적한 것처럼, 더 광범위한 '온실가스 배출 패러다임'이 있다. 여기에는 화석연료만이 아니라 숲을 개간하고 토양에서 탄소를 방출하는 방식으로 농사를 짓는 것 등까지 포함된다.[2]

여러 면에서, 탄소 제거를 중심으로 조직된 세계에서는 탈탄소화와 기후완화가 상당히 진전될 것이다. 어떤 관점에서는 한 걸음 더 나아간 것이겠지만, 다른 관점에서는 질적으로 다른 세계일 수도 있다. 재생, 제거, 복원 등이 완화와는 다른 서사, 다른 정치를 불러오기 때문이다. 첫째, 재생을 둘러싼 광범위한 연합을 만드는 일이 더 쉬워질 수 있다. 둘째, 목표가 더 과감해진다. 다이히가 말한 것처럼, 현재에도 탈탄소화를 향한 대중적인 움직임이 있다. "우리는 아직 종착지를 목표로 삼지는 않아요. 20야드 라인을 목표로 잡고 있지만 그건 효과가 없어요." 더 과감한 목표가 성공 가능성이 더 높다는 말은 직관적으로 잘 이해되지 않을 수도 있지만, 일종의 충격요법이 될 수도 있다.

탄소 제거 문화가 어떤 모습일지 상상해 보는 일은 상당 부분을 추측에 맡길 수 밖에 없고, 그마저도 여러 가지 가능성으로 나타나게 된다. 우선, 교육 문제에서 출발할 수 있을 것이다. 탄소 제거와 마찬가지로 교육도 장기적인 게임이다.

현재 초등교육 및 대학교육 시스템은 여러 가지 면에서 붕괴를 겪고 있다. 전 세계 많은 지역에서 특정 집단은 교육에 접근하지도 못한다. 수많은 책들이 유아교육에서 대학교육에 이르는 다양한 교육 환경의 문제점을 분석하고 진단하지만, 여기서는 우리 논의의 목적에 맞춰 교육 혁신을 위해 극복해야 할 여섯 가지 주요 도전 과제에 주목해 보겠다. 첫째는 학문 분야의 고립이다. 탄소 제거는 다른 많은 사회환경 문제와 마찬가지로 여러 학문 분야를 아우르는 이해 능력이 필요하다. 둘째, 모든 수준의 공교육이 탈식민화되어야 한다. 셋째, 초등학교 교육에 여전히 존재하는 암기식 학습이다. 이는 창의적인 문제 해결과 탐구 역량을 저해한다. 넷째, (적어도 미국에서는) 고등교육은 많은 학생들에게 빚을 지게 만들어서 학생들의 미래를 박탈하고 기회를 제한한다. 다섯째, 교사들의 가치가 존중받지 못하면서 양질의 교육에 장애가 되고 있다. 여섯째, 직업이 자동화되거나 시대에 뒤처지면 살아가면서 계속 재교육을 받아야 한다. 여기에 더 많은 항목들을 추가할 수 있다.

이렇게 시스템이 무너져 있는데도 불구하고, 사람들은 사회적 · 환경적 불안감을 해소할 수 있는 해결책이 교육이라고 믿고 있다. 우리에게는 다른 선택지가 없지 않은가? 얼마 전에 실리콘밸리의 리더들과 함께 불평등 심화의 위협을 두고 토론하는 자리에 참석했다. 그 자리의 좌장을 맡은 메이저 테크기업의 CEO는 소득격차가 갈수록 벌어지는 현상을 진심으로 우려했다. 하지만 우리의 대화는 마치 요술 방망이를 소환하듯이 계속해서 교육으로 돌아갔다. 사람들을 제대로 교육하기만 하면 불평등이 해결되는 것처럼! 교육은 더 깊은 구조적 문제에 대한 전형적인 자유주의적 만병통치약이다. 따라서 나는 교육이라는 치료를 받으면 정치적 변화가 불필요해진다는 식으로 말하고 싶지 않다. 오히려 교육은 우리에게 필요한 정치적 변화와 밀접하게 관련되어 있다. 따라서 교육의 근본적인 변화 없이 기후 회복이 이루어질 것이라고 생각하기는 힘들다. 21세기의 사회적 · 환경적 도전에 대응할 교육적 경험을 만들어 내려면 전 생애에 걸친 교육의 내용과 방법을 모두 변화시켜야 한다.

기후 복원을 위해 탄소 제거에 착수한 세계를 계속 상상하고, 그 목표에 도달하려면 무엇을 배우거나 배우지 않아야 하는지를 생각해 보아야 한다. 그렇다면 탄소 제거 사회의 실현을 앞당겨 줄, 초기

정규교육에서 구축해야 할 10가지 핵심 역량은 무엇일까?

① 보이지 않는 것의 시각화를 포함한 핵심 디자인 기술. 여기에는 눈에 보이지 않는 것, 즉 탄소를 상상하고 고려할 수 있어야 한다는 기본 개념이 들어 있다. 미생물을 보는 것도, 다른 곳에 있는 사람들을 보는 것도 같은 맥락에서 이해할 수 있다. 다른 곳에 있는, 우리가 쓰는 상품을 생산하는 노동자는 우리의 행동에 영향을 받는 사람들이다. 우리는 데이터 시각화, 사용자 인터페이스 디자인 등 디자이너로서의 기술뿐만 아니라, 다른 사람의 디자인에 대한 사용자이자 비평가로서의 기술도 염두에 두어야 한다. 탄소 흐름을 추적하는 장치는 어떻게 디자인하느냐에 따라 긍정적이고 재미 있는 경험을 줄 수도 있고, 계산을 되풀이하게 만드는 악몽이 될 수도 있다. 환경적 지속가능성이나 재생에 초점을 맞춘 유니버설 디자인 미학을 따른다면, 스티로폼 컵이나 내연기관은 디자인적 관점에서 우아해 보이지 않을 것이다. 문화 전반에 탄소제로 디자인 감성이 자리잡을 때 낭비와 오염을 유발하는 수요를 줄이고 탄소 제거로 나아갈 수 있다.

② 다른 문화에 대한, 다른 생물종에 대한 공감 능력. 이 역량은 보이지 않는 것에 대한 시각화와 연결되어 있지만, 타자에 대한 배려로 확장된다는 점에서 다른 범주다. 여기서 시간적·공간적으로 밀려난 이들이 타자에 포함된다. 현재는 미취학아

동들만 공감 능력을 배우고 있으나, 이는 교육 전반에 걸쳐 실행되어야 한다.

③ 탈식민주의적 실천. 역사와 지리에 대한 기본 지식이 바탕에 깔려 있어야 한다. 식민주의와 착취의 기본적 과정을 이해하면 학생들은 탄소 제거의 한계와 형평성 문제를 더 잘 파악하게 될 것이다. 이는 기후 복원의 실현에서 아주 중요한 부분이다. 역사를 이해하는 것은 다른 가능한 미래를 상상할 공간을 제공하고 통찰을 가능하게 하기 때문이다. 탈식민주의적 실천은 단순한 내용적 지식을 넘어 헤게모니와 지배를 인식하고 그러한 이해를 바탕으로 행동하는 것을 의미한다.

④ 자연 세계에 대한 경험적 지식. 외부 세계와 진정한 관계를 맺기 위해서 필수적이다.

⑤ 수치와 규모. 기후변화의 맥락에서, 새로운 세대는 이 문제의 규모와 해결 방법을 이해해야 한다. 여기에는 대부분의 사람들이 직관적으로 이해하기 어려운 기가톤, 수백만 헥타르, 수조 달러와 같은 큰 숫자를 다룰 수 있는 능력도 포함된다. 이 역량이 발전하지 못한 것은 수학적 직관의 발달보다는 연산에 중점을 두는 초등학교 수학 교육 방식과 관련이 있을 것이다.

⑥ 비판적 알고리즘 문해력. 이는 미래를 예측하는 모델과 그 모델에 기반한 의사결정을 이해하는 역량과 관련된다. 이러한 알고리즘의 한계, 알고리즘이 잘못되었을 때 직관에 의지하는 방법, 알고리즘을 개선하는 방법을 배워야 한다. 이는 프로그

래머용 전문가 수준의 기술이 아니라, 좋든 나쁘든 일정 정도 알고리즘의 지배를 받는 사회에서 삶의 기본적인 부분이 될 것이다.

⑦ 여러 시스템을 참조할 수 있는 사고 능력. 기후 복원처럼 복잡한 일을 시도해야 하는 사회에서는 탄소와 영양 순환, 수문학 hydrology〔지구상의 물을 연구하는 학문〕, 미생물, 경제에 이르는 인간과 자연 시스템 간의 수없이 많은 상호작용을 이해해야 한다.

⑧ 대화. 탄소 제거는 사람들이 그 실천을 위해 협력하지 않으면 달성될 수 없다. 이는 이념적 경계를 넘고, 정치적 파벌이나 정체성에 기반한 집단을 넘어 합의된 목표를 위해 협력해야만 한다는 뜻이다. 경청과 협력이 아니라 주장과 비판을 중심으로 설계된 교육 시스템과 학술 담론은 한계가 명확하다.

⑨ 상상력. 학생들은 기업가정신 함양에 유용한 창의력과 상상력을 배우고 있지만, 여기에서 중요한 역량은 시스템이 대규모로, 혹은 장기적으로 변화하는 양상을 상상할 수 있는 능력이다. 지금 우리가 살고 있는 이 세상과는 전혀 다른 세상을 상상하려면 어떻게 해야 할까? 어떤 활동이나 실천이 그런 상상을 가능하게 하고 강화해 줄 수 있을까?

⑩ 정서적 자기 이해. 기후변화에는 두려움, 상실감, 죄책감, 취약성, 사랑, 그리움 등 엄청난 정서적 내용과 맥락이 존재한다. 자신의 감정을 파악하고 연결하고 표현할 수 있어야 큰 변화에 동참하게 된다.

이런 역량들을 키우는 것은 자연을 통제·관리·지배하는 방법이 아닌, 자연과 함께 일하는 방법을 교육하는 일이 될 것이다. STEM(과학, 기술, 공학, 수학) 교육은 여전히 중시되고 있다. 불평등이 심화되고 컴퓨터가 스스로 프로그래밍하는 능력이 향상되는 와중에도 사람들은 여전히 코딩 교육이 더 많은 소득을 보장해 줄 티켓이라고 여긴다. 비판적 알고리즘 문해력, 디자인, 데이터 시각화와 같은 역량들은 교육의 변화에 따라 중요하게 취급될 것이다. 하지만 공감, 대화, 자연 세계의 경험 등은 무시되기 쉽다.

8장

포섭

2010년, 아제르바이잔, 바쿠, 화창한 날씨, 유가가 배럴당 100달러를 넘음.

카스피해 가장자리를 따라 산책하다가 우연히 석유 노동자 감사의 날 행사를 준비하고 있는 곳을 지나게 되었다. 한적한 공원의 잘 다듬어진 잔디밭을 따라 정유공장, 해양 굴착장치, 압축기 등 석유 기반 시설의 사진들이 전시되어 있었다. 턱시도를 입은 '국부' 헤이다르 알리예프가 생각에 잠겨 결연한 표정을 짓고 있는 사진의 배경에는 아제르바이잔 국기가 파랑, 빨강, 초록색으로 물결치는 모습이 합성되어 있었다. 고갈된 유전에 묘목을 심는 모습, 새로 지은 병원의 모습, 바쿠-트빌리시-케이한 송유관 지도 등 인프라 사진들의 파노라마가 펼쳐졌다. 아제르바이잔 국영 석유회사(SOCAR)는 이곳에 저녁 콘서트를 위한 무대도 마련했고, 무대 뒤에는 석유 굴착장치와 탬버린의 모형이 세워졌다. 밤이 되면 SOCAR의 배려 속에 밴드가 음악을 연주하고 사람들은 춤을 출 것이다.

여기에서는 석유가 재생을 의미한다. 빛나는 푸른 유리의 빌딩들이 불꽃 모양으로 솟아올라 있었다. 베르사체를 비롯한 여러 패션 하우스들이 조용한 부티크들와 함께 문을 열었다. 메르세데스 SUV의 행렬이 길을 메웠다. 새로운 광장에 화려한 분수와 정원이 생겨났지만, 공사는 계속되고 있었다.

수도를 벗어나 압셰론 반도의 유전 지대로 나가자, 아주 다른 풍경이 펼쳐졌다. 규제 없는 채굴 속에서 살아가는 사람들의 모습이었다. 다른 나라의 수도들과 마찬가지로 바쿠는 예외적인 곳이었다. 유전 근방의 아이들은 칠흑 같은 기름 웅덩이에도 신경 쓰지 않고 거리에서 뛰어놀았다. 썩어 가는 석유 시설들 사이에서 여성들이 빨래를 널었다. 빈 원통형 탱크 옆에서 빨간색과 흰색 줄무늬 수건이 펄럭였다. 이제는 아무것도 연결해 주지 않는 녹슨 파이프라인이 맨땅과 관목들을 가로질렀다. 겨자색의 새 파이프라인들은 여전히 석유를 빨아들이는 펌프들과 연결되어 있었다. 모든 것이 나프타〔중질 가솔린〕 냄새로 흠뻑 젖은 와중에도, 먼지 자욱한 푸른 하늘 아래에서 동그란 빵 덩어리를 든 여성들이 집으로 향했다.

나라 수입의 70퍼센트를 에너지 수출에 의존하는 아제르바이잔에서는, 석유가 수출의 95퍼센트를 차지한다. 유가가 몇 년 전의 절반 수준으로 떨어진 지금, 아제르바이잔의 과제는 비석유 부문의 개발이다. 하지만 50마나트 지폐에 벤젠 분자의 다이어그램인 C_6H_6, 즉 탄소 원자 6개와 수소 원자 6개가 은밀한 의미가 있는 별들처럼 배열되어 있을 정도로 석유는 아제르바이잔과 뗄 수 없는 관계다.

탈탄소화의 핵심 질문은 이것이다. 어떻게 기업이 자기들의 자산에서 손을 떼게 할 것인가? 어떻게 하면 국가가 자신들이 의존하고 있는 자산에서 물러나게 할 수 있을 것인가? 석유 추출의 4분의 3은 엑손모빌이나 쉘 같은 국제적 기업이 아니라 SOCAR 같은 국영 석유회사에 의해 이루어진다. (물론 국영 회사도 민간기업과 관계가 있다. 예를 들어, 영국의 BP는 러시아 석유회사 로스네프트의 지분 20퍼센트를 소유하고 있다.) 산유국 정부는 여전히 평균 70퍼센트에 이르는 순수익을 차지한다. 미국은 40퍼센트, 이란은 95퍼센트이다.[1] 지리 학자 개빈 브리지Gavin Bridge와 필리프 르 비용Philippe Le Billon이 석유 밸류 체인을 분석한 결과에 따르면, 배럴당 100달러일 때 20퍼센트 는 비용 충당에, 33퍼센트는 생산 측 정부에, 40퍼센트는 소비 측 정 부에, 7퍼센트는 기업에 돌아간다.[2] 비상장기업이라고 해도 단순한 사기업이라고는 볼 수 없다. 화석연료 기업에 연기금이 투자된다는 것은 기업의 운명에 시민들이 같이 묶여 있다는 의미다.

유가가 배럴당 100달러로 회복된다면, 매장량 1.7조 배럴의 불 연성 탄소 석유는 전 세계 GDP의 2년치인 170조 달러에 달하게 된 다.[3] 이미 깔려 있는 인프라도 수십 조 달러의 가치가 있다. 기업들 만이 아니라 아제르바이잔과 같은 국가에서도 그냥 두고 볼 수는 없 는 엄청난 금액이다. 석유 사업의 수익은 대개 시민들에게 돌아가 지 못할 때가 많다. 이 모든 상황은 화석연료 기업에 얽힌 딜레마가 단순히 우리가 싫어하는 기업 몇 개만 두들겨 팬다고 해결될 문제가 아님을 의미한다. 우리는 이를 사업적 문제나 경제적 · 정치적 문제 가 아닌 사회적 문제로 이해해야 한다. 화석연료의 '출구'나 '단계적 퇴출'에 관한 이야기가 나오고 있지만, 이 문제는 조금 더 활발하게 논의될 필요가 있다. 지금까지 싱크 탱크와 연구 기관에서 기업의 '리스크 경감' 문제를 다룬 연구들은 기업 자체에만 초점을 맞췄다. 화석연료가 사회적으로 중대한 문제임에도 불구하고 사회적 차원 에서 다루지 않은 것이다.

국가, 시민 투자자, 화석연료 생산업체가 얽혀 있는 상황이므로, 실제로 화석연료에서 전환이 일어난다면 일반 대중이 갑자기 많은 부채를 떠안게 될 수도 있다. 2008년 금융위기로 인한 구제금융은 아무것도 아닌 것처럼 보일 정도의 구제금융이 논의될지도 모른다. 비영리단체인 CDP의 집계에 따르면, 피바디 에너지는 전 세계 온실가스 배출량의 1.16퍼센트를 배출했고 온실가스 배출량 상위 100대 기업 중 16위에 해당하는 기업이다.[4] 이 회사의 전신인 피바디 석탄은 2016년에 석탄 가격 하락으로 100억 달러의 부채를 떠안고 파산했으나, 경영진은 거액의 보상을 받았다. 2017년, 재편된 피바디 에너지는 '파산에서 벗어나' 활동을 재개했다. 사실 피바디는 캘리포니아 지방정부로부터 기후변화로 인한 피해를 보상하라는 소송을 당한 37개 화석연료 회사 중 하나였다. 그러나 판사는 2016년 파산 이전에 발생한 기후 영향에는 피바디 에너지의 책임이 없다는 판결을 내렸다. 피바디는 깨끗한 백지에서 출발하게 된 것이다. 우리는 이 전술이 관련 회사들의 전략 중 하나가 될 것이라고 그리 어렵지 않게 짐작할 수 있다. 실제로 화석연료 기업에 대한 기후변화 소송 면책이 법률 제정 과정에서 타협안으로 거론되고 있다.

화석연료 처리가 복잡한 사회적 문제인 이유는 또 있다. 때로는 그 수익이 기후변화 완화 및 적응 기금으로 사용되기도 한다는 점이다. 예를 들면, 해안침식 때문에 급격한 토지 손실이 일어나고 있는 루이지애나에서는 500억 달러의 비용이 드는 대응 계획을 세웠다. 케빈 색 · 존 슈워츠 기자는 2018년에《뉴욕타임스》와 뉴올리언스의《타임스-피카윤》에 실은 기사에서, 그 대응 계획의 "유일하게 신뢰할 수 있는 자금 조달처는 재앙이었다"고 보도했다. 2010년 딥워터 호라이즌 원유 유출 사고의 배상금 말고는 적당한 재원을 찾지 못했기 때문이다.[5] 해양 임대료로 1억 7,600만 달러의 수입이 들어올 예정이었고, 이 돈은 기후변화 적응에 쓰일 예정이었지만, 유가 하락으로 수입이 감소했다. 500억 달러는 루이지애나 1년 예산의 두 배에 달하는 금액으로, 플로리다 남부나 대도시인 뉴욕 같은 다른 해안 지역과의 경쟁에서 이겨서 연방 구제금융을 받을 가능성도 낮다. 해당 보도에 따르면, 루이지애나에서는 석유와 가스만이 복구 비용을 댈 만큼 자금이 풍부한 유일한 산업이다. 지역 소득의 주요 원천에 책임을 물리기를 꺼리는 정치인들도 있지만, 루이지애나 주민들은 "산업이 그 활동의 결과에 대해 책임을 져야 한다는 논리를 어느 정도 받아들이는" 듯하다.《타임스-피카윤》에 실린 여론조사에서 주민의 72퍼센트는 산업계가 비용을 부담해야 한다고 보았고, 18퍼센트는 산업계만 비용을 부담해야 한다고 답했다. 절반 정도는 해안 복원을 위해 더 많은 세금을 지불할 의향이 있다고 했다. 실제로 주민들은 이미 그렇게 하고 있다. 납세자들의 세금 5억 8,800만 달러는 루이지애나 해안의 석유·가스 관련 피해 복구에 쓰였다. 결국 주민들이 낸 세금이 해안의 대부분을 소유하거나 임대하고 있는 석유 산업계에 돌아가는 혜택이 된 것이다.

이 사례는 세 가지 사항으로 정리해 볼 수 있다. 첫째, 천천히 나타나는 기후 재난은 믿기 어려울 만큼의 비용을 유발하며, 이는 곧 대중의 부담이 된다. 둘째, 사람들은 문제를 일으킨 산업이 어느 정도 대가를 치러야 한다고 생각한다. 셋째, 오염을 유발한 측에서 비용을 대야 한다는 원칙에도 불구하고, 결국 납세자가 화석연료 산업을 구제하게 될 위험이 높으며, 그 구제도 기업 측에 유리한 방식으로 전개될 것이다. 기업들은 순순히 물러서지 않을 것이다.

화석연료 생산업체에 어떻게 대처해야 하는지를 묻는 사회적 질문은 탄소 제거 문제와 밀접하게 관련된다. 탄소 포집 및 격리는 화석연료 회사들이 빠져나갈 길을 열어 줄 수도 있다. 르 비용과 브리지는 석유의 정치경제학을 연구하면서, 석유 생산업체가 "대기 중 탄소 축적을 막을 진지한 노력을 기울인다면, 그들은 석유 추출자가 아니라 지하 탄소 저장고의 관리자가 될 수도 있다"는 흥미로운 전망을 내놓았다. 석유 운반 네트워크는 탄소 운반에 쓰일 수 있으며, 새로운 최종사용자, 탄소흡수원을 소유하거나 통제하는 행위자가 등장할 수도 있다.[6]

오바마 행정부 시절에 미국 에너지부 화석연료국장을 지낸 찰스 맥코넬은 2018년 12월, 텍사스 미들랜드에서 열린 석유산업 컨퍼런스에서 이런 말을 했다.

파리 기후협정이 무슨 소용이 있습니까? 이 협정은 2100년까지 2도 이내로 지구 온도 상승을 제어한다는 목표의 약 0.4퍼센트를 달성하게 합니다. 근본적으로, 제가 말씀 드리고 싶은 것은 파리협정이 아무 효과가 없는 일이라는 겁니다. 2100년까지의 4~5도 상승을 4년 정도 지연시킬 것이고, 거기에 수조 달러가 듭니다. 협정은 기술 얘기는 하지 않아요. CCUS(Carbon Capture, Utilization, Storage. 탄소 포집, 활용 및 저장) 얘기도 안 합니다.[7]

맥코넬은 파리협정이 허약하고 도전적이지 않으며 효과적이지도 않다고 공격했다. 틀린 말은 아니다. 그런데 맥코넬은 여기에 덧붙여, 고갈된 유정에서 더 많은 석유를 뽑아내는 기술인 석유회수증진은 50년에서 100년간 석유를 생산하게 하고, 다른 미래로 가는 다리를 놓을 것이라고 주장한다. 그다음 발언도 흥미롭다. 국내외 석유 회사들이 석유회수증진과 CCS에, 그리고 궁극적으로는 탈산소화에 초점을 두고 전략을 짜고 있다는 것이다. "이 회사들은 탈탄소화된 미래를 계획 중입니다. 그 미래가 무엇이든 말입니다. 현명한 자들은 앞서 나갑니다. 그들은 자신들의 세계를 창조할 것이며, 다른 사람들에게 잡아먹히지 않을 것입니다."

CCS를 도입해야 한다는 말은 예전부터 있었다. 이번에는 다를까? 그럴지도 모른다. 이전과는 달리 이제 석유업계는 방어적인 태도를 취한다. 다보스에서 열린 2019 세계경제포럼에서 OPEC 사무총장은 기후변화와 투자자들의 압력을 언급했다. "우리 산업은 말 그대로 포위당했습니다. 석유의 미래는 위대롭습니다."[8] 사우디의 국영 석유 기업인 아람코의 사장은 "우리는 더 효율성을 높이거나 기술적으로 CO_2를 제거해야 한다"고 발언했다. 수십 년 동안 전 세계에서 CCS에 대한 투자는 미진했다. 그러나 화석연료가 투자하기에 위험한 대상이 되는 순간, 그래서 이야기가 완전히 뒤바뀌는 순간이 온다면, 석유회사는 투자자의 신뢰를 유지하기 위해서라도 탄소 제거에 앞장서는 모습을 보일 수 있다.

화석연료 회사가 탄소 관리 회사로 변신한다면, 미래의 탄소 제거는 어떤 모습일까? 가장 나쁜 시나리오는, 석유회사들이 마이너스 배출이라는 논리와 주장을 채택한 뒤, '탄소 관리'라는 명분 아래 석유회수증진 기술을 이용해 계속 석유를 생산하는 것이다.

CCS 정책이 얼마나 기득권에 종속되어 있는지를 잘 보여 주는 구체적인 예가 미국의 FUTURE 법안에 대한 반응이다. 2018년 2월 연방 예산 법안의 일부로 통과된 이 법안은, 탄소 포집 및 저장에 대한 미국의 세액공제를 규정한 '섹션 45Q'를 개정한 것이다. 이전에 CCS 프로젝트는 포집 후 석유회수증진에 쓰인 탄소 1톤당 10달러, 안전하게 저장된 탄소 1톤당 20달러의 세액공제를 받았다. 개정안은 이 금액을 각각 35달러와 50달러로 인상하고, 7,500만 톤이었던 이산화탄소 용량 제한을 폐지했다. 새로운 예산안에서 공제액이 늘어나면서, 국가 석유회수증진 이니셔티브의 명칭을 바꾼 새로운 연합체인 '탄소 포집 연합the Carbon Capture Coalition'이 출범했다. 여기에는 아처 다니엘스 미들랜드, 미쓰비시 중공업 아메리카 등의 기업, 피바디 에너지, 쉘 등의 화석연료 회사, 초당파 정책 센터 등의 싱크탱크, AFL-CIO, 전국농민연대, 국제전기노동자형제단 등의 노조에 이르는 48개 기구가 참여했다. 하지만 탈퇴를 결정한 조직도 있었다. 친환경단체인 천연자원보호협회Natural Resources Defense Council

였다. 석유회수증진에 대한 세액공제에 찬성하지 않았기 때문이다.

이 법안이 바람직하다고 볼 이유도 없지 않다. 흔치 않은 초당적인 노력이 있었고, 성과에 기반하는 세액공제이므로 실제로 측정 가능한 성과를 내야만 공제 청구가 가능하다. (물론 화석연료 회사들은 애초에 세금을 많이 납부하지 않는다.) 그러나 석유회수증진 기술을 사용하면 세금을 감면해 준다는 아이디어 자체에 문제가 있다. 오염을 일으킨 자들이 탄소 포집의 혜택을 가장 많이 받는 것이다. 350.org, 그린피스 미국 지부, 클린 워터 액션, 지구의 벗 인터내셔널 등이 참여한 공개서한에서, 이 법은 "석유회사에게 주는 지원금"이라고 불렸다. 이 서한은 석유회수증진이 유전 지역 근처에 불균형적으로 거주하는 유색인종과 환경정의를 요구하는 커뮤니티에 부정적인 영향을 미친다는 점을 지적했다.

CCS를 어떻게 사용할 것인지에 대한 진보적 방향 설정이 없다면, 이 기술을 어떻게 사용할 것인지에 대한 명확한 요구 사항이 없다면, 석유회사는 우리를 인질로 삼을 수 있다. 만약 더 이상 화석연료 추출이 필요하지 않게 된다 해도, 그들은 지하에 이산화탄소를 주입할 수 있는 기술력이 있으므로 우리는 탄소 제거를 위해서라도 그들의 역할이 필요할 것이다. 이 회사들에는 굴착, 내진, 해양 작업 등 다양한 분야의 전문가들이 있다. 물론 막대한 정부 보조금과 투자가 있었지만 이들은 그 기술을 개발하고 개척했다. 그리고 이렇게 말할 것이다. '기후변화가 나쁘다는 건 누구나 안다. 국제협약은 힘도 없고 성과도 부족하다. 탄소가 제거되어야 한다면, 그걸 해낼 전

문성과 방법과 마음가짐을 갖춘 건 우리뿐이다.'

요술 지팡이를 휘두르며 모든 화석연료를 금지하거나 모든 형태의 산업 탄소 포집을 금지할 수 있는 것처럼 굴기보다는, 앞으로의 전망에 선제적으로 대응하는 편이 더 낫다. CCS에 대한 구체적인 입장 정리가 필요하다. 개인적으로는 "석탄 CCS는 안 된다"고 보지만, 이는 분명히 집단적인 대화 주제에 해당한다. 화석연료 업계는 탄소 제거 수용으로의 전환을 주도하기 위해 조직적으로 움직인다. 미국 상원에는 대규모 탄소 제거를 장려하는 초당적 법안인 '화석연료 에너지 탄소 기술 향상법(EFFECT)'이 발의되었지만 아직 제정되지는 않았다. 이 법안은 석탄의 지속적인 사용을 목표로, '이산화탄소 배출 순마이너스 기술'을 석탄과 바이오매스를 함께 연소하는 기술로 정의하고, 탄소 제거 프로그램에 대한 자금 지원과 맞바꾸자고 민주당에 제안한 협상안이다. '대안이 없다'면서 화석연료 회사들이 자신들의 요구 사항을 들이밀기 전에, 탄소 제거의 진행 방향에 대한 대안적 입장을 정리해야 한다. 우리가 오래 망설일수록, 저들의 대응은 더욱 확고해질 것이다.

기성 권력의 퇴장

화석연료 회사들만 탄소 제거 노력과 연결된 행위자는 아니다. 탄소에 대한 가격이 책정되고 가치가 부여되면 본격적인 경쟁이 시작될 것이다. 첫째, 시멘트, 철강, 비료 등 온실가스 배출량의 약 20퍼센트를 차지하는 산업계가 있다. 이들은 탄소 가격제에 반대하는 로비를 한 적이 있지만, 결국에는 '잔여 배출'을 면제받는 선에서 계속 생존하기 위해 탄소 제거를 받아들일 것이다. 다음은 농장이다. 언론인 스테파니 앤더슨Stephanie Anderson의 《사이즈가 하나라면 누구에게도 맞지 않아요: 한 농장 소녀의 재생농업 탐색One Size Fits None: A Farm Girl's Search for Regenerative Agriculture》은 재생농업으로 나아가려면 어떤 정치적 작업을 해야 하는지를 설명한다. 재생농업 연구 자금을 지원하는 법안이 있어야 하고, 주립대학을 재조정하여 기업의 영향력에서 벗어나게 해야 하며, 협동조합 서비스를 조정하고, 농가 보조금을 개편해야 한다.[9]

  탄소 제거의 규모 확대를 저해하는 간접적인 위협도 있다. 언뜻 보기에 방위 계약업체는 이 주제와 관련이 없어 보인다. 그러나 미국에서 매년 군에 지원되는 5천~7천억 달러에 달하는 자금은 상당 부분이 계약업체에 전달되고, 이들은 다시 더 많은 자금을 확보하기 위해 로비에 자금을 투자한다. 이 공룡처럼 거대한 기업들에게 계속 돈을 대 주면서도 대규모 탈탄소화와 탄소 제거 프로그램을 실행하기에 충분한 공공자금을 확보할 수 있을지 의문이다. 기술 기업은 사회적 정의에 부합하는 탄소 제거를 혼란에 빠뜨릴 수도 있는 간접적 행위자 집단이다. 이들은 탄소 관리에 쓰일 독점적인 도구들을 만들어 낼 수 있다. 우리가 아주 깔끔하지는 못하더라도 더 민주적인 대안을 내놓을 시간을 갖기 전에 그렇게 된다면, 우리는 탄소 거래 플랫폼에 종속될지도 모른다.

농업기술 회사인 인디고 애그는 1조 톤의 탄소를 토양에 저장한다는 목표를 세운 '테라톤 이니셔티브'를 출시했다. 물론 그 진행 과정은 인디고 애그의 플랫폼에서 조율된다. 탄소 가격이 책정되면 더 많은 기술 기업이 참여할 수 있는 근거가 마련되고, 관련 데이터를 관리하는 역량도 더 확장될 것이다. 예를 들어, 구글은 이미 지리 공간 데이터에서 우위를 점하고 있다. 정보기술을 적극적으로 활용하는 정밀농업precision agriculture에 기술회사의 투자가 쏟아지고 있으며, 여기에서 탄소 관리로 넘어가는 것은 당연한 단계로 보인다. 사회 이론가 조엘 웨인라이트Joel Wainwright와 제프 만Geoff Mann은 《기후 리바이어던Climate Leviathan: A Political Theory of Our Planetary Future》에서 "과학적 문제에 대한 기술적 권위와 결합한 민주적 정당성을 갖춘 규제적 권력"이자, "앞으로 나타날 세계의 핵심 요소들인 담수, 탄소 배출, 기후 난민 등을 감시할 판옵티콘 같은 능력"을 갖춘 전 지구적 주권자a planetary sovereign의 등장을 예고했다.[10] 이들의 말대로 된다면, 그런 역량을 제공할 행위자는 기술 기업일 것이다. 누가 어떻게 코드를 짜는지는 결과에 중요한 영향을 준다.

이 모든 기성 권력의 이해관계를 헤아리는 것은 간단한 일이 아니다. 사회적으로 공정한 탄소 제거를 향해 가는 길은 험난할 것이다. 그러나 우리는 이 모든 영역의 권력에 비판적으로 접근해야 한다. 이 모든 어려움은 탄소 제거에는 일반적인 사업적 고려 이상의 중요한 층위가 있다는 것을 보여 주기 때문이다. 우리는 거대 농업기업,

거대 석유회사, 워싱턴 주변의 부패한 이익집단들에게서 민주주의
와 권력의 지렛대를 되찾아야 한다.

탄소 제거에서 그린뉴딜로

좋은 소식은, 이미 많은 사람들이 이 모든 전선에서 싸우고 있다
는 사실이다. 나오미 클라인은《이것이 모든 것을 바꾼다》에서 극
단적인 화석연료 추출에 저항하는 상호연결된 운동인 '블로카디아
Blockadia'를 내세웠다. "블로카디아는 지도상의 특정 위치가 아니라
노천 광산이나 프래킹[수압파쇄] 가스 채취, 타르샌드 오일 송유관
등 채굴 사업이 추진되는 과정에서 국경을 초월한 충돌의 빈도와 강
도가 갈수록 심해지는 지대를 가리킨다." 블로카디아는 매우 중요
한 현상이자 가치 있는 전술이다. 환경학자 마르코 아르미에로Marco
Armiero와 마시모 드 안젤리스Massimo de Angelis는 블로카디아가 인류
세 내러티브의 보편주의를 무너뜨리고 우리의 눈길을 인종, 계급,
젠더, 그리고 정착민 식민주의에 돌리게 했다고 평한다.[11]

그렇지만 블로카디아가 거둔 많은 승리, 즉 채굴 계획이 중단되거
나 무산된 것은 낮은 유가 때문일 가능성도 높다. 유가가 다시 상승
하면 현재 개발 경제성이 없는 지역에 대한 탐욕스러운 채굴이 석유
회수증진 기술의 힘을 빌려 더욱 활발해질지 모른다. 여론과 법적
압박이 상황을 극적으로 변화시키지 못한다면 그렇게 될 가능성이

크다. 더 많은 소송이 벌어지고, 투자 포기가 늘어나며, 수치심을 느끼는 이들도 많아지고, 변화의 흐름이 거세지면 점차 여론이 변화할 것이라고 믿는다. 아직 그렇게 되지는 않았지만, 이 책이 나올 즈음에는 목표에 더 가까워질 것이다.

우리는 블로카디아가 필요하다. 이 운동은 석유수출국기구(OPEC)이 포위당한 것처럼 보일 정도로 상황을 변화시켰다. 그러나 탄소 제거에 더 가까이 다가서려면 상황에 반응하는 것 이상의 저항이 필요하다. 새로운 기술에 대한 반사적인 반대에서 벗어나, 우리의 요구와 대안에 맞춰 기술을 이용하는 방향으로 나아가야 한다. 탄소 제거가 정의롭게 이루어지려면 화석연료 추출에 대해 지금까지와는 다른 방식으로 도전하면서, 그런 기업들이 어떻게 될지 정면으로 질문하고 변화를 꾀해야 한다. 어떤 방법이 있을까? 국영화? 핵심 산업이라고 판단된 부문의 '잔여 배출량' 허용치 협상? 탄소 제거 인프라에 대한 공공보조금과 탄소 배출 의무 인증서의 공적 조율? 아니면 더 근본적으로, 역사적 책임이 있는 탄소 배출자 측에 탄소 제거 비용을 요구해야 할까?

이런 과정은 블로카디아처럼 사진에 잘 담기거나 사람들의 감정에 호소하지는 못하겠지만, 창의력을 발휘하면 실천 가능한 일이다. 일반적으로 환경주의는 소비 문제, 지역적 대안, 그리고 일부 기업 관련 문제에 초점을 맞춰 왔다. 그러나 화석연료와 그 산업은 이러한 접근 방식만으로는 해결할 수 없는 구조적인 문제다. 우리는 국영화만이 아니라 다른 분야로의 전략적 다각화도 논의해야 한다.

지금까지 기업들이 대체에너지로의 다각화를 제대로 진행하지 못했으나, 저탄소 운영이 필수적인 때가 오면 그들에게도 이것이 최선의 선택이 될 수 있다. 혹은 이런 선택지들을 묶어서, 해당 기업을 국영화하여 에너지와 탄소 제거가 결합된 기업으로 전환하는 것도 방법이다. 분명한 것은, ① 이러한 기업들이 국가와 얼마나 얽혀 있는지 인식하고, ② 구제금융 조치나 백지상태로 돌아가는 파산 방식에 대해 사후적 반응이 아닌 전향적이고 공세적인 방식으로 대응하려면, 광범위한 사회적 논의가 필요하다는 사실이다. 실제로 탄소 정화가 이룩되려면 감축과 재생을 요구하는 집단적 의사결정이 필수적이다.

문화비평가이자 철학자인 니나 파워Nina Power는 누군가에게 무언가를 요구한다는 것은 기존 상황의 대략적인 얼개를 받아들이는 것이라고 지적했다. "무언가를 요구한다는 것, 더 나은 노동조건, 정치적 대표성, 보상 등을 요구하는 것은 그와 동시에, 그런 요구를 받아들일(대부분은 받아들이지 않을) 고용주, 정부, 국가 같은 틀과 제도를 인식하는 것이다."[12] 요구를 명확하게 밝히는 과정은 어떤 제도가 요구를 받아들이지 않는지를 파악하고 어떻게 대처해야 하는지 고민하게 한다는 점에서 가치가 있다.

누구에게 탄소 제거를 요구해야 하는가? 국가가 먼저일 것이다. 우리는 정치인, 투자자, 관련 기업에도 탄소 감축과 연결된 요구를 할 수 있다. 단기적인 정책조치뿐만 아니라 공공투자도 그 요구에 포함될 수 있다. 사람들은 탈탄소화로 나아가는 가장 확실한 첫 번째 단계로 화석연료에 대한 지원금이 변경되어야 한다고 지적한다. 현재 전 세계에서 1년에 5천억 달러의 공적 지원금을 화석연료 업계에 지급하고 있다. 즉, 그들이 배출하는 이산화탄소에 1톤당 15달러를 주고 있는 것이다. 화석연료 회사에 보조금을 지급하지 말고, 그들이 이 피해에 대한 비용을 지불하게 해야 한다. 그러면서 화석연료에서 벗어나도록 압력을 계속 가하는 동시에, 탄소 제거를 위한 사회적 투자 기회가 있다는 사실을 알려 주어야 한다. 현재, 투자자들은 배출 가능한 탄소량을 정해 놓은 '탄소 예산carbon budget'이 존재한다는 사실을 인식하지 못하거나, 탄소를 많이 배출하는 기업이 이 허용량을 어겼을 때 받는 불이익을 잘 알지 못한다.[13]

따라서 우리는 투자자들이 투자 위험을 이해할 수 있게 설명을 제공해야 하며(이미 여러 사람들이 이 작업을 하고 있다), 다양한 장기 투자 대상 중에서 탄소 제거 사업이 갖는 장점을 알려 주어야 한다. 캘리포니아에서는 상원 법안 535에 기반한 하원 법안 1550에 따라 주 배출권 거래제 프로그램의 자금 중 25퍼센트는 소외된 지역사회 내 프로젝트에, 나머지 10퍼센트는 저소득가구와 지역사회에 지원하도록 규정하고 있다. 환경정의를 옹호하는 단체들이 주도하는 입법 활동들은 탄소 제거 자금이 어떻게 쓰여야 하는지를 보여 준다. 이와 같은 조치는 탄소 포집 프로그램의 혜택이 환경불평등으로 고통받는 사람들에게 돌아가고, 마이너스 탄소 사회로 전환하는 과정에서 불평등을 완화하는 초기 단계가 될 것이다. 즉, 우리는 탄소 제거를 단순히 연구개발이나 투자가 필요한 신기술로만 여기지 말고, 이

기술이 사회적으로 어떤 영향을 미칠지를 미리 내다보면서 선제적으로 참여해야 한다. 이런 점에서 기후 복원은 정치적 참여를 요구한다.

많은 분석가들은 '마이너스 배출에 판돈을 거는 것'은 위험한 일이라고 입을 모아 경고한다. 탄소 제거 시도가 실패한다면 끔찍한 결과가 초래될 것이다. 그리고 그 위험성은 지평선 너머로 떠오르는 또 다른 전망 때문에 더 커지고 있다. 바로 태양지구공학이다.

4부
시간 벌기

9장

프로그래밍

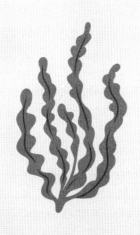

인터페이스〔접속장치〕는 투명성을 향해 진화한다.
최소한의 의식적인 노력만 기울여도 되는 것이 살아남고 번성한다. …
진정한 사이보그는 더 깊고 미묘해질 것이며
점점 더 입자 수준에서 존재하게 될 것이고,
증강현실이 아닌 현실은 결국 가상적인 구성물이 될 것이다.
지금 우리가 의식적인 노력을 기울여야 전자매체가 없는 세상을
상상해 낼 수 있듯이, 현실은 애써 상상해 내야 하는 것이 될 것이다.

윌리엄 깁슨

백화현상이 일어나면서 산호초의 살이 썩어 간다. 노랑, 보라, 청록으로 화려했던 색깔은 유령처럼 하얗게 변하고, 살이 투명해지면서 떨어져 나간다. 그 아래 흐릿한 뼈대에는 해조류가 거미줄처럼 뒤엉킨다.

산호는 관계 속에서 존재한다. 산호 동물은 특정한 해조류와 공생한다. 낮에는 해조류가 광합성을 하고 밤에는 산호가 입을 벌리고 지나가는 먹이를 잡는다. 단 1℃의 해수 온도 상승도 이 관계를 파괴할 수 있다. 스트레스를 받으면 해조류가 떠나기 때문이다. 해조류가 없으면 산호는 '백화'된다. 백화가 반복되거나 오래되면 산호는 굶주리고 병에 걸린다. 결국 회복이 불가능해진 산호는 죽음을 맞는다.

약 3천 개의 산호초로 구성된 2,300킬로미터 길이의 호주 그레이트 배리어 리프는 지난 몇 년 동안 심각한 백화현상을 겪었다. 호주 해양학자 다니엘 해리슨Daniel Harrison은 시간을 더 벌 수 있는 방법을 연구하고 있다. "산호초가 2년 연속 너무 심하게 백화되었을 때, 우리는 비공식적인 실무그룹을 조직해서 연구하기 시작했어요. '사람들을 달이나 화성에 보낼 수 있다면, 과열로 인해 산호초가 백화되는 현상 정도는 막을 수 있지 않을까? 생각한 겁니다." 그러나 상황은 더 심각해지고 있다. "인류세 이전 시대에 비한다면 지금의 산호는 25퍼센트 정도밖에 안 될 겁니다. 1985년 이후에야 조사를 시작했기 때문에 우리는 잘 모릅니다. … 놀랍지 않아요? 산호초는 바다의 1퍼센트밖에 되지 않는데, 모든 해양생물의 25퍼센트가 산호초에 살고 있잖아요. 그레이트 배리어 리프만 심각한 문제가 생긴 게 아니에요. 진화론적으로 볼 때 정말 빠르게 모든 것을 잃어 가고 있어요. 인간의 수명 기준으로 보아도 그렇습니다."

이들은 여러 팀을 구성해서 산호초를 살릴 다양한 아이디어를 모았다. 실험적이고 기발한 아이디어는 실제로는 적용하기가 어려웠다. 심해의 차가운 물을 끌어 올려 산호초를 식히자는 아이디어도 있었다. "산호초의 일부나 산호 유충이 있는 곳을 보호하는 정도는 가능할 수도 있어요. 그렇지만 전체 산호초를 식힐 만큼의 차가운 물을 끌어 올리는 것은 현실적으로 불가능했습니다." 다양한 방안을 검토한 연구진은 태양지구공학의 일종인 '해양구름표백marine cloud brightening'을 더 연구하기로 했다. 더 밝고 반사율이 높은 구름은 해당 지역을 식힐 수 있다. 작은 소금 입자를 공기 중에 분사하면 물방울이 응축되어 구름을 더 밝게 만든다. 해리슨은 이 아이디어의 타당성을 검증하기 위해 모델링 연구를 하고 있다. 초기 모델링 단계에서는, 바다 온도가 0.5℃에서 1℃까지 낮아질 가능성이 있다는 결과가 나왔다.

또 다른 연구 팀이 이끄는 '해양구름표백 프로젝트(MCBP)'는 이 방식이 산호초 보호에 널리 쓰일 수 있다고 판단하고 있다. 대기과학자 로버트 우드와 워싱턴대학교의 동료들이 이끄는 MCBP의 수석 고문이자 비영리단체 실버라이닝의 전무이사인 켈리 완서Kelly Wanser를 만났다. 완서는 과학자들이 산호초를 살리기 위해 연구 중인 다양한 방법을 알려 주었다. 유전자 변형이나 품종개량으로 따뜻한 물에 강하게 만들거나, 튼튼한 산호초를 새로운 지역으로 옮겨 심을 수도 있다. 그러나 생태계 전체 규모로 그런 방법을 시행하려면 엄청난 노력이 필요하고, 극히 일부의 복원에 그칠 가능성이 높다. "그레이트 배리어 리프를 복원하는 건, 로키산맥을 복원하는 것과 다를 바가 없어요. 너무 크니까."

"본질적으로 산호초는 열 스트레스 때문에 죽습니다. 다른 스트레스 요인들도 있지만, 열은 스트레스를 강화시켜요. 산성도도 높이고요. 열은 산호초가 받는 모든 스트레스의 근원입니다. 특정한 온도가 되면 산호초는 죽기 시작해요." 최근 해양연구위원회 회의에서 한 과학자가 암울한 전망을 내놓았다. 전 세계 산호초의 95퍼센트가 20년 안에 사라질 수 있다는 것이다. 해마다 지도는 붉게 물들어 간다. "만약 제가 태양지구공학을 연구하지 않았다면, 이걸 보는 게 너무 힘들어서 여길 떠나 버렸을 거예요. 충격적이죠."

해양구름표백은 실제로 어떻게 진행되는 것일까? 기본적으로 해수를 분사하는 장치를 개발해야 한다. 해리슨은 "몇 가지 기술적인 과제를 극복해야 하지만, 해수를 여과하고 미크론 이하의 크기로 분사하는 기본적인 과정이 기술적으로 아주 어려운 건 아니"라고 했다. 모델링 결과에 따르면, 대륙붕 가장자리 너머 먼 해상에 기지를 설치하려면 부유식 플랫폼이나 선박이 필요하다. 여기에는 상당한 비용이 들고, 유지 보수 비용도 만만치 않을 것이다. 프로젝트 전체의 예상 비용은 약 3억 달러로, 큰 금액이지만 이 산호초들이 호주 경제에 연간 약 60억 달러의 수익을 안겨 준다는 점을 감안해야 한다. 해리슨은 해양구름표백을 항상 하거나 매년 여름마다 하지는 않을 예정이라고 했다. 산호초가 백화 위험에 처했을 때만 시행해야 한다는 것이다. 해수 온도를 최대한 낮추려면 약 2주 전에 미리 경고를 해야 한다.

"하지만 현장 연구가 전혀 진행되지 않아서, 여기에는 아직 알려지지 않은 부분이 많아요. 일반적으로 저지대 해양 성층권 구름이 이미 발생하고 있을 때만 표적으로 삼을 수 있다고 보죠. 그런데 산호초의 활동이 지역 기후에 영향을 주고, 우리가 하려고 하는 작업과 유사한 방식으로 구름 형성에 영향을 준다는 증거도 꽤 있어요." 본질적으로, 산호초는 구름 형성을 유도하는 화학물질을 생성할 수 있다. 그러나 산호초가 기후를 조절하는 방식에 대한 연구는 아직 초기 단계이다. 연구 팀은 백화현상이 진행되면 이 상황이 어떻게 바뀔지, 구름이 줄어들면 백화현상이 악화되는 영향 관계가 잘 드러날지를 지켜보고 있다. "어느 정도는 산호초에서 에어로졸이 생성되던 때로 시스템을 되돌리고 있는지도 몰라요. 하지만 아직 확실하게 아는 바가 없으니 이 부분을 지나치게 강조하고 싶지는 않습니다. 인류 역사에서 산호초를 관찰하기 시작한 지가 얼마 안 되어서 알아내기가 어렵습니다."

해양구름표백은 아직 우리가 알지 못하는 여러 문제를 해결해야 한다. 기후 과학에서 구름-에어로졸의 상호작용은 확실하게 밝혀지지 않았다. 기후모델이 우리에게 무엇을 말해 줄 수 있고, 무엇을 말해 줄 수 없는 것일까? 이 포괄적인 질문에 대한 답을 얻기 위해 인디애나대학교의 대기과학 교수 벤 크라비츠Ben Kravitz와 이야기를 나누었다. 그는 지구공학 모델 시뮬레이션을 비교하는 프로젝트에 관여하고 있다. "기후 시스템은 극도로 복잡해요. 우리가 다루는 방법을 아는 시스템 중에서 가장 복잡한 시스템이라고 할 수 있죠. 그 좋은 예가 구름입니다. 비행기에서 창밖을 보면 온갖 다양한 구조의 구름들을 볼 수 있죠. 어떤 구름은 움직이고, 몇 미터 정도이고, 또 어떤 구름은 수십 킬로미터에 달합니다. 어떤 구름은 체계적이고, 어떤 건 또 그렇지 않아 보여요. 아직 우리는 계산 능력이 부족해서 하나의 모델에서 이 모든 움직임을 모델링하지 못해요. 우리가 실제로 실행할 수 있는 모델에 그런 움직임들을 매개변수화하여 집어넣어서 구름의 움직임을 이해할 방법을 찾는다면, 기후 과학에서 가장 큰 불확실성을 해결하게 될 겁니다."

최신 기후모델은 에어로졸에 대한 구름의 다양한 민감도를 더 잘 제어하므로, 해양구름표백의 효과가 어떠한지를 파악하게 해 줄 도구가 곧 나올 수도 있다. 그러나 그러려면 자금 지원이 있어야 한다. 해양구름표백 프로젝트의 켈리 완서는 이 연구의 응용이 이 기본적인 미지의 사항들을 이해하게 해 줄 것이라고 주장한다. 그러나, 이 프로젝트를 지원해 줄 만한 기관들은 구름-에어로졸 상호작용을 측정하는 통제된 야외 현장실험을 지구공학 관련 실험이라고 볼 가능성이 높다. 실제로 현재 미국에서 진행하는 프로젝트의 다음 단계는 캘리포니아 해안에서 해수로 노즐을 테스트하는 것이었는데, 지구공학과의 연관성으로 자금을 모으기가 힘들었다. "우리는 실험을 지원해 줄 모든 정부 기관과 이야기를 나눴어요. 그런데 '구름-에어로졸 기초과학이군요'라고 하는 사람은 아무도 없었어요. 다들 '눈속임은 안 됩니다. 이건 지구공학이에요. 따로 승인을 받아야 합니다' 하더라구요." 이처럼 특정 해양생태계에 국지적 적용이 가능할지도 모르는, 나아가 전 세계적 적용이 가능할 수도 있는 기술이 있지만, 우리는 그 기술이 얼마나 잘 작동할지, 작동하려면 무엇이 필요한지 알지 못한다. 지구공학이라는 낙인은 그 답을 알아내는 데 필요한 자금 지원을 받기 어렵게 했다.

해양구름표백은 과학적 이해의 가장자리에 놓여 있다. 이 기술의 또 다른 측면은 기후 시스템의 원격 연결이다. 쉽게 말해, 한 곳의 구름이 다른 장소의 날씨와 어떻게 연결되는지다. 기후모델러인 앤서니 존스Anthony Jones는 성층권 에어로졸을 사용해 지역적 태양지구공학을 시뮬레이션했다. 그는 시스템의 특정 부분만 바뀔 때 어떤 일이 발생하는지를 조사했다. "해양구름표백 생각을 하면 무서워요." 우리가 이해하지 못하는 이상한 일이 생기기 때문이냐고 물었다. "네, 그걸 원격 연결이라고 하는데요, 최근의 〔성층권 에어로졸〕 시뮬레이션에서 그 현상이 일어나는 걸 관찰했어요. 북태평양을 식히면 제트기류의 위치가 바뀔 수 있어요. … 미국 서쪽 절반은 추워지고, 동쪽 절반은 따뜻해집니다." 존스는 설명을 계속했다. "원격 연결이 나타나는 건 불가피합니다. 특정 지역이 크게 냉각되면 기후와 날씨가 바뀔 거예요." 같은 이유로, 다니엘 해리슨은 해양구름표백이 전 세계적으로 시도된다면 중대한 거버넌스 문제가 발생할 것이라고 했다. "해양구름표백으로 지구 전체를 식히려고 해도, 어떤 지역이 다른 지역보다 더 시원해지겠죠. 확실히 지구 전체의 날씨 패턴이 어느 정도 변경될 겁니다. 평균적으로 보면 비슷하고 대부분의 사람에게 이득이 되겠지만, 특정 지역의 일부 사람들에게는 불리할 수 있어요." 하지만 산호초 위의 구름을 밝게 만드는 것은 그렇게 심각한 문제가 아닐 수 있다. 지구 전체의 기온에 손을 대려고 하는 것과는 그 목표가 다르다고 보아야 한다. 신호초를 위한 특정 지역의 해양구름표백은 지구공학이라기보다는 적극적인 기후적응 노력의 일부라고 보는 편이 나을 것이다.

흰동가리(〈니모를 찾아서〉의 주인공 물고기)가 나오는 영화를 보면서 열광하는 아이들 말고 산호초에 관심이 있는 사람들이 있을까? 산호초는 알록달록한 물고기와 이색적인 생물들의 모험이 펼쳐지는 배경만은 아니다. 산호초는 해안을 폭풍에서 보호한다. 산호초가 없다면 태평양 일부 섬들은 두 배나 높은 파도를 맞을 것이다. 세계적으로 산호초 생태계에 의존하여 생계를 유지하는 사람들의 수는 5억 명에 달한다.[1] 따라서, 산호초 보호는 기후정의 문제. 1.5도 상승은 70~90퍼센트의 산호를 사라지게 할 것이며, 2도 상승은 99퍼센트 이상을 전멸시킬 것이다.[2] 만약 온도가 1.5도 상승에서 정체된다 하더라도, 한두 세기가 지났을 때 산호초 생태계가 이 온도 변화를 얼마나 견딜 수 있을지 아무도 알지 못한다.

우리는 기본적으로 산호와 산호 속에 서식하는 모든 동식물을, 독특한 형태의 생물들을, 이 모든 것들에 기대고 있는 인간 경제와 지역사회를 포기하기로 한 것일까? 사회적인 차원에서는 그렇게 보인다. 그러나 산호를 연구하는 과학자들은 포기하지 않았고, 문화기술지 연구자인 이루스 브레버먼Irus Braverman이 말한 것처럼 희망과 절망 사이에서 오락가락한다. 《산호에게 속삭이는 사람들Coral Whisperers》에서, 브레버먼은 그들이 보여 주는 양극성이 (인간의 영향을 최대한 줄이는) 전통적인 보존 방법을 사용할 수 있다고 믿는 보수적인 과학자들과 (자연 시스템이 이미 근본적으로 변화되었으니) 더 적극적으로 개입해야 한다고 믿는 과학자들 사이의 균열에도 드러난다고 했다. 그녀는 "특히, 젊고 다양한 배경을 가진 여성 과학자들이 희망을 이야기했고, 또 생명체들이 변화된 환경에 맞춰 진화하도록 돕는 모델을 내세웠다"는 흥미로운 서술을 했다.[3] 그러나 많은 산호 과학자들이 참여한 복원 노력은 기후 개입에까지 이르지는 않았다. 일부 과학자들은 지구온난화가 관리될 수 있을 때까지 산호를 보호할 수 있는 일종의 야외 수족관 같은 작은 관리 공간을 조성하려고 하기도 했다.

이런 생명체와 생존 방식의 존속이 지구공학 연구나 논의를 정당화할 만큼, 혹은 해양구름표백처럼 특정한 개입이 포함되도록 지구공학의 개념 범주와 언어를 새롭게 설정할 만큼 중요할까? 그렇지는 않은 것 같다. '멸종은 영원하다'라는 경고가 무색하게도, 비인간 생명체는 인간중심적인 지구공학 논의에서 상대적으로 배제되어 있다.

"산호는 금광의 카나리아와 비슷합니다." 해리슨이 말했다. "산호초는 온도에 매우 민감하죠. 이건 앞으로 다가올 일들의 전조예요. 산호 생태계가 무너지면 뒤따라 무너질 생태계들이 많습니다. 저는 생명의 회복탄력성이 높다고 생각하지만, 생태계는 그렇지 않아요." 전 세계 평균온도가 약간만 변했는데도 위험에 처한 생태계가 많다. 북극 생태계, 산악 빙하, 캘리포니아의 레드우드 숲 등이 그렇다. 빠르게 이동해서 적합한 생태계를 찾지 못하는 생물종들도 위험하다. "이미 가장 구석까지 몰려 있고 움직일 수 없는 생물들입니다. 산호초는 이미 따뜻한 바닷물에 갇혀 있어요. 너무 뜨거워져도 이동할 수가 없고 어차피 갈 곳도 없어요. 너무 추운 곳도 그래요. 레드우드 숲도 그렇고요. 나무는 기후변화를 피할 만큼 빨리 움직일 수가 없지 않습니까."

기후변화 문제의 시간적 측면, 특히 멸종처럼 영구한 변화를 깊이 생각해 보면 태양지구공학이라는 아이디어가 왜 등장했는지를 쉽게 알 수 있다. 지금은 1990년이 아니다. 그 당시의 이산화탄소 농도는 여전히 350ppm 정도였다. 현재의 시점에서 위험한 변화가 찾아오기 전에 우리가 탈탄소화에 성공할 가능성은 매우 낮으며, 산호처럼 민감한 종과 생태계의 경우에는 이미 위험 임계치를 넘어섰다. 그렇다면 이런 질문이 떠오른다. 탈탄소화를 추진하는 한편, 태양지구공학으로 생태계에 생명유지 장치를 달아 줘서 기후변화가 한계점을 넘지 못하게 하면 어떨까?

이것이 '정점 깎아내기peak shaving' 시나리오이다. 이산화탄소 수준이 낮아지는 동안, 온난화 그래프의 정점을 깎아 내기 위해 태양지구공학을 이용하는 것이다. 앞에서 논의한 해양구름표백과 달리 태양지구공학은 일반적으로 성층권 에어로졸 주입을 의미하며, 전 세계적인 규모의 프로그램이 될 것이다.

이 시나리오의 가장 기본적인 형태(**도표 2**)는 높은 고도를 나는 특수 설계된 항공기로 에어로졸 전구체를 지속적으로 성층권에 살포하는 것이다. 황, 탄산칼슘, 아니면 향후 연구를 통해 정해질 어떤 물질로 만들어진 전구체가 대기와 반응하여 에어로졸 입자를 형성한다. 세계적으로 미세먼지 공기오염을 줄이려고 노력하는 상황에서 왜 입자를 더 투입하는 것일까? 입자는 구름이 형성되고 비행기가 나는 높이보다 높은 성층권에 주입된다. 트럭이나 공장에서 발생한 오염물질처럼 며칠 만에 다시 지구로 떨어지지 않고, 오히려 지구 전체를 순환하면서 1년 정도 공중에 머물 것이다. 그렇지만 인체에 영향을 미치지 않을 수는 없다. 온도 1도를 낮출 만큼의 유황을 사용한 지구공학이 실행되면, 공기오염과 자외선 노출로 2만 6천 명이 사망하리라는 연구도 있다. 현재 매년 대기오염으로 사망하는 사람의 수는 4백만 명 정도이다.[4] 높은 고도에 의도적인 오염을 일으켜 햇빛의 약 1~2퍼센트 이하를 반사하자는 이 계획은 보기에 따라 별일이 아닐 수도 있고, 우리가 잘 알지 못하는 시스템에 무리하게 개입하는 것일 수도 있다.

이제, 우리는 한 바퀴 돌아 이 책의 시작 부분으로 되돌아왔다. 탄소를 제거할 '시간 벌기'는 제한적인 태양지구공학을 시도해야 하는 정당한 이유가 될 수 있을까? 아니면 지구 시스템을 위험한 길로 내

| **도표 2** | 온도 초과분을 '깎아 내기' 위해 태양지구공학이 어떻게 사용되는지를
보여 주는 개념도. 2010년 아실로마에서 존 셰퍼드가 발표한 내용이 그 바탕이며,
'냅킨 다이어그램'이라고도 한다.

출처: Doug MacMartin

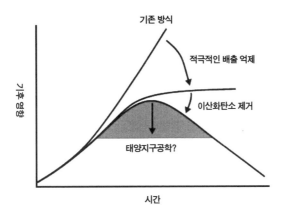

모는 프로젝트의 명분이 되기에는 부족할까? 일단 시작되면, 탄소
가 실제로 제거되고 있는지를 사람들이 어떻게 알 수 있을까? 이 장
에서는 태양지구공학이 포함된 **기후 개입 프로그램**에서 최상의 시나
리오와 최악의 시나리오가 무엇인지 살펴볼 것이다.

킹스턴, 자메이카,
7월, 92°F / 33°C

블루 마운틴에 걸려 있는 비구름은 더 아래로 내려오지 않았다. 정장을 입고 직장으로 향하는 사람들과 단맛 간식을 파는 길거리 상인들로 가득 찬 킹스턴 길거리에는 매연과 경적 소리, 자동차 스테레오에서 흘러나오는 레게음악이 퍼져 나갔다. 날씨가 좋았다. 차를 타고 자메이카에서 처음 열린 태양지구공학 연구 거버넌스 회의에 참석하러 가는 길이었다.

최근 들어 이 나라는 가뭄으로 고통을 겪고 있다. 사람들은 건기에 익숙하지만, 1년 내내 지속되는 가뭄은 전례 없는 일이다. 첫 번째 발표자인 기후 과학자 마이클 테일러Michael Taylor는 "이 낯선 현상은 기존의 대응 방식이 우리의 약점이 되게 만들었다"고 했다. 자메이카의 지형은 가파른 경사면과 좁은 해안평야라는 특징이 있다. 저수량이 제한되어 있으니 농장은 주로 빗물에 의존한다. 이곳을 비롯한 여타 카리브해 지역의 생계, 복지, 물 접근성은 비와 밀접하지만, 이제 비는 너무 가변적이다. 비의 '본질'이 변하고 있는 것이다. 밤에도 너무 더워서 밤새도록 선풍기를 틀어야 한다. 테일러는 기후가 계속 변해 갈 것이고, 2090년대에 이르면 자메이카에서 98퍼센트의 날이 덥고, 2퍼센트의 날만 시원할 것이라고 강조했다.

회의실은 너무 더웠고 나무 의자는 불편했다. 에어컨이 고장 나서 선풍기 몇 대를 돌렸지만 현지인들조차 땀을 줄줄 흘렸다. 우리가 방 안의 기후조차 통제할 수 없는데 세계의 기후를 제어할 수 있 겠어요? 결국 누군가 그 농담을 했다. 지금까지 참석했던 지구공학 관련 회의들에서 세 번 중에 한 번은 저 농담이 나왔다. 회의는 계속 진행되었다.

이곳에 모인 사람들 대부분은 여기에서 지구공학이라는 개념을 처음 접했다. 다양한 반응이 나왔다. 어느 정책 담당자는 기후 온난 화가 완전히 새로운 채굴·탐사 경제구역을 만들어 내면 북반구에 는 유리하고 열대지방에는 손해일 것이라는 기사를 읽었다고 했다. 또 어떤 이는 자기 집을 전력망에서 분리하려고 태양광 패널을 설치 했는데, 태양복사 관리가 그 패널에 영향을 줄지 궁금해했다. 한 발 표자는 제임스 본드 영화에서 악당이 궤도 레이저빔을 쏘는 장면을 언급했다. 또 다른 사람은 기후 조작이 유전자조작과 같아서 잘못 된 방향으로 갈 수 있다고 했다. 어느 윤리학자는 기술 이용에는 항 상 대가가 따르며, 인류가 기술 때문에 문제에 부딪혔다고 지적했 다. 약속과 위험은 함께 존재하며, 우리가 이카루스처럼 신이 있는 곳까지 날아오르려고 한다는 것이다.

대화는 계속해서 두 가지 주제로 돌아갔다. 하나는 형평성이다. 자메이카는 항상 불리한 입장에 놓인다. "어떻게 바꿀 수 있을까요?" 누군가가 질문을 던졌다. 자메이카는 지역 동맹을 맺고, 네트워크를 형성하며, 카리브해나 작은 섬나라 개발도상국들의 블록으로서 협 상에 나서지만 인구가 적어서 불이익을 당한다. 토론은 역사적으로 배출량에서, 오염을 일으킨 측을 면책해 주는 탄소 거래에서 나타나는 불공평으로 옮겨 갔다. 어느 발표자는 "이상적인 세상이라면, 지구공학 문제를 다루기 전에 철저한 정치적 준비가 있었을 것"이라고 했다. 또 다른 사람은 "이런 시도를 못 본 척할 수는 없다"고 했다.

두 번째는 역량이다. 어느 정책 담당자는 이곳의 연구 시스템은 원래 기초 역량 중심이 아니라 농장의 농업 연구원을 길러 내기 위한 것이었다고 설명한다. "자메이카에서는 기초연구 발전이 필요합니다." 이곳 사람들이 해결하려는 문제가 다른 곳과는 다를 수 있기 때문이다. 그런데 여기에는 기후모델을 돌릴 만한 컴퓨팅 리소스가 부족하다.

자메이카처럼 작은 개발도상국은 태양지구공학 프로그램을 설계하거나 실행할 역량이 없다. 회의를 주최한 '태양복사 관리 거버넌스 이니셔티브'는 개발도상국의 연구자들을 위한 기금을 조성 중이며, 남아프리카의 가뭄이나 남아시아의 콜레라 확산 등에 태양지구공학이 영향을 미칠 수 있는지 조사하는 8개의 프로젝트에 초기 자금으로 43만 달러를 제공했다. 기부 차원에서도 NGO나 연구자들에게도 중요한 도움이지만, 연구 설계가 제 궤도에 오르려면 더 많은 투자가 필요하다.

알고리즘 거버넌스

누가 지구공학 프로그램을 만드는가? 라틴어 -graph에서 유래한 동사 '프로그램program'은 작성된 계획을 의미한다. 지구공학은 계획에 실제로 무엇이 들어갈지를 선택하면서 만들어지는 프로그램이다. 사실 프로그램이라는 말은 디스크에 설치되는 '고정된' 것이라는 느낌을 준다(이제는 소프트웨어가 자동업데이트되므로 고정된 프로그램은 옛날 기술이 되었다). 태양지구공학은 더 역동적으로 실행되어야 한다. 반응형responsive, 적응형adaptive 거버넌스라는 말은 그런 역동성을 암시하려고 하지만, 여전히 반응성이라는 말은 지구공학의 구조 자체에 들어 있다기보다 이후에 수정하기 위해 덧붙여진 특성처럼 보인다.

알고리즘algorithm에도 프로그램처럼 여러 의미가 겹쳐 있다. 알고리즘은 기본적으로 일련의 지침을 의미한다. 하지만 오늘날 알고리즘은 더 넓은 의미로 사용된다. 과학사가 마시모 마조티Massimo Mazzotti의 설명에 따르면, 알고리즘은 수십억 명이 넘는 사람들이 목적지에 도착하게 돕고, 정보검색을 지원하고, 자동차를 운전하고, 상품을 만들고, 신용을 부여하고, 금융시장을 형성하는 등 사회적 현실의 여러 측면을 결정하는 행위주체다.[5] 눈에 보이지 않는 곳에서 계산을 수행하는 알고리즘이 태양지구공학도 통제하게 되지 않을까?

에어로졸 지구공학은 비행 운영, 모니터링 운영 등의 단계를 통과하면서 연구 목표를 하나씩 달성해 가는 제도화된 프로그램으로 시행될 것이다. 또한, 부정적인 영향을 최소화하면서 기후 목표들을 달성하기 위해 컴퓨터를 이용하여 성층권에 입자를 살포하는 최적의 방법을 알아내려고 할 것이다. 즉, 어느 정도의 햇빛을 차단하면, 그 효과를 모니터링한 다음, 시스템을 재조정하는 코드를 누군가가 어딘가에서 작성하게 된다. 연구자들은 이를 '피드백 제어 알고리즘'이라고 부른다. 기후 관측 결과를 피드백하여 지구공학을 진행시키기 때문이다.

여기까지만 해도 충분히 복잡하지만, 다양한 기후공학 기술이 더 추가될 수 있다. 예를 들어 중국, 인도, 미국의 과학자들이 함께 작성한 논문에서는 산업화 이전의 기온과 강수량을 가장 잘 복원할 방법으로 성층권 에어로졸과 권운 박막화라는 두 가지 지구공학 전략을 함께 사용하는 '칵테일 지구공학'을 시뮬레이션했다.[6]

시간적 차원도 추가된다. 성층권 에어로졸 지구공학은 150년 이상 진행될 가능성이 높다(우리 후손들 중에서 21세기 이후에도 살아남는 사람들이 있다면, 더 나은 탄소 제거 방법을 찾고 입자 살포나 모니터링에 쓰인 옛 기술을 개선할 것이다).

이처럼 복잡한 문제를 다루려면 컴퓨터의 이용이 매우 중요하다. 지속적으로 조율되면서 진행될 일종의 인간-기계-자연 협력 또는 대화가 기후적 결과를 낳을 것이며, 이를 연구하는 과학자들의 용어를 빌리자면 이는 피드백과 조정의 과정이다. 인간은 목표를 입력한다. 여기에는 지구 온도 변화, 해수면 상승 감소, 북극 빙하 소멸 중단, 그리고 긴 협상의 대상이 될 다른 목표들이 들어간다. 태양 지구공학에 대한 의사결정 규칙은 유엔 같은 기관에서 준민주적인 방식으로 만들어지고, 여러 국가의 기술 전문가 대표단이 그 목표와 결과 모니터링 계획 등을 논의하게 될 가능성이 크다. 그러나 자메이카 같은 국가가 국제적인 의사결정 과정에서 겪은 경험들을 고려해 보면, 그렇게 되지 않을 가능성도 아주 높다는 것을 쉽게 알 수 있다.

태양지구공학과 알고리즘 간의 관계를 살펴보기 위해서, 우리는 '알고리즘 거버넌스algorithmic governance'를 비판하는 최근의 논의들을 참고할 수 있다. 알고리즘은 우리 삶의 여러 측면들을 점점 더 많이 패턴화한다. 알고리즘의 투명성 문제, 즉 내부가 어떻게 작동하는지 알 수 없는 블랙박스 같은 성격이 그 핵심 쟁점이다. 지구공학 시스템은 개방성과 '알고리즘 책임성'이 존재하도록 설계될 수 있을까? 즉, 실시간으로 설명 가능한 시스템이 될 수 있을까?

편향된 정보가 프로그램에 들어갈 위험도 있다. 기본 데이터에 문제가 있으면 그렇게 된다. 예를 들어, 전쟁으로 황폐해진 국가는 데이터에 제대로 잡히지 않을 것이다. 문제를 정의하는 방식의 차이도 편향을 낳는다. 가뭄은 수문학적 문제일 수도, 농업상의 문제일 수도, 기상학적 문제일 수도 있다. 어떻게 보느냐에 따라 각각 다른 임계 값으로 정의된다. 이론적으로 보면, 특별한 의도가 개입하지 않아도 데이터가 부족하거나 문제를 잘못 설정했다면 지구공학 시스템은 취약한 처지에 놓인 이들에게 불이익을 줄 수 있다. (물론, 컴퓨터 코드를 작성하거나 결정을 내리는 위치에 있는 사람이 어떤 배경을 지니고 있는지에 따라 만들어지는 기본적 편향도 존재한다.)

컴퓨터가 이렇게 많이 발전했으니, 프로그래밍 수행 능력을 당연한 것으로 여길 수도 있다. 그러나 컴퓨팅 자원 측면에서도, 그리고 자격을 갖춘 인력 수급 측면에서도 다양한 제약이 있다는 것이 연구자들의 지적이다. 작은 섬으로 이루어진 국가나 개발도상국에서만 그런 것도 아니다. 미국 공공부문에서도 상업용 클라우드의 컴퓨팅 인프라가 급증하는 상황과는 달리, 기후모델링에는 많은 제약이 있다. 여러 나라의 과학자들은 높은 수준의 전문성을 지닌 인력이 부족하다고 지적한다. 자격을 갖춘 인력이 결과를 분석할 노동시간을 확보하는 문제는 지구공학 연구와 그 알고리즘 발전에 아마도 컴퓨팅 자원보다 더 큰 제약 조건일 것이다. 물론 이는 인력 양성과 연구 자금 지원의 문제이기도 하다. 자격 있는 과학자들의 노동시간 확보는 세계적인 제약 조건이겠으나, 그 어디서든 STEM〔Science, Technology, Engineering, Mathematics〕 교육 강화를 언급하지 않는 정치인들이 없다는 점에서 해결되어야 할 문제임이 분명하다.

세계적인 과학교육 강화도 중요한 과제다. 2017년 베이징에서는 중국의 지구공학 연구 프로그램이 주최한 개발도상국 과학자들을 위한 지구공학 연수 과정이 진행되었다. 주최 측은 참가자들이 자국에 유용한 모델 매개변수를 선택하여 분석하도록 전체 지구 시스템의 모델링 결과를 제공했다. 프로젝트 리더인 베이징 사범대학의 존 무어〔John Moore〕는 국제 협력이 "교사와 학생의 관계가 되어서는 안 된다"고 단호하게 말했다. "중국에서는 국제적인 협력, 그리고 모든 사람이 공정하고 동등한 파트너가 되는 걸 중요하게 생각합니다." 그는 중국이 일방적으로 지구공학을 수행하고 싶어 하지 않으며, 지구공학에 열심인 것으로 보이고 싶어 하지도 않는다고 했다. 중국인들이 국제 협력에 관심을 갖는 이유는 무엇일까? "중국인들은 국가이미지에 신경 쓰고 있어요. 일종의 애국주의 같은 거죠? 중국인들은 중국을 사랑하고, 국제적인 악당이 되고 싶어 하지 않아요. 착한 편, 좋은 사람으로 보이고 싶어 하죠. 자연스러운 선택이라고 생각해요."

국제적인 협력과 협업은 가장 좋은 시나리오다. 많은 사람들이 이를 위해 적극적으로 노력한다. 연구자들과 연구 자금을 지원하는 측에서 협력에 호의적이라면 역량 강화를 도울 수 있을 것이다. 그렇지만 각자 작업환경이 다르다는 근본적인 구조적 불평등을 완전히 해결할 수는 없다. 알고리즘을 생각할 때 알고리즘 작동에 필요한 인력과 인프라 등의 물질적 자원을 잊지 말아야 한다. 국제적이고 여러 학문 분야에 걸친 연구 협력이 이루어진다면, 투명하고 민주적인 알고리즘 설계가 어떤 모습일지 더욱 깊이 숙고할 공간을 마련하고 유지할 수 있을 것이다.

인간의 의사결정 참여

앞으로 수십 년 동안, 우리가 기후 개입 여부를 두고 망설이는 와중에도 머신러닝과 인공지능은 계속 발전할 것이다. 이 두 가지가 함께 발전하면 어떤 일이 일어날까? 우선 분명히 해 둘 것은, 태양지구공학의 피드백 제어 알고리즘을 연구하는 과학자들은 인공지능의 도입에 큰 관심이 없다. 오히려 그들은 지구공학 시스템에 인간이 많이 개입해야 한다고 생각한다.

대기과학 교수인 벤 크라비츠는 인공지능 사용의 두 가지 중요한 문제점을 지적한다. "첫째, 자신이 설계한 대로 잘 작동하고 있다고 실제로 믿을 수 있어야 돼요." 기본 물리 시스템을 이해하는 것이 그 무엇보다 중요하다. "만약에 '아, 별일 있겠어? 그냥 컨트롤러에서 손을 떼고 끝내자.' 이런 식으로 한다면, 당장은 모든 게 괜찮아도 이상한 일이 생길 수 있죠. 뭐라고 설명할 수는 없지만, 결국엔 모든 걸 망쳐 버리는 이상한 일이 일어나는 겁니다. 럼스펠드 전 국방장관이 그런 말을 했잖아요. '알 수 없는 미지의 것들unknown unknowns' 이 가장 문제라고요. 항상 그게 걱정입니다."

"자동화할 수 있다고 해서 다 좋은 건 아닙니다." 두 번째 문제는 기계지능이 '최적의 결과'를 다르게 해석할 수 있다는 것이다. "그건 주관적이에요. '최적'이라는 말은 정말 중요한 단어입니다. 모든 걸 경제적 가치로 평가하는 경제학자가 보는 '최적'과 정치인이 생각하는 '최적'은 다를 수가 있는 거죠. 추가적인 고려 사항들이 있으니까요." 크라비츠는 SF 소설가 아이작 아시모프의 로봇 3원칙을 떠올린다. 첫째, 로봇은 인간을 해쳐서는 안 된다. 둘째, 로봇은 인간의 명령에 복종해야 한다. 단, 그 명령이 첫 번째 법칙과 충돌하는 경우는 예외다. 셋째, 로봇은 앞의 두 법칙과 충돌하지 않는 한 자신을 보호해야 한다. "로봇이 발명된 이유가 그겁니다. 기계가 '최적'이라고 보는 것이 반드시 인간이 '최적'이라고 보는 것과 같지는 않습니다." 크라비츠는 매우 복잡한 경제 시스템을 통제하는 미국의 연방준비제도를 예로 든다. "연방준비제도가 '최적'의 시스템인지는 논란의 여지가 있겠지만 … 기본적으로 기계가 아니라 전문가 집단입니다. 제대로 이해하기 불가능한 경제 시스템을 이론에 따라 제어하는 일을 맡았지만요." 그는 인간의 의사결정 과정에 문제가 있을 수 있다는 점도 지적했다. "컴퓨터가 다 결정해 주는 게 좋겠습니까, 아니면 약간 문제가 있더라도 사람들이 그 결정에 참여하는 편이 낫겠습니까?"

이 부분을 더 잘 이해하기 위해서 코넬대학의 더그 맥마틴Doug MacMartin을 만났다. 그는 제어시스템 엔지니어이며, 지구공학 시스템 설계에 관한 논문들을 권위 있는 학술지에 발표했다. 또, 지구공학 연구에 지역사회 개념을 도입하는 프로젝트에서 나와 함께 일하기도 했다. 맥마틴은 나에게 직접 구운 빵을 건네면서, 지구공학과 인공지능이 비슷한 시기에 발전하고 있다는 사실을 어떻게 생각하느냐는 내 질문에 농담을 섞어 가며 대답했다.

크라비츠와 마찬가지로, 맥마틴은 기후 개입 시스템의 목표를 결정하는 것은 결국 인간의 활동이라고 강조한다. "그건 가치이고, 가치판단입니다. 우리가 '내가 신경 쓰는 건 이런이런 것들이야'라고 생각할 때 우리 머릿속에는 어떤 알고리즘이 있어서 이용 가능한 정보와 목표가 주어지면 최선의 방법은 이거라고 결정하는 겁니다." 복잡한 딥러닝 알고리즘이 이 일을 도울 수 있다. 딥러닝 알고리즘은 발전된 기후 시스템 모델을 갖추고, 과거 기후에 대한 지식을 바탕으로, 인간이 부과한 달성 목표에 맞춰 미래를 예측한다. "이렇게 알려 주는 겁니다. '우리가 신경 쓰는 건 이거다. 이건 이만큼 중요하고, 여기 강우량은 이 이상 어긋나면 안 된다. 이건 이만큼보다 더 변하면 안 된다. 그리고 이 공간에서, 시스템의 현 상태와 앞으로의 변화 가능성에 잠재하는 불확실성을 극복할 해답을 찾아볼 것. 그럼 이 다층적인 목표를 지닌 공간에서 최적의 균형을 찾아 줄 겁니다."

물론 맥마틴이 한 말은 가정일 뿐이다. 나는 그런 프로그램이 존재한다면 프로그램과 협력하거나 협상하는 결과로 이어지는 것 아니냐고 질문했다. "말해 줘야 하는 게 너무 복잡하지 않은가요? 북극의 얼음을 걱정하고, 기후취약지역의 강수량에 신경 쓰고, 기타 등등을 염려하고 … 그럼 뭔가 결과가 나오긴 하겠죠. 하지만 그 결과는 또 다른 문제를 일으킬 것일 테고, 그러면 다시 …."

맥마틴이 물었다. "전에 최적화를 해 본 적 없어요?"

"없는데요."

"원래 그렇게 하는 거예요. 모든 최적화는 이런 식으로 진행돼요. '이게 내가 신경 쓰는 부분이야'라고 하면 컴퓨터가 '최적의 해답은 이겁니다'라고 하고, 그럼 나는 '그건 내가 원한 게 아닌데'라고 하죠. '난 이 변수만 지정했고, 저 변수는 지정하지 않았는데, 컴퓨터는 전혀 생각지도 못한 해결책을 찾아서 저 변수를 개선했지만 이 변수는 파괴했구나'라는 걸 알게 됩니다."

엄청나게 혼란스러웠다. 하지만 이 상황은 엔지니어들이 항상 대하는 것이고, 우리의 많은 기술 시스템은 실제로 대부분 잘 작동한다. "어떤 의미에서 정말로 원하시는 게, 이 반복적인 과정일 수 있습니다. … 그 과정과 협력하는 사람이 필요하다고 생각하시는 거 아닌가요? '잠깐만, 그건 내가 요청한 것일 수는 있는데, 내가 원했던 건 아니야'라고 말하는 그런 사람이요." 맥마틴은 중요한 점을 지적했다. 피드백 과정에서는 '최적'의 작업을 하려고 하지 않는다. '최적'을 정확히 정의하기가 매우 어렵기 때문이다. "지나치게 최적화를 하려고 하지 않는 편이 더 나을 수도 있어요. 무슨 말씀인지 잘 아시겠죠?"

지구공학을 프로그램이나 소프트웨어로 보는 것이 우리에게 도움이 될까? "소프트웨어로 생각한다면 … 스타워즈〔레이건 시대의 미사일 방어 프로그램〕가 먼저 떠오르네요. 미사일 방어를 물리적 문제라고 생각하면 그건 해결 가능한 문제처럼 보입니다. 그런데 미사일 방어 시스템을 물리학과 상호작용하는 거대한 소프트웨어라고 생각하면, 우리는 이건 너무 복잡하니 작동하게 만들 방법은 없어, 라고 말하게 되는 거죠."

맥마틴은 크라비츠와 비슷하게, 인간이 의사결정 과정에서 벗어나는 것은 위험한 일이라고 본다. "가장 큰 위험은, 엔지니어들이 컴퓨터 알고리즘의 능력을 지나치게 신뢰해서 컴퓨터가 결정할 여지를 너무 많이 남겨 두는 겁니다. 전 개인적으로 컴퓨터에 지각이 생겨서 사람이 끄지 못하게 막을 것이라는 아이디어를 믿지는 않아요. 우린 언제나 그걸 끌 수 있을 거예요." 맥마틴은 악의적인 인공지능은 나타나지 않을 것이라고 생각하지만, 두 가지 위험 요소가 더 있다고 했다. 하나는 머신러닝 알고리즘 훈련에 사용한 학습 데이터에는 들어 있지 않은 어떤 일이 발생하는 것이고, 다른 하나는 사람들이 인프라에 지나치게 의존하면서 시스템의 상호 연결된 부분을 이해하지 못하게 되는 것이다.

맥마틴은 여러 기술이 동시에 발전하는 상황이 실업 같은 사회적 문제에 간접적인 영향을 줄 것이라고 판단한다. "거의 동시에 성장한 두 기술이 맞닥뜨린 더 큰 문제는 트럼프가 막무가내로 구는 이 상황 같아요. 지금 우리는 '와, 조지 W. 부시가 차라리 나았는데'라고 생각하지만, 앞으로 30년 내에 '차라리 트럼프가 …'라고 말할 날이 올 수도 있다고 봅니다. 만약에 국민 절반이 실업 상태이고 고작 마흔 살인 사람도 취업할 길이 보이지 않게 되면 아주 심각한 사회문제가 될 겁니다. 거기에 기후 전체를 책임지려고 하는 일처럼 인간과 우주의 관계를 뒤흔드는 어떤 것, 본질적으로 세계적인 문제가 더해진다면." 그는 사람들이 일자리를 찾기 어려울 때 나타날 수 있는 반응이 트럼프 같은 사람의 당선이라고 생각한다. "그런 자국중심주의 경향은 지구공학이 갖는 세계적인 의미와 충돌합니다. AI와 지구공학 간의 관계를 따지기보다는, 어떻게 AI와 지구공학이 함께 우리를 세계와 적대적인 방향으로 이끄는지에 주목해야 해요. 그건 정말 심각한 문제를 일으킬 수 있습니다."

프로그램 설계

가장 좋은 지구공학 시나리오는 무엇일까? 이 질문을 하면 과학자들은 대부분 웃어 버린다. "최상의 시나리오는 그걸 하지 않아도 되는 방법을 알아내는 거죠." 벤 크라비츠의 대답이다. 다른 과학자들도 첫 번째 대답으로는 비슷한 이야기들을 했다. "그다음, 차선책은 우리가 영리하게 대처하는 겁니다. 정치인들이 원하는 것을 받아들이고, 부작용을 최소화하며, 적절한 정부 구조가 뒷받침되는 상황에서, 또 하던 대로 하는 게 아니라 제가 원하는 방식으로 일할 수 있는 사람들과 지구공학을 설계하는 거죠." 크라비츠는 이런 말을 덧붙였다. "우리는 내일이라도 지구공학에 돌입해서 아주 형편없이 일을 처리해 버릴지 몰라요. 그렇게 될까 봐 두렵습니다."

더그 맥마틴의 생각도 비슷하다. 그의 가상 시나리오는 세계가 기후완화 관리에 협조하여 온도가 2.5도 상승 이내로 억제되는 사이에, 태양지구공학을 백 년 정도 사용하여 1.5도를 낮추는 것이다. "위도에 따라 에어로졸 주입을 조정하여 여러 가지 다양한 기후적 영향의 균형을 맞추는 방식입니다. 따라서 원칙적으로 지구상의 거의 모든 사람이〔지구공학 자체로는〕실제 피해를 입지 않고, 모든 의사결정 관련 조직들이 강력한 국제적 신뢰를 얻어서 지구상의 모든 이들이 자기의 목소리가 반영되었다고 느끼고, 제한적인 태양지구공학 배치가 지구공학이 전혀 없는 것보다는 총체적으로 낫다는 사실을 사람들이 받아들여 갈등이 일어나지 않는 겁니다."

'지구공학자'는 화석연료 회사와 내통하여 우리를 기존의 비즈니스에서 벗어나지 못하게 하는 자들이거나, 사회적 변화를 내다볼 상상력이 부족한 차가운 현실주의자로 묘사될 때가 많다. 그러나 지구공학자들이 들려주는 '최상의 시나리오' 속 태양지구공학은 유토피아적 꿈에 가깝다. 사람들이 장기적 사고와 협력을 할 수 있다고 믿지도 않으면서 지구공학자들이 그런 시나리오를 제시하거나 시간을 들여 연구를 하지는 않을 것이다. 맥마틴은 사회적 차원에서 볼 때 최상의 시나리오는 지구공학을 바라보는 관점이 바뀌는 것이라고 했다. 지구공학은 단순히 기후를 통제하려는 시도가 아니다. 기후에 대한 우리의 책임을 의식적으로 받아들이는 것이다. "기후에 대한 책임을 수용하는 것은 성숙을 의미하고, 도덕적 영역을 확장하는 방법이라고 생각합니다. 도덕적 영역을 지구의 다른 지역으로, 미래 세대로, 비인간으로 확장하고, 모두가 더 나은 삶을 누리게 만들 책임이 우리에게 있다고 말하는 것입니다. 태양지구공학을 진지하게 논의하면 인류를 그 방향으로 나아가게 할 수 있을 겁니다."

'최상의' 기후 시나리오에 관한 질문을 받을 때, 태양지구공학 프로그램을 우선시하면서 이를 폭넓게 장기적으로 진행해야 한다고 대답하는 기후공학 연구자는 많지 않다. 대체로 연구자들은 기후공학 프로그램 형태가 사회의 온실가스 감축 및 탄소 제거 노력에 따라 달라질 수 있으며, 태양지구공학은 그 실시 범위와 그 실행 시간이 제한적이어야 한다고 생각한다.

"아주 약간의 지구공학적 개입도 해로울까?" 하버드대학의 대기

과학자 피터 어바인Peter Irvine은 이 질문의 답을 찾으려고 한다. 그는 기후모델링 연구자들이 산업화 이전으로 지구 온도를 돌리는 극단적인 조건을 설정해 놓고 어떤 대책이 효과가 있다 없다를 평가할 때가 많다고 지적했다. "지구공학으로 0.1도 내려가게 하면 어떤 것이 회복될까요, 아니면 특정 현상이 증폭될까요? 아주 약간의 개입이 도움이 될까요, 방해가 될까요? … 지구공학이 새로운 문제를 낳기 전에 얼마나 온도를 낮출 수 있을까요?" 연구진은 대기 중 이산화탄소 농도가 두 배로 증가했을 때 그 증가분의 절반을 낮추기 위해 성층권 에어로졸을 100년 동안 사용하는 경우, 어떤 일이 발생할지를 연구하고 있다. 그리고 이 정도의 양만 사용하면 에어로졸 지구공학이 끼치는 영향이 미미해서 강수량이 급격히 늘어나거나 줄어들지 않는다는 사실을 발견했다. 온도 증가량의 절반까지는 큰 위험 없이 에어로졸 지구공학이 효과를 발휘했다. "절반을 넘어서면 … 몇 가지 문제들이 두드러지게 나타나기 시작합니다."

그렇다면 태양지구공학을 사용하는 최상의 시나리오는? 대부분의 과학자들과 마찬가지로 어바인도 배출량 감축을 강력하게 추진하는 것이 최선이라고 답했다. "지구공학적인 시도는 신중하게 단계적으로 10년에서 20년에 걸쳐 조금씩 확대해야 합니다. 점진적으로 올라간 온도의 절반까지 점진적으로 줄이고, 수십 년 안에 온난화를 멈추게 하는 거죠. 배출량을 줄이고 또 대기 중 탄소량을 낮추는 작업을 병행해야 합니다."

어바인은 태양지구공학 시스템이 장기적이고 계획적으로 진행되어야 한다고 보지 않는다. "10년 단위로 생각하면 좋아요. 앞으로 10년 동안 뭘 하지? 이런 식으로." 어바인은 이렇게 반문했다. "지금 2100년 기후정책이 이러저러해야 한다고 말할 수 있나요?" 태양지구 공학은 추진하되 마이너스 배출은 시도하지 않는 기후정책도 가능하고, 태양지구공학을 줄이거나 계속할지도 10년 단위로 결정하면 된다는 말이다. 비슷한 질문을 마이너스 배출 관련 정책에도 할 수 있다. "우리가 얼마나 빨리 제로에 도달해야 할까요? 기본적으로, 어디 멀리에서 백여 개국 사람들이 모여서 1.5도니 2도니 하는 임의적인 목표를 만들어 놓고 그걸 강요하는 건 바보 같은 일입니다. 백 년 뒤에도 그 결정이 우리를 구속하리라고 생각하는 것도 마찬가지죠."

　많은 과학자들은 태양지구공학이 임시적인 조치라고 생각한다. 탄소 제거가 성공하면 단계적으로 폐지하자는 것이다. 올리버 모튼 Oliver Morton은 《지구의 재탄생The Planet Remade》에서 이런 임시적 지구공학 시나리오를 '숨 쉴 공간을 확보하는 접근법'이라고 불렀다. 태양지구공학을 서서히 시도해 가면서 탈탄소화를 위한 숨 쉴 공간을 만들자는 뜻이다.[7]

　태양지구공학이 임시적인 개입이라는 생각은 시스템의 탄력성을 중시하는 공학적 관점에서만이 아니라 도덕적 감수성에서도 나온다. 크라비츠는 태양지구공학이 영구적인 해결책은 아니라고 했다. "많은 문제가 발생할지도 모르니까요, 적어도 저는, 이걸 영원히 하고 싶지는 않아요." 맥마틴의 생각도 비슷하다. 그는 출구전략을 마련하고 미래 세대에게 태양지구공학을 강요하지 않으려면 탄소 제거로 기후를 복원해야 한다고 생각한다. 대부분의 성층권 에어로졸 시나리오는 200년 정도를 내다보고 100년 미만은 없다(그동안 아주 저렴하게 대기에서 이산화탄소를 제거하는 방법이 나타날 가능성은 있다). 태양지구공학 프로그램이 갑자기 종료되었을 때 어떤 일이 일어날지 연구한 기후모델러인 켈리 맥커스커Kelly McCusker는 태양지구공학이 이산화탄소 제거 또는 완화와 함께 이루어져야 한다고 강조한다. "제 느낌이 그래요. 어떤 확실한 근거가 있어서 하는 말은 아닙니다. 이 문제를 들여다보면, 이것만 진행하는 건 올바른 일이 아니라는 걸 그냥 알게 됩니다."

유엔정부간기후변화협의체(IPCC)의 1.5°C 특별 보고서에는 그런 느낌이 과학적 합의 형태로 담겨 있다. 이 보고서는 태양지구공학이 "일시적인 온도 초과 시나리오에서 기온 상승과 관련 영향을 줄이는 방법으로" 온난화 제한에 쓰일 가능성이 있다고 평가했고, "SRM(태양복사 관리)은 대규모 이산화탄소 제거의 보조 수단으로만 배치"되어야 한다고 명시했다.[8] 사실 이 보고서는 맥마틴, 크라비츠 등의 견해를 잘 반영한다. 보고서의 목표는 기존의 연구들을 요약하는 것이었고, 이 연구자들이 해당 연구를 수행한 사람들이기 때문이다. 여기에 담긴 사용 방법에 관한 합의는 태양지구공학이 훨씬 더 짧은 기간에 진행되리라고 예상하고 다른 사항들까지 고려해야 하는 정치인이나 산업계 사람들의 생각과는 차이가 있을 수 있다.

왜 지구공학이 일시적이어야 하는가? 무엇보다 '종료 충격termination shock'의 가능성 때문이다. 즉, 태양지구공학이 갑자기 중단되면 대기의 온실가스 농도에 상응하는 수준으로 온도가 다시 급등하는 현상이 나타날 수 있어서이다.

기존 연구나 언론에서 말하는 것만큼 종료 충격의 위험이 크지 않을 것이라고 주장하는 과학자들도 있다. 종료 충격이 발생하려면 지구공학적 개입이 컸어야 한다. 올리버 모튼의 말처럼, 태양지구공학이 "상대적으로 조심스럽게 진행된다면 종료 충격은 그다지 충격적인 일이 아닐 것이다."[9] 마찬가지로 앤디 파커와 피트 어바인은 진행 중인 태양지구공학이 갑작스럽게 종료될 가능성은 낮고, 또 그런 일은 예방 가능하다고 주장한다.[10] 태양지구공학에는 큰 비용이 들지 않기 때문에 엄청난 재앙이 발생하지 않고서는 중단할 필요가 없을 것이다. 미국이나 중국이 GDP의 70퍼센트를 잃더라도, 나머지 GDP의 1퍼센트 이하의 예산으로 태양지구공학을 계속 진행할 수 있다.

어바인은 이렇게 말했다. "핵전쟁이 일어났다고 합시다. 그럼 우리가 기술적으로 의지하던 모든 것들이 우리를 먼저 죽이겠지요. 제 말씀은 … 저는 식량을 재배하거나 사냥감을 잡을 줄도 모르고 그런 상황에서 저 자신을 돌보지도 못할 거예요. 그게 더 큰 문제일 거라구요. 버섯구름이 만든 핵겨울이 덮치기도 전에 말입니다."

사람들이 지구공학을 중단하기로 선택하면 종료 충격 문제가 생길 수도 있지만, 어바인은 그런 선택이 일어날 가능성은 낮다고 본다. 종료 충격이 큰 문제가 되려면 이미 수십 년 동안 프로그램을 진행했어야 한다. "한 세대 정도 이 일을 해 왔다고 치면, 그건 일상이 되죠. 강이나 수로에 물이 흐르는 것처럼 일상적인 일이 됩니다. 그렇게 30, 40년 지나가면, 국제 해운이나 항공이 중단되는 것만큼이나 상상하기 어려운 일이 되지 않겠어요?" 파커와 어바인은 또 태양지구공학 프로그램이 중단되고도 지구 온도에 영향을 미치려면 몇 달은 걸릴 것이라고 했다. 수개월은 지나야 에어로졸이 희석되기 때문이다. "이건 종료 충격의 위험을 분석할 때 매우 중요한 요소입니다. 중단이 되더라도 몇 달 안에 재개하면 되니까요."

두 사람은 태양지구공학이 온난화 상쇄에 많이 사용되더라도 큰 충격 없이 수십 년에 걸쳐 단계적으로 천천히 중단될 수 있다고 설명한다. 종료 충격에 견딜 수 있는 지구공학이 되려면 지리적으로 분산되어 있고, 여러 행위자들이 독립적인 시스템이나 백업 하드웨어를 유지할 수 있을 만큼 저렴해야 하며, 중단 후 피해로 이어지는 속도가 느려야 한다. "하드웨어가 잘 백업되어 있고, 또 강력한 몇몇 국가들의 합의에 따라 태양지구공학이 운영된다고 가정하자. 이 시스템은 어떤 문제가 닥쳐도 너무 극심한 재앙만 아니라면 탄력적으로 대응할 것이다."[11]

그러나 일부 연구자들은 종료 충격의 위험을 주의 깊게 살펴야 한다고 본다. 생태학자 크리스토퍼 트리소스Christopher Trisos는 태양지구공학이 종료될 때 다른 종의 생물들에게 어떤 결과가 나타나는지를 모델링했다.[12] 이 연구에서는 다양한 생물들의 '기후 속도climate velocity', 즉 식물이나 동물들이 이전과 동일한 기후 속에서 살아가기 위해 이동하는 속도에 주목했다. 태양지구공학이 시작되었다가 중단되면, 기후 속도를 따라잡을 만큼 빨리 이동할 수 없는 산호, 맹그로브, 양서류, 육상 포유류 등의 멸종 가능성이 커진다.

어느 봄날, 나는 워싱턴 DC에서 트리소스를 만나서 더 자세한 이야기를 들었다. "위험은 확률 곱하기 결과라고 정의할 수 있어요." 그가 설명했다. "따라서 확률이 낮더라도, 지구공학이 없을 때보다 지구공학을 적용했을 때의 상황이 더 좋지 않다는 결과가 나온다면, 그건 지구공학을 재고해야 할 정도의 위험이라고 생각합니다. 그렇게 전 지구적인 위험에 우리가 노출된다면 굳이 지구공학을 시도할 필요가 있을까요?" 그 가능성이 높지 않더라도 종료 충격이 아주 심각한 결과를 가져올 수도 있다면, 지구공학 연구자들은 종료 충격이 "위험하지 않거나, 위험할 가능성이 너무나도 낮다는 것을" 보여 주어야 한다는 것이 트리소스의 생각이다.

바다 행성에서의
대기공학

태양지구공학이 탄소 제거와 함께 이루어져야 하는 또 다른 중요한 이유가 있다. 우리는 바다 행성에 살고 있다. 태양지구공학은 '또 다른 이산화탄소 문제'라고 불리는 해양 산성화에 직접적인 영향을 주지 못한다. (태양지구공학은 육상 바이오매스에 대한 온도 효과, 수문 순환 변화, 해양 생산성 변화 등의 부차적 효과를 통해 해양 산성화에 영향을 미칠 가능성이 높지만,[13] 해양 이산화탄소 증가 문제를 직접적으로 해결하지는 못한다.)

태양지구공학은 약간의 제약이 있기는 하지만 해수면 상승 완화에 도움을 줄 수 있다. 해수면 상승에는 두 가지 요인이 있다. 하나는 (따뜻한 물은 팽창하기 때문에 나타나는) 해양 온난화이고, 다른 하나는 빙하가 녹는 현상이다. 해양 온난화를 막으려면 바다의 에너지 불균형을 해결해야 하는데, 그러려면 산업화 이전 상태로 되돌아가야 한다. 피트 어바인은 지구공학으로 온도를 0.5도 낮추면 뜨거운 바람이 대기에서 직접 작용하는 효과가 감소할 것이라고 했다. 그러나 바다에는 층이 있다. 바다 표면은 수십 년 정도면 태양지구공학에 반응하겠지만, 심해는 수백 년에서 수천 년이 걸린다. 예를 들어, 2도 높아진 기온을 1.5도로 줄이기 위해 지구공학을 시도하면 온도 증가 속도는 느려지겠지만 해양 온난화가 멈추리라고 장담하기는 어렵다. "새로운 균형을 찾는 데 수천 년이 걸릴 겁니다."

어바인에 따르면, 기온을 낮추면 그린란드 같은 지역에서 빙하가 녹는 것을 막을 수 있다. 그렇지 않으면 느리지만 통제를 벗어난 피드백 루프〔시스템의 출력 신호 일부가 다시 입력 상태로 돌아가는 것〕가 나타나 수천 년에 걸쳐 빙하를 무너뜨릴 것이다. 남극대륙의 일부 지역에는 기온이 약간만 상승해도 불안정해지는 지점이 있기 때문에 빙하가 녹는 현상을 막지 못할 수도 있다. "빙하가 후퇴하기 시작하면, 빙하가 바다와 만나는 방식 때문에 일종의 폭주가 나타납니다. 하지만 몇 백년에 걸쳐 매우 느리게 진행돼요. 5백년 정도입니다. 하지만 일단 시작되면 이제는 온도에 의한 것이 아니라 역학적인 현상이 됩니다. … 일단 빙붕〔남극대륙에서 빙하에 흘러 내려온 거대한 얼음덩어리〕이 잘려 나가거나 녹으면 빙상을 붙잡아 둘 수가 없게 돼요. 역학적 반응만 남는 거죠."

어바인은 일부 빙하들은 이미 임계점을 넘었을지도 모른다고 했다. "남극대륙 서쪽의 상당히 큰 덩어리는 이미 그 문턱을 넘어서 되돌리기 불가능할지도 몰라요. 그러나 조금 더 늦게 시작될 것 같은 부분도 있죠." 1.5도 높아지기 전에는 모든 것이 안전하고, 1.5도에 도달하면 갑작스러운 변화가 일어나는 것은 아니다. "작은 단계들이 여럿 있다고 생각해요. 온난화를 빨리 멈출수록 그런 단계들을 덜 지나가게 되는 거죠."

태양지구공학으로 되돌릴 수 없는 것들도 있다. "어떤 생물종의 마지막 피난처가 산꼭대기였고, 너무 더워져서 거기에서조차 밀려나면 죽음밖에 남지 않겠죠. 그건 되돌릴 수 없는 일이고요. 대기는 다시 원래대로 돌려놓을 수가 있어요. 50년 후에도 가능할 거예요." 그러나 빙하의 반응은 되돌릴 수 없다. "그리고 분명히 어떤 피해와 손상이 있고, 생명체들이 죽고, 빙하가 영원히 녹아 버렸다면 … 되돌릴 수 없는 것들이 있어요."

최선의 태양지구공학
: 보존을 위한 임시 조치?

태양지구공학이 필요한 이유는, 기온 초과 상태일 때 생물종을 보존하는 역할을 할 수 있기 때문이 아닐까? 이런 생각이 맞는 것일까? 생태학자 크리스토퍼 트리소스는 지구공학이 생물들을 구할 수 있다고 말하기를 망설였다. 어느 정도의 생태학적 영향은 예측 가능하다. 그러나 그 영향은 사실 지구공학에 대한 사회적 선택에 달려 있다. "여전히 어떻게 전개될지 불확실해서 생태학적인 예측이 어렵다"는 것이다. 하지만 모기 같은 질병 매개체, 생물군계의 변화, 산불처럼 어느 정도 알려져 있고 더 조사할 수 있는 영역이 있기는 하다. "말라리아, 치쿤구니야, 지카 등 정말 끔찍한 질병의 매개체인 곤충들에게는 무슨 일이 일어날 것 같아요? 지구공학 이후의 세계는 아메리카 대륙의 지카에게 더 좋을까요 나쁠까요?" 아시아의 콜레라에는 어떨까? 어쩌면 기후학적으로 조건을 설정하면 질병을 부추기는 게 아니라 예방할 수도 있지 않을까? 그러나 우리는 모른다. "지카, 콜레라, 말라리아가 더 많이 발생할 가능성이 있는 지구공학적 세계라 … 전 차라리, 지구공학 없이 기후변화를 받아들이는 쪽이 더 나을 것 같아요."

아직 알 수 없는 부분이 많기는 하지만, 지구공학이 실시된 세계의 생태에 대한 연구가 거의 없다는 점이 흥미로웠다. 나는 트리소스에게 왜 그런지 물어보았다. 그는 생태학자들이 지구공학을 입에 올리기 싫어서 그런 게 아니겠냐고 했다. 실현 가능하다고 인정하는 것처럼 보일까 봐. "지구공학이 생태계에 어떤 영향을 줄 것인가, 그런 3만 피트 상공에서 내려다보는 관점을 생태학 연구자들은 불편해합니다. 거기에 신경 쓰지 않으려고 합니다. 생태학자들은 SF 소설을 잘못 읽은 사람들이 기후 회의에 모여서 벌이는 미친 짓거리가 지구공학이라고 생각해요. 기후변화가 얼마나 심각한지를 사람들에게 알려서 온실가스 배출 감소를 촉진하는 게 자신들의 일이고요. 또, 생태학자들은 자신들이 소중히 여기는 것과 지구과학이 충돌한다고 생각합니다. 지구의 회복력 증진, 생태계의 자연 회복, 환경에 적응할 공간과 시간 부여 등은 지구의 온도조절장치에 손을 대자는 생각과는 정반대편에 있는 것이니까요." 도박과도 같은 지구공학 하의 미래에 대한 연구는 기후변화 생태 연구의 주류와는 거리가 멀다. "생태학자들은 연구를 더 본격적으로 추진하려고 할 때, 지구공학처럼 비전통적이고 주변적인 것보다는 기존의 기후변화 시나리오에 집중하려고 할 겁니다."

물론 이산화탄소는 많고 기온은 낮은 세계가 실제로 어떨지는 알려지지 않았고, 지구공학을 상정하지 않는다면 그런 세계를 모델링해 볼 이유도 없다. 트리소스는 이산화탄소가 많은 세계에서는 초목이 초원으로 퍼질 수 있다고 본다. 지구공학을 시행하면 세렝게티가 숲이 우거진 풍경으로 변할 수도 있지 않을까? "제 고향인 남아프리카 지역에서 사바나의 풍경은 정말 아름답죠. 생태관광을 하는 곳이고, 가축을 방목하고 기르는 많은 사람들의 생계가 달린 곳이고, 고유종도 많아요. 고대부터의 초원이죠. 불은 수십만 년 동안 그 초원의 유지에 큰 역할을 해 왔습니다. 만약 우리가 온도를 낮추고 이산화탄소 농도를 높이면, 그래서 나무들이 사바나에 침입한다면 … 이건 중대한 문제죠. 지구공학 때문에 넓은 초원 지대가 사라진다면 어찌 될지 아무도 몰라요. 황폐화가 진행될 수도 있죠. 아직 제대로 모델링이 진행된 적이 없으니까, 우리는 알 수 없습니다."

꼭 진행해야 할 중요한 연구가 많은 상황에서 태양지구공학이라는 모험에 시간을 낭비하지 않으려고 하는 생태학자들의 입장은 충분히 이해할 만하다. 그러나 생태학적 측면이 제대로 탐구되지 않은 상황에서 태양지구공학이 정치적 의제로 취급되는 상황은 걱정스럽다. 위험하니 무시되어야 하는 것일 수도 있지만, 사용될 가능성이 없다고는 볼 수 없다.

해양구름표백 프로젝트의 켈리 완서는, 태양지구공학의 목적이 생태계를 안정적이고 온전하게 유지하여 세계가 기후변화에 대처하는 동안 생태계가 회복 불가능한 방식으로 파괴되지 않게 하는 것이라고 했다. 그렇다면 최선의 시나리오는 무엇인가? "모든 산호초가 사라지는 것을 막을 만큼만 태양지구공학을 사용하는 거겠죠." 완서가 답했다. "그렇게 해서 빙상을 안정적으로 유지해야 합니다. 땅속에 메탄을 가둬 두어야 합니다. 시스템을 안정적으로 유지하는 데 필요한 기간 동안. 그동안 온실가스 농도를 낮춰야죠. … 최선의 시나리오는 정말 나쁜 일이 일어나지 않게 하는 것입니다. 시스템의 파괴적인 변화를 방지하기 위해 태양지구공학을 사용하고, 대기의 근본적인 힘의 균형을 복원하기 위해 가능한 한 빨리 최대한 많은 조치를 취해야 해요." 그것은 일종의 치료 과정이다. "더 빨리 조치해서 열이 더 오르지 않게 하면 약을 적게 써도 되고 더 안전하겠죠. 모든 개입이 그렇지 않겠어요? 온도가 계속 상승하도록 내버려 두면 우리가 써야 할 대응책도 더 강해져야 해요. 그때쯤이면 시스템에 다른 변화가 생길지도 모릅니다."

태양지구공학을 그냥 묵혀 두는 것, 그러다가 큰 가뭄과 같은 '긴급 상황'이 생기면 갑자기 실행하기로 결정하는 것은 최선의 프로그램이 아니다. 그렇게 대기하는 동안 세계는 생물들의 멸종처럼 다시 되돌릴 수 없는 임계점을 그대로 지나쳐 버릴 것이다. 그렇지만 태양지구공학이라는 아이디어는 아직 기초적인 단계에 머무르고 있는 것이 사실이다. 생태계가 어떻게 반응할지에 관한 기초적이고 중요한 질문들이 거의 탐구되지 않았기 때문이다.

10장

정산

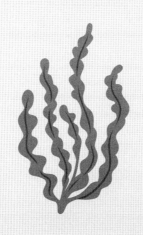

로스앤젤레스 다운타운,
2019년 1월, 27℃ / 80℉

텅 빈 놀이터에는 어떤 느낌이 있다. 퍼싱 스퀘어 한 켠에 있는 이 놀이터에는 새로 그네가 들어왔지만, 아이들의 모습은 전혀 보이지 않는다. 의도는 좋았지만 뜻대로 되지 않은 것 같다. 퍼싱 스퀘어는 로스앤젤레스 다운타운의 공공 광장이다. 추상적인 형태와 색채, 콘크리트 모더니즘이 전체주의와 1992년을 동시에 연상시킨다. 투르크메니스탄 광장의 MTV 버전이랄까. 길이 잘 닦여 있는 광장을 짙은 보랏빛 탑이 내려다보고 있다.

한낮인데도 마치 다른 우주나 SF 디스토피아에 떨어진 듯한 기분이 들었다. 사람들이 몸을 누이지 못하도록 벤치에 금속 막대를 심어 놓았지만 광장에는 사람들이 많았다. 먼지 낀 주황색 금속 구체의 그늘, 분수 주변, 어디에나 사람들의 몸이 누워 있다. 어디가 아프거나, 한낮의 더위를 피해 자고 있을 것이다.

이 사람들을 몸이라고 부르는 것은 지나친 단순화다. 이 사람들은 삶과 감정과 사연을 지니고 있다. 그들에게 광장은 지금 내가 경험하는 것만큼 낯설지 않을 것이다. 낮에 평화롭게 머물 수 있는 안식처이자 열린 공간이리라. 그러나 나는 이들이 이 공공공간에서 사는 방식을 일상적인 것으로 묘사하고 싶지는 않다. 그들 중 많은 사람들이 눈에 띄게 고통을 겪고 있다. 이 거리는 그들에게 안전한 공간이 아니다. 로스앤젤레스에는 약 5만 9천 명의 노숙자가 있고,

2017년과 2018년에는 거리에서 1,200명이 사망했다. 한낮에 광장을 가로지르는 일은 이런 일이 지극히 일상적인 사회, 이들의 몸과 영혼에서 고통을 편집해 버리는 사회와 맞닥뜨리는 것이다. 기후변화와 비슷하다. 일상적이면서 동시에 끔찍하다. 평소와 달리 조용한 세 살배기 딸은 나를 잡아당기며 광장 저쪽으로 가자고 신호를 보낸다. 나는 딸을 안아 올렸다. 이런 광장을 지나가는 우리 대부분의 심리적 메커니즘은 우리가 기후변화의 징후를 지나치는 메커니즘과 같을 것이다.

오늘 공원에서 거리의 사람들을 생각한 이유는, 또 다른 사람들이 거리에 나와 기후변화는 정상적인 일이 아니라고 외쳐서 이 심리적 메커니즘을 어지럽히려고 하기 때문일 것이다. 50여 명의 사람들이 공원 한구석에 놓인 검은 관 주변에 모여 있다. 초등학교 1학년 때 담임 선생님을 생각나게 하는 곱슬곱슬한 회색 머리의 여성이 나에게 네온그린색 전단지를 건넨다. "실례합니다만, 여섯 번째 대멸종 시대에 살고 있다는 사실을 알고 계십니까?" 우리에게 경고하러 미래에서 온 시간 여행자들 같았다. 신호등 근처에 서 있는 두 사람이 '기후 비상사태'라고 적힌 큼지막한 검은색 현수막을 들고 있다. 지나가는 사람들은 거의 쳐다보지 않는다. 아마 이 작은 모임은 대도시 길모퉁이에서 어떤 신비로운 이야기를 설파하는 특이한 종교단체처럼 보일 것이다.

영국에서 시작된 직접행동운동 단체인 '멸종 반란Extinction Rebellion'이 이 시위를 주최했다. 이날 전 세계 여러 도시에서 멸종 반란 그룹들이 시위를 벌였다. 로스앤젤레스에서 사람들이 든 표지판에는 이렇게 쓰여 있다. '12년 후, 당신은 어디에 있을까요?' 기후변화를 막을 시간이 12년밖에 남지 않았다는 뜻이다. 이 운동은 '생명을 위한 반란'이다. 벤치에 올라간 딸에게 나는 토끼 모양 크래커를 건넸다. 아이는 시무룩하게 크래커를 씹으며 차들로 꽉 막힌 도로를 바라본다. 멸종에는 관심이 없어 보였다. 다양하면서도 친숙한 모습의 사람들이 모여 있다. 검은색 두건을 쓴 사람들, 장밋빛 분홍색 머리를 한 젊은 여성, 은발의 할아버지, 잭 다니엘 병 모양의 전자담배를 들고 검은 카우보이 모자를 쓴 남자 등등. "전 세계적으로 생물다양성이 파괴되고 있습니다. 해수면이 상승하고 있습니다. 홍수와 사막화는 엄청나게 넓은 땅을 사람이 살 수 없는 곳으로 만듭니다. … 기후 붕괴가 시작되었습니다. … 더 많은 산불과 예측할 수 없는 폭풍이 올 것입니다."

집회를 마친 뒤 시위자들은 관을 메고 한 블록 아래, 사람들이 붐비는 식품 시장으로 이동한다. 행렬은 풀만 먹인 소고기집, 커리부어스트 레스토랑, 장작불 피자집, 푸푸사 가게, 고급 계란 샌드위치를 파는 곳인 에그슬럿, 라면 가게, '고급' 땅콩버터와 젤리 샌드위치 전문점인 PBJ.LA 앞을 지나가며 행진한다. 군중을 헤치고 나아가며 외친다. "지금 행동하지 않아서, 죽어 가는 지구를, 다음 세대에게 물려주지 않겠습니다!" 식당에 앉아 있던 손님들이 먹다 말고 휴대폰을 꺼내 관을 찍는다.

이 무리가 외치는 기후 관련 구호들은 허무맹랑한 소리가 아니다. 그중 일부는 IPCC 보고서에서 나왔을 것이다. 그들이 인용하는 정보들 전부가 박사학위 소지자들로 가득했던, 내가 직접 참석한 기후 회의들에서 논의된 내용이다. 그들의 전단지에는 소수점 둘째 자리까지 표시된 인용문이 실려 있고 빙상, 해양 산성화, 다시마 숲의 죽음이 언급된다. "캘리포니아는 전체 면적의 44.3퍼센트가 가뭄의 영향을 받는 상태로 물의 해를 시작했습니다." 이들은 기본적으로 옳다. 우리는 이들을 무시할 수 없다. 그러나 우리는 그들을 무시할 수 있다. 갈 곳이 없어 광장에서 노숙하는 사람들을 무시할 수 있는 것처럼.

나는 생명을 위한 반란을 일으키려고 나선 사람들처럼, 지구 위 생명의 미래에 대한 과학적 증거가 시사하는 바를 심각하게 우려했기 때문에 이 책을 썼다. 기후변화가 너무 심각해져서 더 많은 사람들이 고통받고, 그 고통 속에서 사람들이 충분한 주의 없이 태양지구공학에 매달리게 될까 봐 걱정된다. 취약한 공동체에 대한 고려 없이 자산 소유자들의 요청에 따라 물질적 자산을 보호하기 위해 지구공학이 사용될까 봐 걱정된다. 그런 생각이 들면 밤에 잠을 이루지 못한다. 그러나 희망의 씨앗도 있다. 내가 이 책을 쓰기 시작했을 때에는 존재하지도 않았던 기후행동 단체들이 이렇게 많이 생겨났다는 사실이다.

나는 이런 질문을 받을 때가 많다. "태양지구공학을 정말 어떻게 생각하세요?" 우리는 태양지구공학을 피해야 하고, 최소한 아주 신중하게 다루어야 한다. 아직은 존재하는 그 무엇이 아니라 개념일 뿐이고, 우리가 아는 바가 너무나 적다. 앞으로 더 많은 연구가 이루어져야 한다. 나는 기후변화의 위험이 너무나 크기 때문에 이 연구를 수행해야 한다고 생각하지만, 이 연구가 과학자들의 손에서 떠나 무능한 정치인이나 악의적인 정권에 이용되거나 실행될까 봐 겁이 난다.

 탄소 제거 기술은 적극적으로 추진되어야 한다. 그런 기술이 없으면 태양지구공학을 실행하자는 압력이 더 커질 수 있다. 그러나 대규모의 탄소 제거가 성공을 거두기 위해서는 대중들의 강력한 옹호와 요구가 필요하다. 대중의 지지가 있다면, 이는 인식과 가치 차원에서의 큰 변화를 뜻한다. 이 문제는 그저 엔지니어링이나 인프라의 문제가 아니다. 멸종 반란, 선라이즈 무브먼트Sunrise Movement, 기후 동원the Climate Mobilization 등 새로 나타난 많은 기후행동 단체들이 탄소 제거를 지지하기 시작했다. 예컨대, 선라이즈 무브먼트는 그린뉴딜 플랫폼의 일환인 '온실가스 제거를 위한 대규모 투자 자금 지원'을 요구하고 있다. 멸종 반란도 탄소 제거를 요구했다. 기후 상황을 잘 알고 있는 활동가 그룹들이 탄소 제거를 옹호하고, 세계의 여러 지역에 해를 끼치기보다는 이익이 되는 방향으로 탄소 제거가 실현되도록 도움을 주기를 희망한다.

정산

우리는 이제 막 기후변화 자체를 깊게 생각해 보기 시작했다. 핫 플레이스 식당들 사이를 가로지르는 관, 공원에 모여서 광신도처럼 과학 평가 보고서의 구절을 암송하는 군중들. 이 풍경이 일으키는 인지부조화는 변화의 순간에 살아간다는 것이 무엇인지를 보여 준다. 우리는 이 책의 바로 그 시작 지점, 즉 변화와 절망의 지점에 다시 와 있다. 기후변화가 얼마나 심각한지, 그리고 대처하기에 얼마나 늦었는지를 대중이 깨닫는 지점이다.

이 절망의 지점은 착취의 순간으로 나타날 수 있다. 나오미 클라인이 말한 '충격 독트린shock doctrine'처럼 권력 강화는 위기를 이용하여 이루어지기 때문이다. 그러나 이는 또한, 책임을 묻고 평가하는 순간이 될 수도 있다. '책임accountability'은 원래 헤아리는 것, 계산을 의미하는 단어였고, 어원적으로는 심판reckoning과도 연결된다. 작가이자 운동가인 클레어 오코너Clare O'Connor에 따르면, 처음에 '책임'은 신 앞에서의 정산, 즉 심판을 받는다는 의미였다.[1] 그러나 18세기를 거치면서 이 말은 무언가를 함께 나누고, 평가하고, 그에 대해 설명한다는 실증주의적인 뉘앙스를 띠게 되었다. 하지만 오늘날에도 '책임'에는 여전히 도덕적 의미가 담겨 있다.

많은 비판적 사상가들은 지구공학을 책임 회피, 즉 기후변화의 열역학에만 치중하고 그 심층적인 의미와 원인을 헤아리지 않는 것이라고 인식한다. 카일 와이트의 말처럼 식민 지배는 가장 결정적인 원인은 아니더라도 여전히 기후 위험을 발생시키는 요소로 남아 있다. 그러나 와이트에 따르면, "지구공학 담론은 지구공학을 하나의 주제로 분리한다. 그리고 식민주의, 자본주의적 착취, 제국주의, 기타 형태의 지배를 나중에 거버넌스의 과제나, 이해관계자의 가치 문제나, 이해하고 평가할 견해로 추가할 뿐이다."[2] 지구공학을 연구한 사람들은 손실 및 피해에 대한 보상, 그리고 연구 및 의사결정의 투명성 등을 다루기는 했다. 그러나 기후변화 그 자체에 대한 설명의 내러티브, 책임감이라는 도덕적 감각은 여전히 누락되고 검열되어 누군가 다른 사람이 해야 할 일로 치부되어 온 것이 사실이다.

생태학적 악화의 근본 원인을 염두에 두고 책임과 배상 문제를 포함시키는 지구공학적 접근 방식이 가능할까? '기후 복원Climate restoration'이라는 말이 요즘 자주 쓰이고 있지만 그 한계도 명확하다. 복원하고 복구해야 하는 것은 기후만이 아니라 관계다. 작가이자 사회정의 운동가인 라즈 파텔Raj Patel과 세계사학자 제이슨 무어Jason Moore는 이렇게 설명했다.

자본주의의 부상은 사회가 생명의 그물망에서 상대적으로 독립되어 있다고 여기게 만들었고, 나아가 대부분의 여성, 토착민, 노예, 식민지인들이 온전한 인간이 아니며 따라서 사회의 완전한 구성원이 아니라고 생각하게 만들었다. 이들은 인간이 아니거나 아주 간신히 인간인 자들이었다. 이들은 자연의 일부였고 사회적 낙오자, 값싼 존재들로 취급되었다.[3]

파텔과 무어는 '배상생태학reparation ecology'을 제시하면서 앞에 re-가 붙는 여러 단어들을 언급한다. 배상생태학의 약속은 "인간과 앞으로 인간이 달성해야 하는 존재가 자본세Capitolocene 이후 지구의 다른 존재들과 함께 번성할 수 있다는 것"이다. 이들은 인정recognition, 배상reparation, 재분배redistribution, 재상상reimagination, 재창조recreation를 논한다.[4] 그러나 복원restoration은 여기에 해당되지 않는다. 인간이 환경을 훼손하고서 다시 복원하는 것은 오류이자 후퇴라는 것이다. 오히려 배상생태학은 역사와 미래를 모두 직시하는 방법이다. "돌봄, 토지, 노동의 재분배는 모두가 자신의 삶과 주변 생태의 개선에 기여하게 하여 자본주의가 매일 우리에게 강요하는 추상화의 폭력을 되돌릴 수 있다."

페미니즘 과학기술 이론가 도나 해러웨이Donna Haraway는 우리의 과제가 "인류세Anthropocene를 가능한 한 짧고/얇게 만들고, 피난처를 만들 미래 시대를 상상 가능한 모든 방식으로 함께 가꾸어 나가는 것"이라고 했다.[5] 해러웨이는 보충replenishing, 회복recuperation, 재구성recomposition을 말하기는 하지만, 이는 부분적인 것이며 여기에는 "되돌릴 수 없는 손실에 대한 애도가 포함되어야 한다".

인정과 배상에 관한 이런 논의에서, 우리는 현재의 기후 위험과 이를 초래한 불평등 및 착취의 모든 과정에 대한 책임의 인정이나 사과가 사태의 종결이 아니라 앞으로 진행될 긴 작업의 시작이라는 점을 이해해야 한다. 과거에 있었던 토착민들과의 화해 과정은 우리에게 영감을 줄 수도 있지만, 무엇이 도움이 되지 않는지에 대한 교훈을 줄 수도 있다. 토착민 지리학자 미셸 데이글Michelle Daigle은 캐나다의 진실 및 화해 위원회 행사가 어떻게 "백인의 죄책감을 고

백하는 공간"이 되었는지를 알려 준다. 이 행사는 "화해를 '달성'하고 화해를 이룬 정착민이 되려면 무엇을 해야 하는지를 백인이 토착민에게 물어보는" 방식으로, 즉 "인디언에게 질문하는" 식으로 구성되어서, 결국엔 토착민에게 감정노동을 강요하는 것으로 귀결되었다.[6] 데이글은 이 장면이 "화해의 스펙터클이라는 특징을 갖는 시대"의 모습이라고 했다. 백인 정착민의 애도 및 인정이 곁들여진, 토착민의 고통과 트라우마를 공개적이고 시각적으로 대규모로 눈에 띄게 보여 주는 퍼포먼스였다는 것이다. 화해의 스펙터클은 캐나다에서 백인의 우월성과 정착민의 미래를 확보하고 정당화하며 효과적으로 재현했다. 데이글은 토착민의 자결권이 화해하지 않을 수 있는 자율성에 있다고 지적한다.

기후정의, 지구적 책임, 기후 회복, 우리들 간의 관계와 우리와 비인간 간의 관계가 어떤 길로 향할지, 어떤 단계를 밟고 어떤 실수가 벌어질지를 나는 알지 못한다. 나는 어떤 사람들이 책임 문제를 탄소 제거의 물질적 성공을 위협하는 것으로 가볍게 취급하는 상황이 올까 봐 우려스럽다. 미국의 상황에서 토지이용 변화와 인프라에 관련된 폭력을 논의하게 되면, 즉 누구의 땅이었고 누가 그것을 차지했는지에 대한 질문을 하면, 일의 진행에 필요할 연합이 해체될 위험이 생기는 것처럼 보일 수도 있다. 탄소180의 노아 다이치는 연합 구축의 중요성을 강조했다. 파리협정에 참여한 나라들만이 아니라 에너지, 광업, 농업 업계 모두가 탄소 제거를 "사업에 대한 위협적 변화가 아니라 더 번영하기 위해서 거쳐야 할 자연스러운 진화"

로 받아들여야 한다. 이는 고객, 직원, 주주, 주요 이해관계자들 모두에게 이익이 되어야 하고, 탑다운 방식으로 진행되어야 한다. "비즈니스 리더는 이런 논의를 어떻게 받아들일까요? 그들은 문제가 무엇인지를 어떻게 이해하고 누구에게서 힌트를 얻을까요? 어떻게 하면 그들이 탄소 제거를 최종 목표로, 우리가 공동으로 추구하는 목표로 삼게 할 수 있을까요?" 다이치는 이 과정에서 단일한 전달자가 있을 수는 없겠지만, 이야기와 메시지를 듣고 공감할 수 있는 말로 표현해 줄 사람들이 있을 것이라고 했다.

여기에는 모든 입장을 포괄할 수 있다는 시각이 담겨 있지만, 서로 다른 관점과 물질적 이해관계를 가진 행위자들의 담론 연합을 만들 경우에 구조적 · 물리적 폭력에 대한 정산, 책임, 인정 같은 것들이 어떻게 뒷전으로 쉽게 밀려나는지도 잘 드러난다. 사람들은 이런 어려운 영역으로 들어가지 말고 탄소 제거를 추진하면 더 쉽게 일이 풀릴 거라고 말할 것이다. 그러나 문제를 외면하면 최종 결과에 균열이 갈 수 있다. 우리는 앞서 1단계라고 불렀던 작은 규모의 탄소 제거를 계속할 수는 있겠지만, 순 마이너스 탄소로, 2단계로 이행하려면 역사적 · 현대적 불의에 대한 심층적인 사회적 대화 없이는 일어나기 어려운 극적인 사회적 · 정치적 변화가 필요하다. 정산에 나서고 책임을 인정하는 것은 단순히 도덕적으로 옳은 일을 하는 문제가 아니다. 이는 실제로 탄소를 줄이기 위한 실용적인 필수 조건이다.

폐허 속의 창의성

태양지구공학에서, 앞으로 나아갈 수 있는 최선의 길은 미지의 것들을 최대한 많이 알아내려고 노력하는 것이다. 성층권 에어로졸 주입의 유령이 사라지게 할 몇 가지 시나리오가 존재한다. 하나는 앞으로 10년 정도 안에 기후완화가 강화되면서 매우 성공적인 방식으로 추진되는 것이다. 두 번째는 공신력 있는 기후 과학자들이 한 목소리로 태양지구공학을 비난하는 것이다. 이는 가능성이 높지 않다. 많은 주류 기후 과학자들이 지구공학이라는 개념을 두려워하기는 하지만, 연구를 수행하고 더 많은 것을 알아낼 자유를 지지할 것이기 때문이다. 또한, 이들은 기후변화의 위험을 제대로 파악하는 집단이므로 기후 위험 관리의 관점에서 추가 연구가 필요하다고 여길 것이다.

세 번째 가능성도 있다. 덜 위험해 보이는 다른 지구공학, 기후적응, 에너지 관련 아이디어가 등장하여 성층권 에어로졸 주입의 가능성을 대체하는 것이다. 고도로 공학적인 형태의 급진적인 기후적응 방식 중 하나로는, 특정한 빙하가 녹지 않게 만든다는 아이디어도 있다. 빙하학자이자 중국의 지구공학 연구 프로그램의 책임자인 존 무어는 최근에 이 문제를 연구하고 이에 대한 논평을 《네이처》에 실었다.[7] 남극대륙에는 과학자들이 특히 주목하는 두 개의 빙하, 파인 아일랜드와 트웨이츠가 있다. 그 아래에는 따뜻한 바닷물이 흐르며, 암반 경사와 기하학적 구조로 인해 빙하의 붕괴는 막을 수도,

되돌릴 수 없다는 것이 기존의 통념이었다. 그러나 무어는 빙하 빙붕을 지탱해 줄 인공섬을 건설하면 효과적인 버팀목 역할을 할 것이라고 제안했다.

또 다른 기술은 빙하가 바다로 미끄러져 내려가지 않도록 빙하 아래에서 물을 추출하는 것이다. (그린란드에서는 쓸 수 없는 방법이다. 표면에서 녹기 때문이다. 하지만 남극대륙에서는 물이 빙상 아래로 들어와 녹는다.) "실제로, 그렇게 많지 않은 양의 물을 제거할 수 있어요. 파인 아일랜드 아래에서 초당 약 50입방미터가 나올 수 있습니다." 무어의 설명이다. 암반에 바다로 나가는 터널을 만들어 물을 빼내면 빙하 바닥이 더 단단하게 고정된다. "몇 개의 끈적끈적한 지점을 만들어 빙하의 속도를 늦출 수 있습니다. 그리고 빙하의 속도가 느려지면 바다로 들어가는 빙산의 수가 줄어들 겁니다." 다행히 이 두 빙하는 비교적 작은 편이다. "파인 아일랜드의 경우 입구의 폭이 40킬로미터 정도인데도 앞으로 200년 동안 남극대륙이 해수면 상승에 끼치는 영향에서 중요한 역할을 할 것입니다." 무어는 말을 이었다. "그리고 어떤 의미에서, 이 해법은 해수면 상승에 대처하는 민주적이고 평등한 방법이에요. 전 세계의 모든 해안선 주위에 벽을 쌓는 대신에, 부유한 국가가 가난한 국가보다 더 많이 기여하는 거죠. 수만 킬로미터의 해안선에 대비책을 세우는 대신에 100킬로미터 정도를 처리하면 문제를 해결할 수 있으니까요."

실제로 이런 작업을 할 수 있는 공학적 기술이 존재할까? "사실, 선례가 있습니다. 빙하 앞에 방파제나 이와 유사한 것을 건설하는 작업은 수에즈 운하 건설이나 홍콩 신공항 건설과 비슷한 면이 있어요. 그 공사들에서는 약 1입방킬로미터의 자재를 이동시켜야 했죠. 작은 섬과 같은 일종의 인공 고정 지점을 만들어야 하는데요, 수면까지 갈 필요도 없어요. 10분의 1 입방킬로미터 정도면 만들 수 있습니다."

물론 남극에서는 대규모 건설 프로젝트가 자연생태계의 훼손을 가져올 수밖에 없을 것이다. "이 프로젝트는 당장 내년에 시작해야 하는 건 아닙니다. 50년 정도에 걸쳐 이루어져야 하는 일이에요. 우리는 여전히, 파국을 되돌릴 수 있어요. 그게 핵심입니다. 빙하 학자들과 처음에 이 문제를 이야기하기 시작했을 때는 다들 두려움에 사로잡혔죠." 남극은 깨끗한 국제 환경이다. "분명히 많은 물자를 가진 사람들을 거기에 보내야 합니다. 환경과 생태에 피해를 줄 수밖에 없지만, 빙상의 붕괴로 인한 피해와 비교하면 아무것도 아닐 거예요." 빙하로 인한 전 세계 해수면 상승은 100년에 몇 미터씩 높아질 정도로 엄청나다. "이렇게 생각해 보세요. 이대로 두면 해안선에서 1억 명이 피난을 떠나야 합니다. 하지만 남극에서 작업할 사람들은 수천 명에 불과하죠." 20세기에 해수면 상승의 약 3분의 1은 그린란드의 빙상 붕괴가 원인이었다. 남극은 너무 추운 곳이어서 해수면 상승에 거의 영향을 주지 않았다. 그러나 2100년까지 그린란드 쪽에서는 10~20센티미터, 남극에서는 1미터의 해수면 상승을 만들어 낼 것이다.

이는 우리에게 희망을 주는 공학적 아이디어가 틀림없다. 그러나 탄소 배출량을 줄여야 할 필요성이 낮아진 것은 아니다. 무어가 지적한 것처럼, 이 계획은 해수면 상승 문제 해결만을 목표로 삼고 있다. 결국 북극에서처럼 여름철에 빙하가 녹아내리게 될 것이다. "그렇게 되면 이 모든 계획은 무위로 돌아가는 거죠. 우린 바다가 녹는 것을 막으려고 하는 것인데, 대기가 작용한다면 별다른 수가 없어요. 따라서 기존의 화석연료 사업에서 벗어날 출구전략이 있어야 합니다. 우리가 하려는 작업은 기후완화를 가져올 수 없어요. 불안정한 해수면 상승을 우아하게 관리하려는 방법일 뿐입니다. 화석연료를 어떻게 하느냐에 따라 빙상이 지금처럼 유지될 수도 있겠죠. 하지만 온실가스 배출을 멈출 수 없다면, 해수면 상승 속도를 관리하려는 시도에 그칠 겁니다. 완전히 자연적인 붕괴라기보다는 일종의 관리된 붕괴라고나 할까요."

붕괴를 관리한다는 것은 심각한 손실을 완화한다는 것을 의미한다. 실제로 모든 형태의 지구공학은, 인류학자 안나 칭Anna Tsing의 표현을 빌리자면 "폐허 속에서 산다는 것"이 무엇을 의미하는지를 탐구하는 것이고 상실을 받아들이는 것이다. 순수한 자연이라는 개념에 집착하고, 현재 폐허 속에서 살고 있다고 느끼지 않으며, 겪고 있는 손실을 손실이라고 아직 인정하지 않은 사람들에게 태양지구공학은 충격으로 다가온다. 그러나 무어가 살고 있는 베이징에서는 상황이 다르다. 특히, 사람들은 대기오염의 영향을 직접 목격할 수 있다. "저 바깥의 자연이 깨끗하고 아름답다고 말할 수가 없지요. 사실 우리는 우리가 무엇을 하고 있는지 모두 볼 수 있어요. 우리가 이

난장판을 만들었어요. 우리는 이걸 치워야 합니다. 자연에게 그렇게 하라고 맡길 수가 없어요."

전 세계 여러 곳에서 재앙은 벌써 도래했다. 세계 대부분의 지역과 로스앤젤레스 다운타운에서는 많은 사람들이 이미 폐허 속에서 살고 있다. 카일 와이트는 이렇게 썼다.

> 많은 지구공학 담론들이 아이러니하다고 생각하는 점은, 지구공학이 보존하거나 구하려고 하는 현재 상황이 사실 어떤 이들에게는 디스토피아라는 것이다. 지배적인 인구 집단의 구성원들은 우리의 디스토피아를 보존하여 그들의 디스토피아를 피하려고 한다. 그러한 담론에 대한 대화는 우리 원주민들에게 매우 불편하게 다가온다. 왜냐하면 우리는 그 어떤 결정에도 온전히 동의하거나 반대할 수 없는, 우리의 목소리가 배제된 상황 속에서 여전히 살아가고 있다는 현실을 이야기하고 싶기 때문이다. 식민주의, 자본주의, 산업화로 인해 발생한 법적·정책적 장벽, 계속되는 차별, 엄청난 거주지 변화 등은 우리의 출발점이다. 우리의 출발점은 현재 상황을 어떻게 유지하느냐가 아니라, 어떻게 하면 여기에서 벗어날 수 있느냐에 있다.[8]

이 책에서 논의한 기술들 중 일부는 배상생태학의 목적을 위해, 혹은 인류세 단축을 위해 사용될 수 있다. 만약 우리가 기후 문제에만 갇히지 않고 현재의 상황을 온전히 인식한다면 말이다. 그 기술이 탄소 제거가 됐든, 탄소 흡수가 됐든, 재생이나 회복 어느 것이든지 간에, 이 어두운 시기를 단축시킬 수 있다. 태양지구공학이 사용된다면, 나는 이 용어와 아이디어가 모두 폐기될 수 있기를 바라지만, 이 역시 더 큰 목표를 위해 사용되어야 한다. 기후 복원은 빠르고 쉬운 '해결'과는 거리가 멀다. 기술적으로도 낙관적이지만 사회적으로도 급진적일 만큼 낙관적인 아이디어이다. 이는 우리가 이 혼란을 극복하고, 사람들이 재생 가능한 음식을 재배하고, 건강한 삶을 살아갈 안전한 기후를 재구성할 수 있다는 것을 의미하기 때문이다. 많은 진보주의자들이 상상하는 삶의 형태, 즉 정원을 가꾸고 적당한 크기의 에너지 효율적인 집에서 살고 자전거를 타고 건강하다고 느끼며 서로와의 관계와 다른 생명체들과의 관계를 치유하는 삶은, 우리가 다양한 탄소 제거 방법을 추구한다면 세기말에 우리 후손들이 누리게 될 가능성이 크다.

빙하를 엔지니어링하는 것이든, 도로에 바이오 숯을 넣는 것이든, 로봇으로 다시마를 재배하는 것이든, 지구 아래에서 탄소를 암석으로 바꾸는 것이든, 아직 발견되지 않은 다른 접근 방식이든지 간에, 우리에게는 급진적인 기후적응에 대한 더 많은 사고실험과 새로운 탄소 제거 아이디어들이 필요하다. 기술적으로든 사회적으로든, 우리는 한편으로 자본주의 경제의 틀을 넘어서고, 다른 한편으로는 이분법적인 틀을 넘는 창의성이 필요하다. 또 어떤 대담한 아이디어가 있을까? 어떤 형태의 사회조직이 이 아이디어를 꽃피우게 해 줄까? 사람들은 새로운 기술적 아이디어가 거짓 희망을 심는다고 비난한다. 그러나 희망은 기술이 아니라 기술을 만드는 사람들, 즉 노동자, 디자이너, 협력자, 교육자, 엔지니어, 문화 생산자, 농부 등에게 있다. 장기적으로 볼 때, 희망의 원천은 기술이 아니라 이 사람들이다. 기후는 긴 게임이다. 기후변화에 맞서 실천하고 기술을 개발하는 일도, 지구공학 이후의 미래를 준비하는 일도 오랜 시간이 걸릴 것이다.

감사의 말

이 프로젝트를 위해 시간, 창의성, 에너지를 내준 분들께 감사 드린다.

안드레아스 말름의 제안이 없었다면 이 책을 쓸 생각조차 하지 못했을 것이다. 버소의 로지 워렌에게 깊은 감사를 드리며, 사려 깊은 편집을 해 준 CM에게도 감사를 표한다.

책과 작가들의 든든한 후원자인 UCLA의 피터 카레이바에게 감사한다. 다니엘 스웨인과 기후과학에 대해 소통하며 많은 영감을 얻었다.

이 책은 10년 동안 지구공학을 두고 고민한 결과물이며, 전 세계의 많은 사람들 덕분에 출간될 수 있었다. 연구 협력자인 일로나 메티아이넨이 보여 준 호기심, 실용주의, 관대함에 특별히 감사한다. 지적 개방성과 탐구 정신을 보여 준 코넬의 더그 맥마틴, 찰스 가이슬러, 써니 파워, 스티브 힐가트너에게도 감사를 전한다.

지구공학 연구자 커뮤니티에 고마움을 표한다. 역동적인 대화를 나눠 준 테드 파슨과, 과학적 개념을 설명해 준 벤 크라비츠와 피트 어바인, 그리고 모든 링크를 제공해 준 마이클 톰슨에게 특별히 감사한다. 중요한 토의를 함께 해 준 신이치로 아사야마, 카타리나 베이얼, 조지 콜린스, 올라프 코리, 제인 플레갈, 올리버 게덴, 클레어 헤이워드, 드류 존스, 제인 롱, 션 로우, 닐스 마커슨, 닐스 마츠너, 던컨 맥라렌, 맷 컨스, 후안 모레노 크루즈, 데이비드 모로우, 올리버 모튼, 사이먼 니콜슨, 존 노엘, 앤디 파커, 크리스토퍼 프레스턴, 제시 레이놀즈, 케이트 리케, 댄 산체스, 슈테판 셰퍼, 카롤리나 소베카, 파블로 수아레즈, 게르놋 바그너에게 감사를 전한다. 내가 실수로 언급하지 못한 분들께는 사과를 드린다.

나와 함께 글쓰기 여정을 함께한 웬디 사울, 엘리자베스 거스리, 엘리 앤드류스, J.P. 사핀스키, 엘리자베스 올슨, 플로리안 모슬레, 머큐리에게 고마운 마음이다. 마지막으로, 오랫동안 나를 돌보아 준 로라 왓슨께 깊은 감사를 표한다.

미주

서론

[1] Vaclav Smil, *Energies: An Illustrated Guide to the Biosphere and Civilization*, Cambridge, MA: MIT Press, 1999, 5.

[2] Ibid, 11.

[3] 1750년 이래 현재의 복사강제력 수치는 2015년 제5차 IPCC 평가 보고서에서 인용한 것이므로, 독자들이 이 글을 읽는 시점에는 조금 더 높아졌을 것이다.

[4] B. H. Samset et al., "Climate Impacts from a Removal of Anthropogenic Aerosol Emissions," *Geographical Research Letters* 45, 2018.

[5] IPCC, "Summary for Policymakers," in *Global warming of 1.5°C: An IPCC Special Report*, eds. V. Masson-Delmotte et al., Geneva: World Meteorological Organization, 2018, 16.

[6] Felix Creutzig et al., "Beyond Technology: Demand-Side Solutions for Climate Change Mitigation," *Annual Review of Environmental Resources* 41, 2016, 173-98.

[7] IPCC, "Summary for Policymakers."

[8] John Sterman and Linda Booth Sweeney, "Understanding Public Complacency about Climate Change: Adults' Mental Models of Climate Change Violate Conservation of Matter," *Climatic Change* 80:3-4, 2007, 213-38.

[9] Pak-Hang Wong, "Maintenance Required: The Ethics of Geoengineering and Post-Implementation Scenarios," *Ethics, Policy and Environment* 17:2, 2014, 186-91.

[10] Jeremy Scahill, "Leading Marxist Scholar David Harvey on Trump, Wall Street, and Debt Peonage," *Intercept*, theintercept.com, Jan. 21, 2018.

[11] David Graeber, *The Utopia of Rules: On Technology, Stupidity, and the Secret Joys of Bureaucracy*, New York: Melville House, 2015, 120.

[12] Ibid., 146.

[13] McKenzie Wark, "What if This Is Not Capitalism Any More, but Something Worse?," NPS Plenary Lecture, APSA 2015, Philadelphia, PA, in *New Political Science* 391, 2017, 58-66.

[14] Claire Colebrook, "What is the Anthropo-Political?" In *Twilight of the Anthropocene Idols*, eds. Tom Cohen, Claire Colebrook, J. Hillis Miller, London: Open Humanities Press, 2016, 86.

[15] Andreas Malm, "For a Fallible and Lovable Marx: Some Thoughts on the Latest Book by Foster and Burkett," *Critical Historical Studies* 42, 2017, 267-75.

[16] Matthew T. Huber, "Hidden Abodes: Industrializing Political Ecology," *Annals of*

the *American Association of Geographers* 1071, 2017, 151-66.

17 Jesse Goldstein, *Planetary Improvement: Cleantech Entrepreneurship and the Contradictions of Green Capitalism*, Cambridge, MA: MIT Press, 2018, 14.

18 Leigh Stanley Phillips, *Austerity Ecology & The Collapse-Porn Addicts: A Defence of Growth, Progress, Industry, and Stuff*, Alresford, UK: Zero Books, 2015.

19 Nick Srnicek and Alex Williams, *Inventing the Future: Postcapitalism and a World without Work*, London and New York: Verso, 2016, 146.

20 Laboria Cuboniks, "Xenofeminism: A Politics for Alienation," laboriacuboniks.net.

21 ETC, *The New Biomasters: Synthetic Biology and the Next Assault on Biodiversity and Livelihoods*, ETC Group Communiqué 104, 2010.

22 Naomi Klein, *This Changes Everything: Capitalism vs. the Climate*, New York: Simon & Schuster, 2014.

23 Joshua Horton and David Keith, "Solar Geoengineering and Obligations to the Global Poor," in *Climate Justice and Geoengineering: Ethics and Policy in the Atmospheric Anthropocene*, ed. Christopher J. Preston, London: Rowman & Littlefield, 2012.

24 Jane Flegal and Aarti Gupta, "Evoking Equity as a Rationale for Solar Geoengineering Research? Scrutinizing Emerging Expert Visions of Equity," *International Environmental Agreements* 181, 2018, 45-61.

25 Kyle Powys Whyte, "Indigeneity in Geoengineering Discourses: Some Considerations," *Ethics, Policy and Environment*, 21:3, 2019.

26 Charles Eisenstein, "We Need Regenerative Farming, not Goengineering, *Guardian*, Mar. 9, 2015, theguardian.com.

27 ETC, *The New Biomasters*.

28 Biofuelwatch, *Smoke and Mirrors: Bioenergy with Carbon Capture and Storage BECCS*, biofuelwatch.org.uk, 2015.

29 Jack Stilgoe, *Experiment Earth: Responsible Innovation in Geoengineering*, New York: Routledge, 2015, 8.

30 Anne Pasek, "Provisioning Climate: An Infrastructural Approach to Geoengi -neering," in *Has It Come to This? The Promise and Peril of Geoengineering on the Brink*, eds. J. Sapinski, H. J. Buck, and A. Malm, Princeton, NJ: Rutgers University Press, forthcoming.

31 Bent Flyvbjerg, Nils Bruzelius, and Werner Rothengatter, Megaprojects and Risk: An Anatomy of Ambition, Cambridge, UK: Cambridge University Press, 2003.

32 Ben Marsh and Janet Jones, "Building the Next Seven Wonders: The Landscape Rhetoric of Large Engineering Projects," in S. D. Brunn, ed., *Engineering Earth*, New York: Springer, 2011.

33 Flyvbjerg et al., *Megaprojects*.

[34] David Nye, *Consuming Power: A Social History of American Energies*, Cambridge, MA: MIT Press, 1997.

[35] Brad Allenby, "Infrastructure in the Anthropocene: Example of Information and Communication Technology," *Journal of Infrastructure Systems* 10, 2004, 79-86.

1장 에너지 재배

[1] Christy Borth, *Pioneers of Plenty: The Story of Chemurgy*, Indianapolis: The Bobbs-Merrill Company, 1942.

[2] William Hale, *Farmward March: Chemurgy Takes Command*, New York: Coward McCann, 1939, 141.

[3] Randall Beeman, "'Chemivisions': The Forgotten Promises of the Chemurgy Movement." *Agricultural History* 68:4, 1994, 26.

[4] Mark Finlay, "The Failure of Chemurgy in the Depression-Era South: The Case of Jesse F. Jackson and the Central of Georgia Railroad," *The Georgia Historical Quarterly* 81:1, 1997, 78–102.

[5] Beeman, "Chemivsions," 32.

[6] Quentin R. Skrabec, *The Green Vision of Henry Ford and George Washington Carver: Two Collaborators in the Cause of Clean Industry*, Jefferson, NC: McFarland & Co, 2013, 193.

[7] David Constable, "Green Chemistry and Sustainability." In *Quality Living Through Chemurgy and Green Chemistry*, ed. Peter K. Lau. Berlin: Springer, 2016, 2.

[8] Tito Kuol, "Looking Downstream: The Future of Nile River Politics," *Harvard Political Review*, April 3, 2018, harvardpolitics.com.

[9] Jon Abbink, "Dam Controversies: Contested Governance and Developmental Discourse on the Ethiopian Omo River Dam," *Social Anthropology* 20:2, 2012, 125-44.

[10] See, for example, Oakland Institute, *Understanding Land Investment Deals in Africa, Country Report: Ethiopia*, Oakland, CA, 2011.

[11] Jon Abbink "'Land to the Foreigners': Economic, Legal, and Socio-cultural Aspects of New Land Acquisition Schemes in Ethiopia, *Journal of Contemporary African Studies* 29:4, 2011, 526.

[12] Lorenzo Cotula, "The International Political Economy of the Global Land Rush: A Critical Appraisal of Trends, Scale, Geography and Drivers," *Journal of Peasant Studies* 39:3-4, 2012, 666.

[13] Philip McMichael, "The land grab and corporate food regime restructuring," *Journal of Peasant Studies* 39:3-4, 2012, 690.

[14] Klaus Deininger, "Challenges Posed by the New Wave of Farmland Investment,"

Journal of Peasant Studies 38: 2, 2011, 218.

15 Nizar Manek, "Karuturi Demands Compensation from Ethiopia for Failed Land Deal," *Bloomberg*, September 21, 2017.

16 See Benjamin Niemark, S. Mahanty, and W. Dressler, "Mapping Value in a 'Green' Commodity Frontier: Revisiting Commodity Chain Analysis," *Development and Change*, 472, 2016, 240-65.

17 Jim Lane, "In for a Penny, In for a Pound: The Advanced Bioeconomy and All the Pivots," *Biofuels Digest*, December 28, 2017.

18 Carol Hunsberger, Laura German, and Ariane Goetz, "'Unbundling' the Biofuel Promise: Querying the Ability of Liquid Biofuels to Deliver on Socio-economic Policy Expectations," *Energy Policy* 108, 2017, 791-805.

19 Ibid.

20 Tania Murray Li, "After the Land Grab: Infrastructural Violence and the 'Mafia System' in Indonesia's Oil Palm Plantation Zones," *Geoforum* 96, 2018.

21 L. J. Smith and M. S. Torn, "Ecological Limits to Terrestrial Biological Carbon Dioxide Removal," *Climatic Change* 118, 2013, 89-103.

22 Patrick Moriarty and Damon Honnery, "Review: Assessing the Climate Mitigation Potential of Biomass," *AIMS Energy* 5:1 2017.

23 Timothy Searchinger, Tim Beringer, and Asa Strong, "Does the World Have Low-Carbon Bioenergy Potential from the Dedicated Use of Land?," *Energy Policy* 110, 2015, 434-46. See also Joseph Fargione et al., "Land Clearing and the Biofuel Carbon Debt," *Science* 319:6857, 2008.

24 Warren Cornwall, "Is Wood a Green Source of Energy? Scientists Are Divided," *Science*, January 5, 2017.

25 Eric Roston, *The Carbon Age: How Life's Core Element Has Become Civilization's Greatest Threat*, New York: Walker & Co., 2008.

26 David Biello, "Whatever Happened to Advanced Biofuels?," *Scientific American*, May 26, 2016, scientificamerican.com.

27 Stephen Mayfield, "The Green Revolution 2.0: The Potential of Algae for the Production of Biofuels and Bioproducts," *Genome* 56, 2013, 551-5.

28 Ann C. Wilkie et al., "Indigenous Algae for Local Bioresource Production: Phycoprospecting," *Energy for Sustainable Development* 15, 2011, 365-71.

29 Colin M. Beal et al., "Integrating Algae with Bioenergy Carbon Capture and Storage (ABECCS) Increases Sustainability," *Earth's Future* 6, 2018.

30 I. Ajjawi, et al., "Lipid Production in Nannochloropsis gaditana Is Doubled by Decreasing Expression of a Single Transcriptional Regulator," *Nature Biotechnology* 35, 2017, 647-52.

31 Kelsey Piper, "Silicon Valley Wants to Fight Climate Change with These

"Moonshot" Ideas," *Vox*, Oct. 26, 2018, vox.com.

32 Natalie Hicks et al., "Using Prokaryotes for Carbon Capture Storage," *Trends in Biotechnology* 351, 2017, 22-32.

33 Mathilde Fajardy and Niall Mac Dowell, "Can BECCS Deliver Sustainable and Resource Efficient Negative Emissions?," *Energy and Environmental Science*, 10, 2017, 1389-1426.

2장 바다에서의 재배

1 Seasteading Institute, "Project Oasis," seasteading.org/project-oasis.

2 D. Krause-Jensen and C. M. Duarte, "Substantial Role of Macroalgae in Marine Carbon Sequestration," *Nature Geoscience* 9, 2016, 737-42.

3 Adam D. Hughes et al., "Biogas from Macroalge: Is It Time to Revisit the Idea?," *Biotechnology for Biofuels* 5, 2012, 86.

4 Rasmus Bjerregaard et al., *Seaweed Aquaculture for Food Security, Income Generation and Environmental Health in Tropical Developing Countries*, Washington, DC: World Bank Group, 2016, documents.worldbank.org.

5 Ibid.

6 Robert D. Kinley et al., "The Red Macroalgae Asparagopsis taxiformis Is a Potent Natural Antimethanogenic That Reduces Methane Production during In Vitro Fermentation with Rumen Fluid," *Animal Production Science* 56:3, 2016, 282-9.

7 Howard Wilcox, "The Ocean as Supplier of Food and Energy," *Experientia* 38, 1982, 32.

8 Antoine de Ramon N'Yeurt et al., "Negative Carbon via Ocean Afforestation," *Process Safety and Environmental Protection* 90, 2012, 467-74.

9 Stuart W. Bunting, *Principles of Sustainable Aquaculture: Promoting Social, Economic and Environmental Resilience*, New York: Routledge, 2013.

10 E. J. Cottier-Cook et al. "Policy Brief: Safeguarding the Future of the Global Seaweed Aquaculture Industry," Hamilton, ON: UNUINWEH and SAMS, 2016.

11 Sander W. K. van den Burg et al., "The Economic Feasibility of Seaweed Production in the North Sea," *Aquaculture Economics and Management* 203, 2016, 235-52.

12 Hughes et al., "Biogas from Microalgae."

13 Xi Xiao et al., "Nutrient Removal from Chinese Coastal Waters by Large-Scale Seaweed Aquaculture," Nature Scientific Reports 7:46, 2017, 616.

14 Cottier-Cook et al., "Policy Brief."

15 Calvyn Ik Kyo Chung, F. A. Sondak, and John Beardall, "The Future of Seaweed Aquaculture in a Rapidly Changing World," *European Journal of Phycology* 524, 2017, 495-505.

16 Krause-Jensen and Duarte, "Macroalgae in Marine Carbon Sequestration."

17 Jason Zhang et al., "Big Picture Resilience via Ocean Forests," presentation, ASCE Innovation Conference, 2016.

18 Alastair Bland, "As Oceans Warm, the World's Kelp Forests Begin to Disappear," *Yale Environment* 360, November 20, 2017.

3장 재생

1 Matthew Kearnes and Lauren Rickards, "Earthly Graves for Environmental Futures: Techno-burial Practices," *Futures* 92, 2017, 48-58.

2 The Land Institute, "Kernza Grain: Toward a Perennial Agriculture," landinstitute. org/our-work/perennial-crops/kernza.

3 L. Hunter Lovins et al., *A Finer Future: Creating an Economy in Service to Life*, Gabriola Island, BC: New Society Publishers, 2018, 61.

4 Brian Barth, "Carbon Farming: Hope for a Hot Planet," *Modern Farmer*, March 25, 2016.

5 Keith Paustian et al., "Climate-Smart Soils," *Nature* 532, 2016, 49-57.

6 David D. Briske et al., "The Savory Method Can Not Green Deserts or Reverse Climate Change," *Rangelands* 355, 2013, 72-4.

7 Rebecca Lave, "The Future of Environmental Expertise," *Annals of the American Association of Geographers* 1052, 2015, 244-52.

8 Lovins et al., *A Finer Future*, 178.

9 Charles Eisenstein, *Climate: A New Story*, Berkeley, CA: North Atlantic Books, 2018, 180.

10 Ibid., 181.

11 National Research Council, *Climate Intervention: Carbon Dioxide Removal and Reliable Sequestration*, Washington, DC: National Academies of Science, 2015.

12 Anne-Marie Codor et al., *Hope Below Our Feet: Soil as a Climate Solution*, Global Development and Environment Institute Climate Policy Brief 4, 2017.

13 Paustian et al., "Climate-Smart Soils."

14 Salk Institute, "Harnessing Plants Initiative," salk.edu/harnessing-plants-initiative.

15 Paustian et al., "Climate-Smart Soils."

16 See T. Thamo, and D. J. Pannell, "Challenges in Developing Effective Policy for Soil Carbon Sequestration: Perspectives on Additionality, Leakage, and Permanence," *Climate Policy* 16:8, 2016 and Pete Smith, "Soil Carbon Sequestration and Biochar as Negative Emission Technologies," *Global Change Biology* 22, 2015, 1315-24.

17 Smith, "Soil Carbon Sequestration."

18 Kristen Ohlson, *The Soil Will Save Us: How Scientists, Farmers, and Foodies are Healing the Soil to Save the Planet*, New York: Rodale, 2014.

19 National Academies of Sciences, Engineering, and Medicine. *Negative Emissions Technologies and Reliable Sequestration: A Research Agenda*. Washington, DC: The National Academies Press, 2019, 80.

20 Julia Rosen, "Vast Bioenergy Plantations Could Stave Off Climate Change and Radically Reshape the Planet," *Science*, Feb. 15, 2018, sciencemag.org.

21 See R. A. Houghton, "The Emissions of Carbon from Deforestation and Degradation in the Tropics: Past Trends and Future Potential," *Carbon Management* 45, 2013, 539-46; and Timothy M. Lenton, "The Potential for Land-Based Biological CO_2 Removal to Lower Future Atmospheric CO_2 Concentration," *Carbon Management* 11, 2010, 145-60.

22 Simon Evans, "World Can Limit Warming to 1.5C 'without BECCS,'" *Carbon Brief*, 2018, carbonbrief.org.

23 Detlef Van Vuuren et al., "Alternative Pathways to the 1.5°C Target Can Reduce the Need for Negative Emission Technologies," *Nature Climate Change* 8, 2018, 391-7.

24 Kim Naudts et al., "Europe's Forest Management Did Not Mitigate Climate Warming," *Science* 351, 2016, 6273.

25 Brendan Mackey et al., "Policy Options for the World's Primary Forests in Multilateral Environmental Agreements," *Conservation Letters* 82, 2015, 139-47.

26 National Research Council, *Climate Intervention*, 2015.

27 Gabiel Popkin, "How Much Can Forests Fight Climate Change?," *Nature*, Jan. 15, 2019, nature.com.

28 W. Sunderlin et al., "How Are REDD+ Proponents Addressing Tenure Problems? Evidence from Brazil, Cameroon, Tanzania, Indonesia, and Vietnam," *World Development* 55, 2013, 37-52.

29 Jon Unruh, "Tree-Based Carbon Storage in Developing Countries: Neglect of the Social Sciences," *Society and Natural Resources: An International Journal*, 24:2, 2011, 185-92.

30 K. Suiseeya and S. Caplow, "In Pursuit of Procedural Justice: Lessons from an Analysis of 56 Forest Carbon Project Designs," *Global Environmental Change* 23, 2013, 968-79.

31 Kristen Lyons and Peter Westoby, "Carbon Colonialism and the New Land Grab: Plantation Forestry in Uganda and Its Livelihood Impacts," *Journal of Rural Studies* 36, 2014, 13-21.

32 Eric Lambin and Patrick Meyfroidt, "Global Land Use Change, Economic Globalization, and the Looming Land Scarcity," *PNAS*, 2011, pnas.org.

33 E. Mcleod et al., "A Blueprint for Blue Carbon: Toward an Improved Understanding of the Role of Vegetated Coastal Habitats in Sequestering CO_2," *Frontiers in Ecology and the Environment* 7, 2011, 362-70.

34 C. Nellemann et al., *Blue Carbon: A Rapid Response Assessment* 78, United Nations Environment Programme, GRIDArendal, 2009.

35 Ibid.

36 Sophia Johannessen and Robie Macdonald, "Geoengineering with Seagrasses: Is Credit Due where Credit Is Given?," *Environmental Research Letters* 11, 2016.

37 Shu Kee Lam et al., "The Potential for Carbon Sequestration in Australian Agricultural Soils Is Technically and Economically Limited," *Nature Scientific Reports* 3, 2013, 2179.

38 Kearnes and Rickards, "Earthly Graves."

39 Bronson W. Griscom et al., "Natural Climate Solutions," *PNAS* 114:44, 2017, 11645-50.

4장 포집

1 Elizabeth Kolbert, "Can Carbon Dioxide Removal Save the World?," *New Yorker*, November 20, 2017.

2 Joelle Seal, "SaskPower's Carbon Capture Future Hangs in the Balance," CBC News, November. 23, 2017, cbc.ca.

3 IEA, 20 Years of Carbon Capture and Storage: Accelerating Future Deployment, Paris:OECD/IEA, 2016; Juho Lipponen et al., "The Politics of Large-Scale CCS Deployment," *Energy Procedia* 114, 2017, 7581-95.

4 Glen Peters and Oliver Geden, "Catalysing a Political Shift from Low to Negative Carbon," *Nature Climate Change* 7, 2017, 619-21.

5 IEA, *20 Years of Carbon Capture and Storage.*

6 Greenpeace, *Carbon Capture Scam CCS: How a False Climate Solution Bolsters Big Oil*, Washington, DC: Greenpeace USA, 2015.

7 Cesare Marchetti, "On Geoengineering and the CO_2 Problem," *Climatic Change* 1, 1977, 59-68.

8 Bryan Maher, "Why Policymakers Should View Carbon Capture and Storage as a Stepping-stone to Carbon Dioxide Removal," *Global Policy* 91, 2018, 102-6.

9 Alfonso Martinez Arranz, "Carbon Capture and Storage: Frames and Blind Spots," *Energy Policy* 82, 2015, 249-59.

10 IEA, *20 Years of Carbon Capture and Storage.*

11 Maher, "Carbon Capture and Storage as a Stepping-stone."

12 IPCC Working Group III, *Special Report on Carbon Dioxide Capture and Storage*, Cambridge and New York: Cambridge University Press, 2005, 442.

13 Alfonso Martinez Arranz, "Hype among Low-Carbon Technologies: Carbon Capture and Storage in Comparison," *Global Environmental Change* 41, 2016, 124-41.

14 NASEM, *Negative Emissions Technologies*.

15 Mikael Roman, "Carbon Capture and Storage in Developing Countries: A Comparison of Brazil, South Africa and India," *Global Environmental Change* 21, 2011, 391-401.

16 Arranz, "Hype among Low-Carbon Technologies."

17 Karin Bäckstrand et al., "The Politics and Policy of Carbon Capture and Storage: Framing an Emergent Technology," *Global Environmental Change* 21, 2011, 275-81.

18 Philip J. Vergragt et al., "Carbon Capture and Storage, Bio-energy with Carbon Capture and Storage, and the Escape from the Fossil-Fuel Lock-in," *Global Environmental Change* 21, 2011, 282-92.

19 See, for example, James Gaede and James Meadowcroft, "Carbon Capture and Storage Demonstration and Low-Carbon Energy Transitions: Explaining Limited Progress," in T. Van de Graaf et al., eds., *The Palgrave Handbook of the International Political Economy of Energy*, London: Palgrave MacMillan, 2016.

20 APS, "Direct Air Capture of CO_2 with Chemicals: A Technology Assessment for the APS Panel on Public Affairs," Washington, DC: American Physical Society, 2011.

21 Jeff Tollefson, "Sucking Carbon Out of the Air Is Cheaper than Scientists Thought," *Nature* 558, 2018, 173.

22 The Global CO_2 Initative, "Global Roadmap for Implementing CO_2 Utilization," 2016, globalco2initiative.org/opportunity.

23 Jocelyn Timperley, "Q&A: Why Cement Emissions Matter for Climate Change," *Carbon Brief*, September 13, 2018, carbonbrief.org.

24 Niall Mac Dowell et al., "The Role of CO_2 Capture and Utilization in Mitigating Climate Change," *Nature Climate Change* 74, 2017, 243-9.

25 Ibid.

26 Stuart Haszeldine, "Can CCS and NET enable the continued use of fossil carbon fuels after CoP21?" *Oxford Review of Economic Policy* 32:2, 2016, 304-322.

27 Kathryn Yusoff, "Epochal Aesthetics: Affectual Infrastructures of the Anthropocene," *e-flux*, 2017, e-flux.com.

5장 풍화

1 Juerg M. Matter et al., "Rapid Carbon Mineralization for Permanent Disposal of

Anthropogenic Carbon Dioxide Emissions," *Science* 352:6291, 2016, 1312-14.

2   Andy Skuce, "'We'd have to finish one new facility every working day for the next 70 years': Why Carbon Capture Is No Panacea," *Bulletin of Atomic Sciences*, October 4, 2016.

3   Ilsa B. Kantola et al., "Potential of Global Croplands and Bioenergy Crops for Climate Change Mitigation through Deployment for Enhanced Weathering," *Biology Letters* 134, 2017.

4   See "Theme 3—Applied Weathering Science," lc3m.org/research/theme-3/.

5   David J. Beerling, "Enhanced Rock Weathering: Biological Climate Change Mitigation with Co-Benefits for Food Security?," *Biology Letters* 134, 2017.

6   Paul Hawken, ed. *Drawdown: The Most Comprehensive Plan Ever Proposed to Reverse Global Warming*, New York: Penguin Books, 2017.

7   David P. Edwards et al., "Climate Change Mitigation: Potential Benefits and Pitfalls of Enhanced Rock Weathering in Tropical Agriculture," *Biology Letters* 134, 2017.

8   Ibid.

9   Kantola et al., "Potential of Global Croplands."

10   Edwards et al., "Climate Change Mitigation."

11   Ibid.

12   Henry Fountain, "How Oman's Rocks Could Help Save the Planet," *New York Times*, April 26, 2018, nytimes.com; Evelyn M. Mervine et al., "Potential for Offsetting Diamond Mine Carbon Emissions through Mineral Carbonation of Processed Kimberlite: An Assessment of De Beers Mine Sites in South Africa and Canada," *Mineralogy and Petrology* 112, 2018, 755-65.

13   See "Remineralize the Earth," remineralize.org.

14   L. L. Taylor et al., "Simulating Carbon Capture by Enhanced Weathering with Croplands: An Overview of Key Processes Highlighting Areas of Future Model Development," *Biology Letters* 134, 2017.

15   Ibid.

16   F. J. Meysman and F. Montserrat, "Negative CO_2 Emissions via Enhanced Silicate Weathering in Coastal Environments," *Biology Letters* 134, 2017.

6장 노동

1   Kathi Weeks, *The Problem with Work: Feminism, Marxism, Antiwork Politics, and Postwork Imaginaries*, Durham, NC: Duke University Press, 2011, 182.

2   Imre, Szemanand and Maria Whiteman, "Future Politics: An Interview with Kim Stanley Robinson," *Science Fiction Studies* 312, 2004.

3 Giorgios Kallis, *In Defense of Degrowth: Opinions and Manifestos*. Uneven Earth Press, 2018.

4 Ibid., 21.

5 Ibid., 12.

6 Michael Spectre, "The First Geo-vigilante," *New Yorker*, October 18, 2012, newyorker.com.

7 Whyte, "Indigeneity in Geoengineering Discourses," 10.

8 Lave, "The Future of Environmental Expertise."

9 "Firm to Perform Ocean Experiment," *BBC News*, June 21, 2007, news.bbc.co.uk.

10 See Fred Turner, *From Counterculture to Cyberculture*, Chicago: University of Chicago Press, 2006.

11 See "Regenerative Organic Certified," regenorganic.org.

12 Neera Singh, "The Affective Labor of Growing Forests and the Becoming of Environmental Subjects: Rethinking Environmentality in Odisha, India," *Geoforum* 47, 2013, 189-98.

13 Karen Pinkus, "Carbon Management: A Gift of Time?," *Oxford Literary Review* 321, 2010, 51-70.

14 Adam Greenfield, *Radical Technologies: The Design of Everyday Life*, London and New York: Verso Books, 2017.

15 Ibid., 147.

16 Nori, *Nori White Paper*. Version 3.0.1, February 19, 2019. Nori.com.

17 Imre Szeman, "Entrepreneurship as the New Common Sense," *South Atlantic Quarterly* 114:3, 2015.

18 Katja Grace et al., "When Will AI Exceed Human Performance? Evidence from AI Experts," *Journal of Artificial Intelligence Research* 62, 2018.

19 Srnicek and Williams, *Inventing the Future*.

20 Luke Dormehl, *Thinking Machines: The Quest for Artificial Intelligence and Where It's Taking Us Next*, New York: Penguin Random House, 2017.

21 Thomas Davenport and Julia Kirby, *Only Humans Need Apply: Winners and Losers in the Age of Smart Machines*, New York: Harper-Collins, 2016.

22 Judy Wajcman, "Automation: Is It Really Different This Time?," *British Journal of Sociology* 681, 2017.

23 Stefan Helmreich, "Blue-Green Capital, Biotechnological Circulation and an Oceanic Imaginary: A Critique of Biopolitical Economy," *BioSocieties* 2, 2007, 287-302.

24 Elizabeth Johnson, "At the Limits of Species Being: Sensing the Anthropocene," *South Atlantic Quarterly* 1162, 2017.

25 Stewart Brand, *Whole Earth Discipline: Why Dense Cities, Nuclear Power, Transgenic Crops, Restored Wildlands, and Geoengineering Are Necessary*, New

York: Penguin Books, 2009.
26 Ibid., "We Are as Gods," *Whole Earth Catalog*, Winter 1998, wholeearth.com.

7장 배움

1 Timothy Mitchell, *Carbon Democracy: Political Power in the Age of Oil*, London and New York: Verso, 2011.
2 질소 순환의 간섭에 대한 올리버 모튼의 논의는 훌륭한 심층적 분석이다. *The Planet Remade: How Geoengineering Could Change the World*, Princeton and Oxford: Princeton University Press, 2015.

8장 포섭

1 Gavin Bridge and Philippe Le Billon, *Oil*, Malden, MA: Polity, 2013, 136.
2 Ibid.
3 Mike Berners-Lee and Duncan Clark, *The Burning Question*, London: Profile Books, 2013, 87.
4 Paul Griffin, *CDP Carbon Majors Report* 2017, 2017.
5 Kevin Sack and John Schwartz, "Left to Louisiana's Tides, a Village Fights for Time," *New York Times*, February 24, 2018, nytimes.com.
6 Bridge and Le Billon, Oil, 66-7.
7 Charles McConnell, keynote address, CO_2 & ROZ Conference, Midland, Texas, December 3, 2018.
8 Dmitry Zhdannikov, "'Under Siege,' Oil Industry Mulls Raising Returns and PR Game," *Reuters*, January 24, 2019, reuters.com.
9 Stephanie Anderson. *One Size Fits None: A Farm Girl's Search for the Promise of Regenerative Agriculture*, Lincolin: Nebraska University Press, 2019.
10 Joel Wainwright and Geoff Mann, *Climate Leviathan*, London and New York: Verso Books, 2018, 30.
11 Marco Armeiro and Massimo de Angelis, "Anthropocene: Victims, Narrators, and Revolutionaries," *South Atlantic Quarterly* 1162, 2017.
12 Nina Power, "Demand," in *Keywords for Radicals*, Oakland: AK Press, 2016.
13 Berners-Lee and Clark, *The Burning Question*, 95.

9장 프로그래밍

1 OECD, *Marine Protected Areas: Economics, Management and Effective Policy Mixes*, Paris: OECD Publishing, 2017.

2 IPCC, *Special Report on Global Warming of 1.5°C.*

3 Irus Braverman, *Coral Whisperers: Scientists on the Brink*, Oakland: University of California Press, 2018.

4 Sebastian D. Eastham et al., "Quantifying the Impact of Sulfate Geoengineering on Mortality from Air Quality and UV-B Exposure," *Atmospheric Environment* 187, 2018, 424-34..

5 Massimo Mazzotti, "Algorithmic Life," *Los Angeles Review of Books*, January 22, 2017, lareviewofbooks.org.

6 Long Cao et al., "Simultaneous Stabilization of Global Temperature and Precipitation through Cocktail Geoengineering," *Geophysical Research Letters* 44:14, 2017.

7 Morton, *The Planet Remade..*

8 IPCC, *Special Report on Global Warming of 1.5°C*, chapter 4, 55.

9 Morton, *The Planet Remade..*

10 Andy Parker and Peter J. Irvine, "The Risk of Termination Shock from Solar Geoengineering," *Earth's Future* 8:2, 2018, 249.

11 Ibid.

12 C. H. Trisos et al., "Potentially Dangerous Consequences for Biodiversity of Solar Geoengineering Implementation and Termination," *Nature, Ecology and Evolution* 23, 2018, 475-82.

13 Phillip Williamson and Carol Turley, "Ocean Acidification in a Geoengineering Context," *Philosophical Transactions of the Royal Society* A 3701974, 2012.

10장 정산

1 Clare O'Conner, "Accountability," in *Keywords for Radicals*, Oakland: AK Press, 2016.

2 Kyle Powys Whyte, "Indigeneity in Geoengineering Discourses: Some Considerations," *Ethics, Policy and Environment* 21:3, 2018.

3 Raj Patel and Jason W. Moore, *A History of the World in Seven Cheap Things: A Guide to Capitalism, Nature, and the Future of the Planet*, Oakland: University of California Press, 2017, 24.

4 Ibid., 207.

5 Donna Haraway, *Staying with the Trouble: Making Kin in the Chthulucene*, Durham,

NC: Duke University Press, 2016.

6 Michelle Daigle, "The Spectacle of Reconciliation: On the Unsettling Responsibilities to Indigenous Peoples in the Academy," *Environment and Planning D: Society and Space* OnlineFirst, 2019.

7 John Moore et al., "Geoengineer Polar Glaciers to Slow Sea-Level Rise," *Nature* 555, 2018, 303-5.

8 Kyle Powys Whyte, "Geoengineering and Indigenous Climate Justice: A Conversation with Kyle Powys Whyte," in *Has It Come to This? The Promise and Peril of Geoengineering on the Brink*, eds. J. Sapinski, H. J. Buck, and A. Malm, Princeton, NJ: Rutgers University Press, forthcoming.

지구공학 이후

이후 인류의 힘으로 기후변화를 막을 수 있을까?

2025년 4월 30일 초판 1쇄 발행

지은이 | 홀리 진 벅
옮긴이 | 최영석
펴낸이 | 노경인 · 김주영

펴낸곳 | 도서출판 앨피 출판등록 | 2004년 11월 23일
주소 | (01545) 경기도 고양시 덕양구 향동로 218(향동동, 현대테라타워DMC) B동 942호
전화 | 02-710-5526 팩스 | 0505-115-0525 블로그 | blog.naver.com/lpbook12
전자우편 | lpbook12@naver.com

ISBN 979-11-92647-64-7 94300